川派中医药名家系列丛书

唐廷汉

主编 ◎ 余德海

西南交通大学出版社
·成 都·

图书在版编目（CIP）数据

川派中医药名家系列丛书. 唐廷汉 / 余德海主编. --成都：西南交通大学出版社，2024.8
ISBN 978-7-5643-9830-9

Ⅰ.①川… Ⅱ.①余… Ⅲ.①唐廷汉–事迹②中医临床–经验–中国–现代 Ⅳ.①K826.2②R249.7

中国国家版本馆 CIP 数据核字（2024）第 099870 号

Chuanpai Zhongyiyao Mingjia Xilie Congshu Tang Tinghan
川派中医药名家系列丛书 唐廷汉

主编／余德海	策划编辑／黄淑文　李芳芳　张少华
	责任编辑／周媛媛
	封面设计／原谋书装

西南交通大学出版社出版发行
（四川省成都市金牛区二环路北一段 111 号西南交通大学创新大厦 21 楼　610031）
营销部电话：028-87600564　028-87600533
网址：http://www.xnjdcbs.com
印刷：四川煤田地质制图印务有限责任公司

成品尺寸　170 mm×240 mm
印张　18.75　　插页　4
字数　283 千
版次　2024 年 8 月第 1 版　印次　2024 年 8 月第 1 次

书号　ISBN 978-7-5643-9830-9
定价　79.00 元

图书如有印装质量问题　本社负责退换
版权所有　盗版必究　举报电话：028-87600562

唐廷汉青年时期照片摄于1964年

唐廷汉主任中医师标准照

唐廷汉与肖正安教授在一起
（唐廷汉：前排左一；肖正安：前排右一）

唐廷汉与陈绍宏教授在一起（唐廷汉：前排左二；陈绍宏：前排左三）

唐廷汉下乡义诊

唐廷汉带教学生

唐廷汉在北京参加学术年会

唐廷汉在义诊中带教弟子
（唐廷汉：右二；余德海：右一）

2019年在四川省卫健委宣教中心、华西都市报举办的"榜样中国·我心目中的名医"
大型公益评选活动中，荣获十大名医（中医科）称号

唐廷汉与肺病科全体医护人员合影

拜师仪式（左一奉茶弟子党思捷，左二敬茶弟子余德海，饮茶者为唐廷汉老师，右一张海书记）

左起弟子林娟、董慧君，张海书记，唐廷汉老师，苟文伊院长，弟子余德海、刘若阳、党思捷

编 委 会

《川派中医药名家系列丛书》编委会

总 主 编：田兴军　杨殿兴

副总主编：李道丕　张　毅　和中浚

总 编 委：尹　莉　陈　莹

编写秘书：彭　鑫　贺　飞　邓　兰

《唐廷汉》编委会

主　　编：余德海

副 主 编：党思捷　张　永　刘若阳

编　　委：林　娟　胡敬晖　谭君花
　　　　　唐芸芸

总序——加强文化建设，唱响川派中医

四川，雄踞我国西南，古称巴蜀，成都平原自古就有天府之国的美誉，天府之土，沃野千里，物华天宝，人杰地灵。

四川号称"中医之乡、中药之库"，巴蜀自古出名医、产中药，据历史文献记载，从汉代至明清，见诸文献记载的四川医家有1000余人，川派中医药影响医坛2000多年，历久弥新；川产道地药材享誉国内外，业内素有"无川（药）不成方"的赞誉。

▎医派纷呈，源远流长

经过特殊的自然、社会、文化的长期浸润和积淀，四川历朝历代名医辈出，学术繁荣，医派纷呈，源远流长。

汉代以涪翁、程高、郭玉为代表的四川医家，奠定了古蜀针灸学派，郭玉为涪翁弟子，曾任汉代太医丞。涪翁为四川绵阳人，曾撰著《针经》，开巴蜀针灸先河，影响深远。1993年，在四川绵阳双包山汉墓出土了最早的汉代针灸经脉漆人；2013年，在成都老官山再次出土了汉代针灸漆人和920支医简，带有"心""肺"等线刻小字的人体经穴髹漆人像是我国考古史上首次发现，应是迄今我国发现的最早、最完整的经穴人体医学模型，其精美程度令人咋舌！又一次证明了针灸学派在巴蜀的渊源和影响。

四川山清水秀，名山大川遍布。道教的发祥地青城山、鹤鸣山就坐落在成都市。青城山、鹤鸣山是中国的道教名山，是中国道教的发源地之一，自东汉以来历经2000多年，不仅传授道家的思想，道医的学术思想也因此启蒙产生。道家注重炼丹和养生，历代蜀医多受其影响，一些道家也兼行医术，如晋代蜀医李常在、李八百，宋代皇甫坦，以及明代著名医家韩懋（号飞霞道人）等，可见丹道医学在四川影响深远。

川人好美食，以麻、辣、鲜、香为特色的川菜享誉国内外。川人性喜自在休闲，养生学派也因此产生。长寿之神——彭祖，号称活了800岁，相传他经历了尧舜夏商诸朝，据《华阳国志》载，"彭祖本生蜀""彭祖家其彭蒙"，由此推断，彭祖不但家在彭山，而且他晚年也落叶归根于此，死后葬于彭祖山。彭祖山坐落在成都彭山县，彭祖的长寿经验在于注意养生锻炼，他是我国气功的最早创始人，他的健身法被后人写成《彭祖引导法》；他善烹饪之术，创制的"雉羹之道"被誉为"天下第一羹"，屈原在《楚辞·天问》中写道："彭铿斟雉，帝何飨？受寿永多，夫何久长？"反映了彭祖在推动我国饮食养生方面所做出的贡献。五代、北宋初年，著名的道教学者陈希夷，是四川安岳人，著有《指玄篇》《胎息诀》《观空篇》《阴真君还丹歌注》等。他注重养生，强调内丹修炼法，将黄老的清静无为思想、道教修炼方术和儒家修养、佛教禅观汇归一流，被后世尊称为"睡仙""陈抟老祖"。现安岳县有保存完整的明代陈抟墓，有陈抟的《自赞铭》，这是全国独有的实物。

四川医家自古就重视中医脉学，成都老官山2012年冬出土的汉代医简中就有《逆顺五色脉臧验精神》一书，其余几部医简经整理定名为《脉书·上经》《脉书·下经》《刺数》《犮理》《治六十病和齐汤法》《疗马书》。学者经初步考证推断极有可能为扁鹊学派已经亡佚的经典书籍。扁鹊是脉学的倡导者，而此次出土的医书中脉学内容占有重要地位，一起出土的还有用于经脉教学的人体模型。唐代杜光庭著有脉学专著《玉函经》三卷，以后王鸿骥的《脉诀采真》、廖平的《脉学辑要评》、许宗正的《脉学启蒙》、张骥的《三世脉法》等，均为脉诊的发展做出了贡献。

昝殷，唐代四川成都人。昝氏精通医理，通晓药物学，擅长妇产科。唐大中年间，他将前人有关经、带、胎、产及产后诸证的经验效方及自己临证验方共378首，编成《经效产宝》三卷，是我国最早的妇产学科专著。加之北宋时期的著名妇产科专家杨子建（四川青神县人）编著的《十产论》等一批妇产科专论，奠定了巴蜀妇产学派的基石。

宋代，以四川成都人唐慎微为代表撰著的《经史证类备急本草》，集宋代本草之大成，促进了本草学派的发展。宋代是巴蜀本草学派的繁荣发展时期，陈承的《补注神农本草并图经》，孟昶、韩保昇的《蜀本草》等，丰富、发展了本草学说，明代李时珍的《本草纲目》正是在此基础上产生的。

宋代也是巴蜀医家学术发展最活跃的时期。四川成都人、著名医家史崧献出了家藏的《灵枢》，校正并音释，定名为《黄帝素问灵枢经》并由朝廷刊印颁行，为中医学发展做出了不可估量的贡献，可以说，没有史崧的奉献就没有完整的《黄帝内经》。虞庶撰著的《难经注》、杨康侯的《难经续演》，为医经学派的发展奠定了基础。

史堪，四川眉山人，为宋代政和年间进士，官至郡守，是宋代士人而医的代表人物之一，与当时的名医许叔微齐名，其著作《史载之方》为宋代重要的名家方书之一。同为四川眉山人的宋代大文豪苏东坡，也有《苏沈内翰良方》（又名《苏沈良方》）传世，是宋人根据苏轼所撰《苏学士方》和沈括所撰《良方》合编而成的中医方书。加之明代韩懋的《韩氏医通》等方书，一起成为巴蜀医方学派的代表。

四川盛产中药，川产道地药材久负盛名，以回阳救逆、破阴除寒的附子为代表的川产道地药材，既为中医治病提供了优良的药材，也孕育了以附子温阳为大法的扶阳学派。清末四川邛崃人郑钦安提出了中医扶阳理论，他的《医理真传》《医法圆通》《伤寒恒论》为奠基之作，开创了以运用附、姜、桂为重点药物的温阳学派。

清代西学东渐，受西学影响，中西汇通学说开始萌芽，四川成都人唐宗海以敏锐的目光捕捉西学之长，融汇中西，撰著了《血证论》《医经精义》《本草问答》《金匮要略浅注补正》《伤寒论浅注补正》，后人汇为《中西汇通医书五种》，成为"中西汇通"的第一种著作，也是后来人们将主张中西医兼容思想的医家称为"中西医汇通派"的由来。

名医辈出，学术繁荣

新中国成立后，历经沧桑的中医药受到党和国家的高度重视，在教育、医疗、科研等方面齐头并进，一大批中医药大家焕发青春，在各自的领域里大显神通，中医药事业欣欣向荣。

四川中医教育的奠基人——李斯炽先生，在1936年创办的"中央国医馆四川分馆医学院"（简称"四川国医学院"）中，先后担任过副院长、院长，担当大任，艰难办学，为近现代中医药人才的培养立下了汗马功劳。该院为国家批准的办学机构，虽属民办但带有官方性质。四川国医学院也是成都中医学院（现成都中医药大学）的前身，当时汇集了一大批中医药的仁人志士，如内科专家李斯炽、伤寒专家邓绍先、中药专家凌一揆等，还有何伯勋、杨白鹿、易上达、王景虞、周禹锡、肖达因等一批蜀中名医，可谓群贤毕集，盛极一时。共招生13期，培养高等中医药人才1000余人，这些人后来大多数都成为新中国成立后的中医药领军人物，成了四川中医药发展的功臣。

1955年国家在北京成立了中医研究院，1956年在全国西、北、东、南各建立了一所中医学院，即成都、北京、上海、广州中医学院。成都中医学院第一任院长由周恩来总理亲自任命。李斯炽先生继担任四川国医学院院长之后又成为成都中医学院的第一任院长。成都中医学院成立后，在原国医学院的基础上，又汇集了一大批有造诣的专家学者，如内科专家彭履祥、冉品珍、彭宪章、傅灿冰、陆干甫，伤寒专家戴佛延，医经专家吴棹仙、李克光、郭仲夫，中药专家雷载权、徐楚江，妇科专家卓雨农、曾敬光、唐伯渊、王祚久、王渭川，温病专家宋鹭冰，外科专家文琢之，骨、外科专家罗禹田，眼科专家陈达夫、刘松元，方剂专家陈潮祖，医古文专家郑孝昌，儿科专家胡伯安、曾应台、肖正安、吴康衡，针灸专家余仲权、薛鉴明、李仲愚、蒲湘澄、关吉多、杨介宾，医史专家孔健民、李介民，中医发展战略专家侯占元等。真可谓人才济济，群星灿烂。

北京成立中医高等院校、科研院所后，为了充实首都中医药人才的力量，四川一大批中医名家进驻北京，为国家中医药的发展做出了巨大贡献，也展现了四川中医的风采！如蒲辅周、任应秋、王文鼎、王朴诚、王伯岳、冉雪峰、杜自明、李重人、叶心清、龚志贤、方药中、沈仲圭等，各有专精，影响广泛，功勋卓著。

北京四大名医之首的萧龙友先生，为四川三台人，是中医界最早的学部委员（院士，1955年）、中央文史馆馆员（1951年），集医道、文史、书法、收藏等为一身，是中医界难得的全才！其厚重的人文功底、精湛的医术、精美的书法、高尚的品德，可谓"厚德载物"的典范。2010年9月9日，故宫博物院在北京为萧龙友先生诞辰140周年、逝世50周年，隆重举办了"萧龙友先生捐赠文物精品展"，以缅怀和表彰先生的收藏鉴赏水平和拳拳爱国情怀。萧龙友先生是一代举子、一代儒医，精通文史，书法绝伦，是中国近代史上中医界的泰斗、国学家、教育家、临床大家，是四川的骄傲，也是我辈的楷模！

■ 追源溯流，振兴川派

时间飞转，掐指一算，我自1974年赤脚医生的"红医班"始，到1977年大学学习、留校任教、临床实践、跟师学习、中医管理，入中医医道已40年，真可谓弹指一挥间。俗曰：四十而不惑，在中医医道的学习、实践、历练、管理、推进中，我常常心怀感激，心存敬仰，常有激情冲动，其中最想做的一件事就是将这些中医药实践的伟大先驱者，用笔记录下来，为他们树碑立传、歌功颂德！缅怀中医先辈的丰功伟绩，分享他们的学术成果，继承不泥古，发扬不离宗，认祖归宗，又学有源头，师古不泥，薪火相传，使中医药源远流长，代代相传，永续发展。

今天，时机已经成熟，四川省中医药管理局组织专家学者，编著了大型中医专著《川派中医药源流与发展》，横跨2000年的历史，梳理中医药历史人物、著作，以四川籍（或主要在四川业医）有影响的历史医家和著作为线索，理清历史源流和传承脉络，突出地方中医药学术特点，认祖归宗，发扬传统，正本清源，继承创新，唱响川派中医药。其中，"医道溯源"是以"民国"前的川籍或在川行医的中医药历史人物为线索，介绍医家的医学成就和学术精华，作为各学科发展的学术源头。"医派医家"是以近现代著名医家为代表，重在学术流派的传承与发展，厘清流派源流，一脉相承，代代相传，源远流长。《川派中医药源流与发展》一书，填补了川派中医药发展整理的空白，集四川中医药文化历史和发展现状之大成，理清了川派学术源流，为后世川派的研究和发展奠定了坚实的基础。

我们在此基础上，还编著了"川派中医药名家系列丛书"，汇集了一大批近现代四川中医药名家，遴选他们的后人、学生等整理其临床经验、学术思想编辑成册。预计编著一百人，这是一批四川中医药的代表人物，也是难得的宝贵文化遗产，今天，经过大家的齐心努力终于得以付梓。在此，对为本系列书籍付出心血的各位作者、出版社编辑人员一并致谢！

由于历史久远，加之编撰者学识水平有限，书中罅、漏、舛、谬在所难免，敬望各位同仁、学者，提出宝贵意见，以便再版时修订提高。

中华中医药学会　　副会长
四川省中医药学会　　会长
四川省中医药管理局　　原局长
成都中医药大学教授　　博士导师

2015年春初稿
2022年春修定于蓉城雅兴轩

张海序

四川省名中医唐廷汉主任中医师,系四川省中医药科学院中医研究所·四川省第二中医医院(简称为省二中医院)返聘专家,退休前在安岳县中医院从事中医临床及带教工作,在当地日门诊人次达80以上,颇受广大病员的认可和赞许,先后被评为"四川省名中医""四川省卫生厅先进个人"等。唐老先后担任医院门诊部、住院部主任近20年,任资阳市、安岳县政协委员、常委近30年。退休返聘于省二中医院,担任呼吸、肿瘤及消化科的疑难病症会诊及临床带教工作。唐老热爱医疗卫生事业,专心本职工作,精于医理,勤于临床,实践经验丰富,在辨证论治、理法方药方面有独到之处。

本次名老中医经验继承工作经四川省中医药管理局批准立项,医院专门举行了庄严正式的拜师仪式,安排中青年骨干人才跟随唐老学习,全面总结继承唐氏中医学术思想和临床经验,本书即在这样的背景下应运而生。经验传承及整理出版工作由本院肺病科主任余德海主持,党思捷博士、张永博士、刘若阳、林娟、胡敬晖、谭君花、唐芸芸等人协助完成。书中所载病案，皆运用中医学的传统理论进行辨证施治，充分体现了唐老倡导的"胃病必和""怪病必瘀夹痰""'扶正祛邪'治疗恶性肿瘤"等学术观点，具有重要的临床指导意义和推广价值；在新冠病毒肺炎流行期间，唐老坚持工作，并且远程指导四川省援鄂医疗队针对新冠患者的中医诊疗，为发挥中医药优势抗击新冠疫情作出了较大贡献，彰显了川派中医药的独特魅力和强大生命力；同时书中还阐述了唐老的恩师成都中医学院（现成都中医药大学）冉品珍教授、陈绍宏教授的一部分临床经验和学术思想，既反映了唐老的学术脉络，也体现了其尊师重道的高尚品德，值得广泛地学习、研究和探讨。

中医学发展在新时期迎来机遇与挑战，当代中医人必须全面总结继承老一辈中医的临床经验和学术思想，守正创新，提升临床诊疗水平和中医药综合服务能力，为建设健康中国贡献中医力量和四川力量，不忘初心，砥砺前行！

四川省中医药科学院中医研究所
（四川省第二中医医院）党委书记
主任医师　张海
2021 年 10 月 1 日

陈绍宏 序

四川省第二中医医院返聘退休主任中医师唐廷汉，原在安岳县中医院从事临床及带教工作，于1989年拜师于我，当时我受四川省中医药管理局委托，到安岳县中医院扶持帮助。安岳县中医院在当时的院领导杨启富、罗玲院长和全院广大职工的共同努力下，在业务、学术、管理上取得长足进步，目前已成为一所三级甲等中医医院，在全省范围内较为少见，在此序中以示祝贺。

"既为我徒、敬遵师训"，唐廷汉从事中医临床和带教工作50余年，先后被评为"四川省名中医""四川省卫生厅先进个人"等。他精于医理，勤于临床，当年与我一起上夜门诊，每晚7点开始到12点左右结束，来诊患者甚多，至少80人次，可见患者的接受程度极高，也反映了他对于中医理论和方药非常熟悉、运用得当。

振兴中医是一个巨大的系统工程，可以说是千头万绪。而当务之急，乃是千方百计提高中医的临床水平。虽然国家重视中医药发展，但是由于多种原因，中医的临床水平并未因国家对中医事业的大量投入而明显提高，相反不少中医医院住院病人的中医治疗率、中医治愈率都有较大的下降。临床水平的下降，已成为中医药发展的最大障碍。中医药作为中华优秀传统文化的代表，其理论的来源，临床实践占有十分重要的地位，更应将临床实践经验不断反复提炼上升为博大精深的理论。而实际上，一方面临床水平不足，理论得不到全面的总结和提高，另一方面临床报道、综述、科研成果及各种论文，属虚假者甚多。中医药前途未卜，值得广大中医药人员和相关领导反思。

"川派中医药名家"系列丛书是四川省中医药管理局的重要项目，突出川派中医特色，旨在提高临床疗效，传承名中医药专家临床经验和学术思想，是促进中医药发展的好事、实事！我能受邀为我的学生作序，实感欣慰，愿所有临床中医能够像唐廷汉医生一样，求真务实，多临床，多实践；为振兴中医、发展中医贡献自己的力量。

成都中医药大学教授、主任中医师、博士生导师
第四届"国医大师"
首届"全国名中医"
第四、六、七批全国老中医药专家学术经验师承指导老师
全国名老中医传承博士后指导老师
四川省首届十大名中医
四川省学术和技术带头人
享受国务院政府特殊津贴专家
美国耶鲁大学顾问

陈绍宏
2022 年 7 月 29 日

唐　序

　　这本书是我在安岳县中医院退休后，返聘于四川省中医药科学院中医研究所（四川省第二中医医院）工作期间，根据过去所学以及临床实践和带教期间的一些经验，在肺病科主任余德海的主持下，和党思捷博士、张永博士、刘若阳副主任中医师、胡敬晖、林娟、谭君花、唐芸芸等同志的协助下，共同整理完成的。

　　全书以《内经》《伤寒论》《金匮要略》《温病学》为理论基础，参以各家学说，选择了内科的一些常见病症，如肺病、脾胃病、肾病以及恶性肿瘤的辨证论治，按寒热、虚实、表里、阴阳、脏腑、经络选方用药，以供临床参考。

　　首先，将辨证论治、理法方药一线贯穿，简明扼要地做了系统总结，对书中的病症，从临床角度分型，进行了纵横交错的多维、立体、交叉的展示。临床上多变的病症分型，代表不同体质、不同病因，罹于疾病的不同类型，它们之间相互影响、互为因果，治疗中务必应注重加减变化，崇古而不泥古，灵活变通，既有专方专病，又有一方治疗多种疾病，再有一病多种证型多个处方。特别是运用"和"法治疗胃病，"温、清、消、补"法治疗肾病，扶正祛邪法治疗癌症等，均是我多年来在临床实践的心得体会，也一并分享出来，希望对提高临床医生的诊疗效果有一定帮助。

对于我的老师冉品珍教授、陈绍宏教授的学术经验，本着"亲其师而信其道"的原则，在杂病篇中做了一些论述，但很不全面。希望这些宝贵的经验和我个人的体会能给中医界同仁带来一些启发和帮助，也望他们能在临床实践中加以印证。

　　从青年到中年再到老年，因忙于诊务，故只偶有札记，幸得此次机会，可以对个人经验等回顾整理总结。从医五十余载，今七十有七，罹患癌症而躬耕于临床一线，门诊、查房、带教，我很充实也很满足，更寄希望于后来者们，可以承上启下，创新发展；中医学这门古老的学科，面对新时期的机遇与挑战，未来和希望在后来者的肩膀上，这是沉甸甸的历史使命，如果不能传承好中医药，将有愧于国家、时代和人民。

　　本书今幸付梓，离不开四川省中医药管理局、四川省中医药科学院、四川省第二中医医院党政领导的高度重视和支持，在此一并表示感谢。

四川省名中医
主任中医师
四川省卫生厅先进个人
四川省高级职称评委会专家
2022 年 7 月 30 日

编写说明

四川作为全国中医药大省，自古及今拥有"中医之乡、中药之库"之美誉，省中医药管理局高度重视我省中医药文化，为推动全省中医药发展，发掘名老中医学术思想，特列"川派中医药名家学术思想及临床经验研究专项"，出版川派中医药名家系列丛书。唐廷汉作为四川省名中医（第四届）、四川省卫生厅先进个人，在川派中医药名家受邀之列。

唐廷汉从医 50 余年来，博览群书，遍访名师，学识深厚，融古达今，尊经不泥古，创新有所本，积累了丰富的临床经验。虽罹患癌症而仍躬耕于临床一线，以身作则，谆谆教诲，培养了众多杏林传人。

本书收集了唐廷汉从医 50 余年现有的医案、处方、讲稿、手稿、照片，公开发表的论文，出版的著作，学术继承人多年的跟师笔记、心得体会等资料，以生平简介、临床经验、医话、特色技术、学术思想、学术传承、论著提要、学术年谱八个部分内容汇总成册，编者力求深刻领悟并凝练出唐老的辨证思维、诊治经验和学术思想，以飨同道。

本书得以顺利付梓，感谢四川省中医药管理局专项经费资助，感谢四川省中医科学院中医研究所（四川省第二中医医院）大力支持，感谢唐老对本书的悉心指导和无私奉献，感谢多位同仁提供的原始资料。由于时间匆促，编者水平和经验有限，书中缺点和疏漏之处恐仍难免，敬祈指正。

目 录

001　生平简介

003　一、中医世家，师出名门

004　二、尊师重道，崇古不泥

005　三、传承精华，守正创新

007　临床经验

009　一、肺病医案

048　二、脾胃病医案

068　三、肾病医案

086　四、肿瘤病医案

125　医　话

127　一、从燥痰理论论治慢性阻塞性肺病

131　二、基于仲景思想治疗咳喘病经验

139 三、论治新型冠状病毒性肺炎

151 四、肺结节的中医辨证论治

156 五、对恶性肿瘤的认识以及辨治

177 六、"胃病宜和"——胃肠病的治疗思路及方案

181 七、顽固性便秘的中医治疗体会

184 八、浅谈复发性口腔溃疡的辨证论治

187 九、"清消温补"法治肾病

190 十、浅谈中医辨证施治

194 十一、不开无源之方，不用无本之药

201 **特色技术**

203 一、失眠的简易方和外治法

205 二、"三位一体"失眠综合治疗

205 三、唐氏中医特色护理

223 **学术思想**

225 一、怪病多痰夹瘀

232 二、胃病必"和"

238 三、从脾胃辨治多系统肿瘤

240 四、"清浊相干"论治糖脂代谢病

242 五、特色遣方用药思路

257 **学术传承**

267 **论著提要**

269 一、肺病篇

270 二、脾胃病篇

272　三、肾病篇
272　四、妇科病篇
273　五、护理篇

275　**学术年谱**

279　**参考文献**

生平简介

川派中医药名家系列丛书

唐廷汉

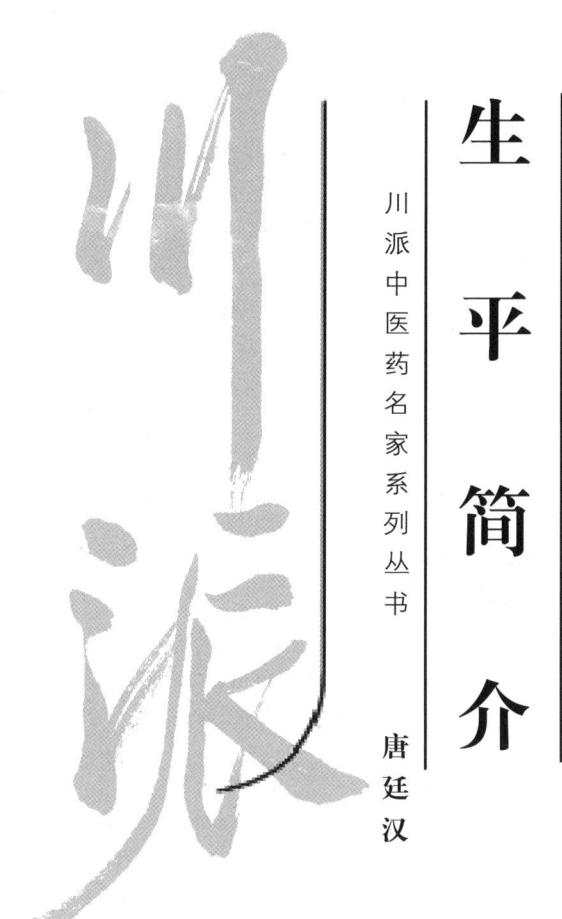

一、中医世家，师出名门

唐廷汉（1945—），四川省安岳县人。曾祖父唐世泰早年到遂宁拜师学中医，跟师不详。祖父唐海涛及其弟唐海波（当地俗称唐幺先生），先后在重庆潼南、大足以及贵州一带行医数年，后回到安岳县永清镇街村，开办一家中医诊所。新中国成立后50年代公私合营，该诊所并入当地卫生院，1957年唐海波被安排去横庙乡卫生院工作，唐廷汉跟随其习读《医学三字经》《药性赋》《汤头歌诀》，初涉轩岐。后来跟随父亲唐朝福学习中医，父亲常言"为人父者，不知医道，为之不慈；为人子者，不知医者，为之不孝"。一代传一代，至唐廷汉已是四代中医。

1962年，由于内江地区的老中医相继过世，中医药人员大量减少，特别是基层区、乡、镇的中医更加缺乏。遂由当地卫生行政主管部门向上级请示批复同意，呈报省卫生厅备案，在内江、安岳开设2个中医班，学制4年（含实习1年），两地着手吸收高中毕业生、名老中医子女及转业退伍军人等，参加统一考试录取。安岳县（10个区）招收35人脱产学习。当年9月，唐廷汉高中毕业，经过半学期的基础理论学习，成绩优异，通过考核顺利进入内江中医校学习。

当时的带教老师有李天健、王瑞生、杨用九、彭茂朴、张济良等，班主任李鹤是李孔定校长（四川省首届十大名中医）的同学。这些带教老师均为当地名老中医，年龄基本在60岁以上，临床经验丰富。在完成基础理论学习后，开始学习内经、伤寒论、温病学、内科学、妇科学、儿科学、针灸科、骨伤学等，一边进行理论学习，一边到县医院、县中医院门诊部、住院部实习见习，在药房认药、切药、跟师抄方、扎针、推拿等。三年学习结束，正式实习前又追加三个月西医基础理论学习和常见病的处理。

1965年10月开始实习，3个人分为1个小组，赴各区（乡镇），每个学生跟一名当地名老中医，跟师抄方和出诊，一个月轮换1次，每个季度到区中心卫生院学习2天，1天是政治学习，1天是交流实习情况。1967年7月，唐廷汉被分配到安岳县兴隆镇卫生院从事中医临床实践和培训"赤脚医生"工作；1974年3月被调入安岳县中医医院住院部从事中医临床实践及内江中医学校毕业学员的实习带教工作。

1977年恢复高考，唐廷汉进入成都中医学院（现成都中医药大学）临床医学专科学习，毕业实习跟师冉品珍教授。冉教授在学术上毫无保留，倾囊相授，常说要熟读中医经典，不必死扣教材的分型选方模式。唐廷汉受益匪浅。

1980年8月唐廷汉回安岳县中医院上班，担任门诊部主任，从事门诊中医临床及成都中医学院、内江中医校毕业学员和乡镇进修医生的带教工作。1983年到1986年，成都中医学院在安岳县设中医函授大学站，唐廷汉先后被聘为讲师、副教授、教授，定期参加中医学院组织的函大教师培训。1984年，安岳县卫生局设立中医中级函授部，唐廷汉被聘为教务主任，组织编写中级函授教材，实行半天上班，半天讲课，主讲"中医内科学""中医妇科学""中医儿科学"等课程。1984年起担任安岳县中医院住院部内科病区主任，至2016年正式退休。退休后返聘于县中医院，仍坚持开展临床医疗和带教工作，日门诊量80人次左右，每周工作6天。

2017年受聘于四川省中医药科学院中医研究所·四川省第二中医医院，每周在医院工作4个半天，在医联体单位工作3个半天，经常受邀前往呼吸、肿瘤、消化科等参加疑难病例的会诊及临床带教。

二、尊师重道，崇古不泥

在学术上，唐老追求"勤求古训、博采众方、精于明理"。《医宗金鉴·凡例》论："医者，书不熟则理不明，理不明则识不精，临证游移，漫无定见，药证不和，难以奉效。"学习中医必读经典，方药熟记，同时要虚心认真听取老师的讲解，"一日为师，终身为父"，应对老师格外尊重，关心老师的生活和健康，"嘘寒问暖"则是做学生之本分。

唐老从事临床及带教工作50余年，跟师数十位，既有传统中医跟师派的思维，又有学院派的观点，二者各有所长，传统中医跟师学艺者，勤于临床，注重临床疗效；学院派专家在注重临床疗效的同时，更擅长于中医理论的讲解分析。唐廷汉既是中医世家传人，又进中医学院深造。学院的老师均理论功底深厚，临床经验丰富，讲授的老师有彭履祥、陈治恒、吴棹仙、邓明仲、陈潮祖、张之文、刘敏如、张发荣、肖正安、冉品珍等，经过名家的讲解、授课，他对经典理论的理解更加深入，对中医的感悟也更深刻，博采兼收、受益良多。

唐老在跟诊学习的过程中和不断的临床实践中，形成了重视"病证结合"和"辨证施治"的思想。他认为，阴阳是辨证的总纲，疾病的诊治一定要分辨外感或内伤，结合六淫、脏腑、经络、五行、三焦、卫气营血等内容，重视疾病的主要和次要症状，分清"病""证"与"症"，按中医理论进行综合分析，要注意透过表面现象，抓主要矛盾、抓本质，才能较为正确地选方用药，收到比较满意的效果，如果在实践中找不到致病原因，切勿孟浪用药，否则可能适得其反。

三、传承精华，守正创新

中华上下五千年，中医学是耀眼的国粹，历朝历代名医辈出，著作颇多，学术繁荣，为人民的健康作出了很大贡献。《黄帝内经》是中医学的理论基础，《伤寒论》《金匮要略》是临床实践的指南，《神农本草经》是用药的说明，逐渐交融发展，中医学随之壮大，学术百家争鸣，著作纷纷涌现。唐老认为，学习中医古籍一定要取其精华，去其糟粕，中医经典著作具有理论体系完整、至今仍可指导临床的特点，比如《伤寒论》建立的"六经辨证体系"，至今还在临床被广泛使用，取得确切的临床疗效，是有别于现代医学的显著特点，治疗新冠肺炎的"排毒清肺汤"就是来源于《伤寒论》中的数个经方合而为一，历经两千年，它的光芒并未因时光的流逝而黯淡，反而在历史的洗礼中更加耀眼。《伤寒论·序》中批判的"当今居世之士，曾不留神医药……竞逐荣势，企踵权豪，孜孜汲汲，唯名利是务……卒然遭邪风之气，婴非常之疾，患及祸至而方震栗，降志屈节，钦望巫祝，告穷归天，束手受败"，形象地描述了平时只关注权势名利，不重视养生，得病以后，不求正治，反求迷信的一类人，时至今日，我们身边仍然有此类人存在，《伤寒论》的告诫之言依然振聋发聩。但在古籍里也存在一些内容囿于当时的历史条件，现在看来已不再适宜，该当舍去，推陈出新，本为自然之大道。

新中国成立以后，历经沧桑的中医药受到了党和政府的高度重视，在临床、教学、科研等诸多领域，一大批中医药名家焕发青春，在各自的领域大显神通，中医药事业也迈上了新的台阶。国医大师陈绍宏教授擅长使用培土生金法治疗肺癌，唐老继承并发展了这一学术思想，为无数的肺部肿瘤患者带来了生的希望，唐老的弟子申请相关科研课题，观察培土生金法对于肺癌患者的临床疗效，结果发现确能改善患者临床症状和延长生命周期，也基于该理论开发了"药食同源"的茶饮。唐老特别注重学术传承，他经常告诫弟子临床中"不开无源之方、不用无本之药"，要做到一手翻看最老的古籍，一手查阅最新的论文，在新时代，中医学这门古老的学科，面对机遇和挑战，未来和希望汇聚在了新一代的肩膀上。

中医传承是一种责任，是一种理念，需要传承人和被传承人心心相印，实践出真知，在长期的临床实践和不断的探索中获得发展和创新。在培土生金治疗肺部肿瘤学术思想的启发下，唐老的弟子进一步提出"肺肾同治预防肺癌骨转移""通利三焦、燥痰活血治疗慢性肺系疾病""清浊相干论治糖脂代谢病"等学术理念，均获得了较好的临床疗效。

中医人应秉承"海纳百川、有容乃大"的气度，"衷中参西、和而不同"的胸怀，"发皇古义，融会新知"的思想，不断地继承、研究、发展中医药伟大宝库，在一些重大疑难疾病、传染性疾病防治上，交出一份满意的答卷。通过"简便廉效"的中医药服务，降低社会医疗成本，减轻社会发展负担，通过"重传承、贵仁义、精医术"来维系和修复当下脆弱的医患关系，通过"传承精华、守正创新"，唤醒老百姓血液中、基因里的中医魂，树立以中医药为代表的中华优秀传统文化的自信力，激活其内在生命力。

川派中医药名家系列丛书

临床经验

唐廷汉

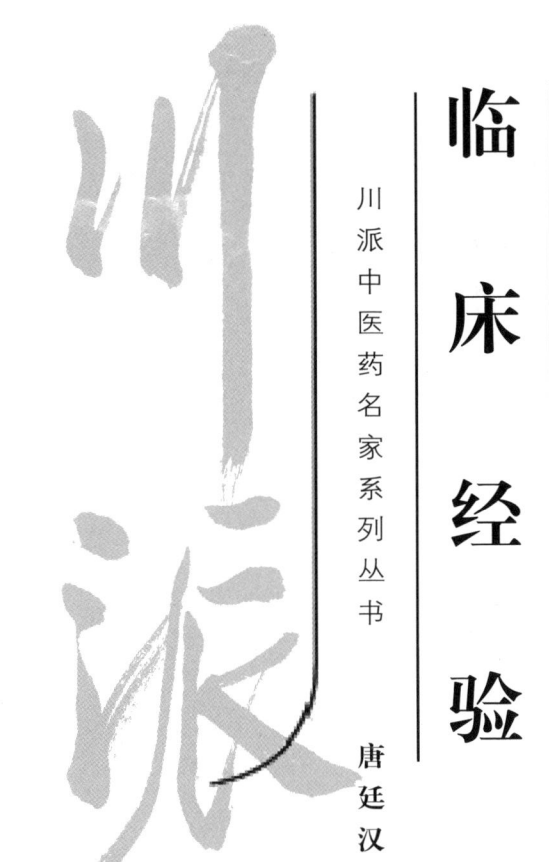

一、肺病医案

（一）咳嗽性疾病

1. 支气管炎

谢某，男，55 岁，职员，四川省成都市简阳市人。

初诊：2018 年 10 月 15 日。患者因"反复咳嗽 10 余年"就诊。刻下症见：患者咳嗽，有痰难咯出，白痰。大便呈黏液状，量少，难解，睡眠可，纳可。舌淡红，苔薄黄欠润，脉沉弦滑。辅助检查：胸部 DR 示双肺纹理增粗。既往史：吸烟史 30 余年，支气管炎病史。

诊断：咳嗽。

辨证：阴虚内热证。

治法：养阴清热，润肺止咳。

方剂：六君子汤合止嗽散加减。

处方：南沙参 30 g　麸炒白术 15 g　法半夏 15 g　茯苓 15 g
　　　　姜厚朴 15 g　蜜紫菀 15 g　蜜百部 15 g　桔梗 15 g
　　　　甘草 10 g　　蜜枇杷叶 15 g　炒山楂 20 g　木香 10 g
　　　　粉葛 30 g

6 剂，煎水温服，一日一剂，一日三次。

二诊：2018 年 10 月 29 日，患者大便难解症状较前好转，无黏液，量正常，仍有咳嗽，咯吐白痰，量减少，较前易咯出。舌淡红，苔薄黄，脉弦略滑。予前方去白术、桔梗、厚朴、木香、山楂、枇杷叶、粉葛，加知母、黄芩、紫苏子、地龙、麻黄绒、杏仁、崖桑皮、矮地茶、瓜蒌皮。具体处方：

处方：南沙参 30 g　　知母 15 g　　　酒黄芩 15 g　　法半夏 15 g
　　　　蜜百部 15 g　　蜜紫菀 15 g　　炒紫苏子^{包煎} 15 g
　　　　地龙 15 g　　　炙麻黄绒 15 g　苦杏仁 15 g　　崖桑皮 15 g
　　　　茯苓 15 g　　　矮地茶 15 g　　瓜蒌皮 15 g

6 剂，煎水温服，一日一剂，一日三次，服药后患者咳嗽咯痰症状明显缓解。

按语： 咳嗽是外感或内伤等因素，导致肺失宣肃，肺气上逆，冲击气道所致，发以咳声或伴咳痰为临床特征的一种病证。咳嗽的病位，主脏在肺，然不限于肺。外感咳嗽病性属实，内伤咳嗽病变性质多为虚实夹杂。患者病程较长，咳嗽日久，耗损气津，损害机体，肺不能主气，肃降无权，虚火灼津为痰，痰浊阻滞，肺气不降而上逆作咳。津液不足，有痰难咯，苔薄黄欠润，故考虑为内伤咳嗽，诊断阴虚内热证，治以养阴清热，润肺止咳。患者大便呈黏液状，量少难解，考虑为咳嗽日久，导致子盗母气，脾气亦有受损，分清泌浊功能下降，肠道黏液不能运化，推动无力，故大便呈黏液状，量少难解。肺脾两虚，气不化津，则痰浊更易滋生，此即"脾为生痰之源，肺为贮痰之器"的道理。故本案首诊以六君子汤合止嗽散加减，方中改人参为南沙参以养阴清肺，化痰益气；用炒白术、茯苓、炒山楂、木香等药理气健脾消痰，旨在体现"肺为贮痰之器，脾为生痰之源"之理；法半夏、姜厚朴消痰下气，蜜紫菀、蜜百部两药合用，配以蜜枇杷叶，相得益彰，有降气祛痰、润肺止咳之效。桔梗宣肺祛痰，粉葛清热生津，甘草调和诸药。二诊患者脾虚症状已消，热象较显，故去炒白术、厚朴、木香、炒山楂等健脾之品，加以知母、酒黄芩清热降火，滋阴润燥。患者仍有咳嗽，但咳痰减少，故去法半夏、姜厚朴，改以矮地茶、瓜蒌皮以化痰止咳、理气宽胸，加地龙、炙麻黄绒以宣肺止咳，苦杏仁降气止咳，炒紫苏子既能清肺平喘，也能润肠通便。二诊十余剂之后，患者病症皆去。

2. 感冒后咳嗽

周某，男，49岁，职工，四川省资阳市安岳县人。

初诊： 2012年3月12日。患者7天前因感冒致咳嗽、咽痒、恶寒、发热、头痛、身酸且痛，在某医院急诊科就诊，诊断为急性上呼吸道感染。处理：阿莫西林胶囊0.5 g，口服，每日三次；必嗽平片10 mg，口服，每日三次；蒲地蓝消炎片4片，口服，每日三次，并肌注柴胡注射液2支。服药3天后症状未见好转，求治于中医。刻下症见：发热恶寒，体温37.8 ℃，自诉头晕且痛，咽干，咳嗽咽痒，吐白色泡沫痰，伴口苦、少食，舌淡红，苔薄白偏黄，脉弦。听诊：双肺呼吸音粗。胸部DR片：双肺纹理增多、增粗、紊乱。查血常规：WBC（白细胞计数）4.1×10^9/L。

诊断：咳嗽。

辨证：邪犯少阳。

治法：和解少阳，宣肺止咳。

方剂：柴胡枳桔汤加减。

处方：柴胡 15 g　　黄芩 20 g　　法半夏 15 g　　南沙参 30 g
　　　前胡 15 g　　桔梗 15 g　　枳壳 15 g　　　百部 15 g
　　　甘草 10 g　　枇杷叶 15 g

2 剂，煎水温服，一日一剂，一日三次。

二诊：2012 年 3 月 15 日。患者诉服上方两天自觉无效，咳嗽加重，仍头晕且痛，恶寒，发热，顷刻想到陈绍宏老师治疗外感风寒咳嗽之经验：止嗽散合川芎茶调散主之。

处方：桔梗 15 g　　紫菀 15 g　　荆芥 15 g　　百部 15 g
　　　前胡 15 g　　陈皮 15 g　　川芎 15 g　　防风 15 g
　　　细辛 6 g　　 白芷 15 g　　羌活 15 g　　薄荷后下 15 g
　　　甘草 10 g　　生姜 10 g　　绿茶 3 g

煎水温服，一日一剂，一日三次。

连服 3 剂后病愈。

按语：本例外感风寒，肺气不宣，西医处以消炎、止咳之品，服之少效，初诊辨证为外感风寒化热，病在少阳，拟柴胡枳桔汤加味，然而无效，思及陈绍宏教授的临床经验，外感风寒，散邪为第一要义，肺气不得宣畅，外邪不去则咳嗽不止，久而久之，更用清、下、镇、敛，不亟正治，表证入里，转为哮病、喘息、肺胀、鼻衄，此谓之败也。

3. 支气管扩张

罗某，女，33 岁，职员，四川成都人。

初诊：2015 年 12 月 13 日。自诉某地方医院诊断为支气管扩张，已有 15 年余，平素怕冷。查体：身体消瘦，身高 155 cm，体重 40 kg。刻下症见：咳嗽胸闷，出气时憋闷明显，偶有痰中血丝。月经量可，月经先期，每次提前约 5~7 天，经期腰酸。舌淡红，苔薄黄，脉细弦，右尺弱。

诊断：咯血。

辨证：肺肾两虚，气不摄血。

治法：补肺益肾，补气摄血。

方剂：补肺汤加减。

处方：黄芪 30 g　　熟地黄 30 g　　肉桂 3 g　　紫菀 15 g
　　　款冬花 15 g　　白术 15 g　　白及 15 g　　生晒参 10 g
　　　芦根 30 g　　甘草 10 g

6 剂，煎水温服，一日一剂，一日三次。

二诊：2015 年 12 月 21 日。患者自诉憋闷、心累缓解，咯吐黄脓痰。末次月经 12 月 18 日—21 日，量可，颜色红，小血块，腰酸痛。舌淡红苔薄，脉细弦，尺部弱。考虑肺肾两虚，痰浊化热，方用金水六君煎合千金苇茎汤加减。

处方：熟地黄 15 g　　当归 15 g　　法半夏 15 g　　茯苓 15 g
　　　陈皮 10 g　　芦根 30 g　　金荞麦 30 g　　薏苡仁 30 g
　　　瓜蒌皮 15 g　　桃仁 15 g　　人参 10 g　　肉桂 3 g
　　　黄芪 30 g　　甘草 10 g

4 剂，煎水温服，一日一剂，一日三次。

三诊：2016 年 1 月 29 日。患者服药后好转，随后感冒，出现咯吐脓痰，颜色绿，咽干咳嗽，左侧乳房疼痛，乳头少量分泌物，时有刺痛，胃口一般，大便正常。舌红苔少，脉左细涩，右弦。彩超检查：左侧乳腺导管扩张。用小柴胡汤加白芍、当归、熟地黄、生麦芽、薄荷、青皮、五味子、鱼腥草、败酱草、薏苡仁，3 剂，煎水温服，一日一剂，一日三剂。

四诊：2016 年 5 月 4 日。近几月未见明显异常，前一日因生气导致咯血 2 口，舌红苔薄，脉弦细。此为肝郁化火，伤血犯肺，方用黛蛤散加味。

处方：青黛^(冲服) 10 g　　蛤壳^(先煎) 30 g　　焦栀子 10 g　　瓜蒌皮 15 g
　　　诃子 10 g　　桑叶 15 g　　生地 15 g　　白及 15 g
　　　牡蛎 30 g　　云南白药粉^(冲服) 3 g

2 剂，煎水温服，一日一剂，一日三次。

五诊：2016年5月23日。患者咯血止，仍有脓痰，胸闷，左侧乳腺外侧疼痛，刺痒感，自诉体虚怕冷。舌淡红苔薄，脉细弦。方用千金苇茎汤合附子薏苡败酱散加味。

处方：芦根30g　　薏苡仁30g　　败酱草30g　　制附片^{先煎一小时}15g
　　　黄芪30g　　当归15g　　　鱼腥草30g　　蒲公英30g
　　　瓜蒌皮15g　甘草10g　　　桔梗15g　　　白芷15g

3剂。煎水温服，一日一剂，一日三次。

按语：支气管扩张患者的典型症状为长期持续的反复咳嗽、咳痰或咳脓痰、发热、咯血，还可伴有呼吸困难、消瘦以及贫血等症状，部分病人可出现杵状指，严重时可能造成肺气肿、肺大疱、呼吸衰竭等并发症。支气管扩张属于中医"咳嗽、咯血、虚劳"等范畴，病位在肺，与肝脾肾相关，体质瘦弱患者多见，急性期常以清热解毒、平肝敛肺、活血止血、益气摄血等，缓解期多以平肝、健脾、补肾、益肺等。此患者体质虚弱，证随邪变，经历气不摄血、肝火犯肺、肺肾两虚、痰浊化热等多个证型阶段，究其根本还是正气虚弱，遂嘱其以怀山药熬水代茶长期饮用，并每日服用土鸡蛋两枚，数月后体重上升至45kg。数年后因其他疾病就诊时反馈，支扩控制良好，一直未发作。

4. 咳嗽变异性哮喘

病案1：梁某，女，35岁，职员，现居四川省成都市金牛区。

初诊：2018年11月1日。患者主因"反复咳嗽1月余"就诊。刻下症见：咽痒咳嗽，无痰，胸闷，动则咳甚，遇冷空气及闻见异味加重，纳眠可，二便调。舌红，苔薄白，脉弦。既往体健，否认过敏史，查体及辅助检查未见异常。

诊断：咳嗽。

辨证：风寒袭肺证。

治法：疏风散寒，宣肺止咳。

方剂：三拗汤加味。

处方：炙麻黄绒15g　　苦杏仁15g　　蜜百部15g　　甘草10g

麸炒僵蚕 15 g　　蜜紫菀 15 g　　法半夏 15 g　　地龙 15 g
　　生五味子 15 g　　蜜枇杷叶 15 g　　炒紫苏子^包煎 15 g

6 剂，煎水温服，一日一剂，一日三次。

按语：本案中患者每遇冷空气或闻见异味则咳嗽症状加重，考虑为过敏性咳嗽，中医归属"外伤咳嗽"范畴。考虑为外感风邪，肺气上逆，则发为咽痒咳嗽，肺气壅塞气道，则见胸闷。治以疏风散寒、宣肺止咳。本案以三拗汤加味而成，"三拗"指所用三药皆违常法而用，麻黄不去根节，杏仁不去皮尖，甘草不炙而生用。但现代用药并不完全拘泥于古法，仅取其药而用之，方中炙麻黄绒宣肺解表止咳，用绒防发汗太过；炒僵蚕祛风化痰；炒紫苏子降逆平喘；苦杏仁、地龙清肺平喘；法半夏消痰下气；蜜紫菀、蜜百部两药合用，配以蜜枇杷叶，共奏降气祛痰、润肺止咳之功；五味子收敛气阴；甘草调和诸药。同时现代研究表明，麻黄能缓解支气管平滑肌痉挛，且具有镇咳祛痰作用。杏仁能镇咳，甘草有止咳和祛痰作用。麻黄、甘草还有抗菌、抗病毒、抗过敏的作用，故使用后能减轻过敏反应。此次愈后，患者还应益气固表，卫气得固则外邪难侵，可用玉屏风散之类。

病案 2：迭某，男，6 岁 3 月，学生，现居成都市青羊区。

初诊：2017 年 7 月 20 日。患儿主因"咳嗽 3 天，加重 1 天"就诊。患儿 3 天前接种疫苗后出现咳嗽，今晨加重，有痰，咽痛，咽喉红肿。纳眠可，二便如常。舌尖红，苔根部黄厚，脉弦数。既往体健，否认过敏史，查体及辅助检查未见异常。

诊断：咳嗽。

辨证：风热夹痰证。

治法：疏风清热，宣肺止咳。

方剂：桑菊饮加减。

处方：蜜百部 10 g　　蜜紫菀 10 g　　酒黄芩 10 g　　法半夏 10 g
　　桑叶 10 g　　菊花 10 g　　桔梗 10 g　　苦杏仁 10 g
　　炒僵蚕 10 g　　金荞麦 20 g　　紫苏叶 10 g　　甘草 5 g
　　煅浮海石 20 g

4 剂，免煎颗粒温水冲服，一日一剂，一日三次。

按语：本案患儿因注射疫苗出现咳嗽，可作感受外邪；患儿咽痛、咽喉红肿，则考虑热壅咽喉。初步辨证为风热夹痰证，治以疏风清热、宣肺止咳。本方选用桑菊饮加减。桑叶、菊花两药轻清灵动，直走上焦，协同为用，以疏肺中风热，加以僵蚕，增疏风之效；黄芩清热燥湿，配金荞麦以清上焦肺热；海浮石清肺化痰；桔梗辛散，开宣肺气，与杏仁一宣一降，以复肺之宣肃功能；百部、紫菀皆入肺经，其止咳化痰，对于新久咳嗽都能使用；法半夏消痰下气；紫苏叶行气宽中；甘草调和诸药。此患儿外感之咳嗽，重在疏而不在镇，遵循"治上焦如羽，非轻不举"的治疗原则，若谬用治法则相去甚远矣。

5. 胃及食管反流性咳嗽

陈某，男，50岁，职员，四川省资阳市人。

初诊：2012年4月19日。患者因"反复咳嗽伴胃痛、反酸3月余"住院治疗，期间请中医会诊。患者春节前胃脘隐痛，嗳气，时恶心，烧心反酸，在外院行胃镜检查：① 慢性非萎缩性胃炎伴胆汁反流；② 胃及食管返流。给予制酸、促胃动力药治疗1月后自觉好转，4月18日晚间入睡前突然发生咳嗽、心累、气喘，2小时后入院。查体：体温（T）36.5 ℃，脉搏（P）98次/分，血压（BP）154/93 mmHg，呼吸（R）28次/分，急性病容，精神差，呼吸急促，咽部无充血，气管不偏移，胸廓无畸形，呼吸动度一致，叩诊呈清音，听诊双肺闻及哮鸣音，以左肺较甚，心率98次/分，律齐，无病理性杂音。查血常规：白细胞计数（WBC）9.2×10^9/L，中性粒细胞计数百分比（NEUT%）73%，降钙素原（PCT）0.069 ng/mL，胸部DR示双肺纹理增多、增粗，纹理紊乱。经西医抗炎、平喘、吸氧，用药4小时后病情缓解，19日上午请中医会诊（患者要求服中药治疗），诊时患者诉近3月来反复出现嗳气、烧心、反酸、咳嗽咳痰，痰白黏而稠，时气促，间断服用西药头孢类及奥美拉唑肠溶胶囊，开始有效，但只能缓解。舌质红，苔薄黄，脉弦滑。

诊断：① 胃脘痛；② 喘证。

辨证：胃虚痰阻气逆证。

治法：和胃降逆，止咳平喘。

方剂：旋覆代赭汤合左金丸加减。

处方：法半夏 15 g　　吴茱萸 6 g　　浙贝母 15 g　　厚朴 15 g
　　　黄连 10 g　　　茯苓 15 g　　苏梗 15 g　　　紫菀 15 g
　　　枇杷叶 15 g　　生姜 10 g　　甘草 10 g
　　　代赭石^先煎 30 g　　旋覆花^包煎 15 g

5 剂，煎水温服，一日一剂，一日三次。治疗效果明显，观察 7 天无反复，出院再带中药 7 剂。

二诊：2012 年 8 月 11 日。出院后 3 个月，患者再次来门诊求诊中医，诉各症均有明显好转，咳喘基本未发作，但时有嗳气，吃生冷、甜食则反酸、嗳气、烧心，情志不畅则加重，诊脉缓，望舌质淡红，苔薄白。辨证为脾胃气虚，肝气横逆犯胃，予香砂六君子汤加减以补气健脾、疏肝和胃。

处方：

处方：木香 15 g　　　砂仁^后下 10 g　　党参 30 g　　　炒白术 20 g
　　　青皮 15 g　　　法半夏 15 g　　　瓦楞子 30 g　　厚朴 15 g
　　　紫苏梗 15 g　　茯苓 15 g　　　　鸡内金 15 g　　炒麦芽 30 g
　　　佛手 15 g　　　香橼 15 g　　　　甘草 10 g　　　陈皮 15 g

7 剂，煎水温服，一日一剂，一日三次。

三诊：2020 年 9 月 3 日复诊。患者诉各症基本消失，唯有进食生冷或油腻则腹泻。中医辨证：肺脾气虚。治宜补土生金，拟参苓白术散加味。

处方：党参 30 g　　　炒白术 15 g　　茯苓 30 g　　　炒白扁豆 15 g
　　　山药 30 g　　　砂仁^后下 10 g　莲子 15 g　　　桔梗 15 g
　　　陈皮 15 g　　　薏苡仁 30 g　　干姜 15 g　　　荜茇 10 g
　　　甘草 12 g

煎水温服，一日一剂，一日三次。连服 10 剂。随访 1 年未见复发。

按语：《丹溪心法》："七情所伤，饮食动作，脉气不和皆能发咳。"[1]《医碥·哮喘》："得之食味酸咸太过，渗透气管，痰入结聚。"[2] 用上方治疗，以和胃降逆、化痰利气为主。气机得利，胃逆得降，肺得宣降，痰浊得消，则

---

[1] 朱震亨. 丹溪心法[M]. 上海：上海科学技术出版社，1959：87.
[2] 何梦瑶. 医碥[M]. 北京：中国中医药出版社，2009：105.

喘咳自止，故首先拟方旋复代赭汤合左金丸加减，连服数剂，各症均减，也提示本方有调节贲门括约肌功能、增强食道胃酸的清除、改善胃及食道防御功能、促进胃的排空功能和缓解气管痉挛的作用，后用香砂六君子汤加疏肝和胃之品，最后拟方参苓白术散加干姜、荜茇以益气健脾，疏肝和胃，从而收到较好的效果。

6. 肺结节咳嗽

陈某，女，70岁，农民，四川省巴中市平昌县人。

初诊：2020年5月8日。患者因"咳嗽、咯痰3月余"就诊，3月前患者因感冒后出现咳嗽伴喘息、气紧，于当地医院治疗（具体药物不详）后疗效欠佳，遂于四川省人民医院就诊，查胸部CT提示：双肺散在小结节，部位以右肺中叶外端、左肺上叶、左肺下叶为主，最大1.1×0.9 cm；肿瘤标志物未见异常。西医建议行胸部增强CT以进一步明确结节性质。患者拒绝进一步检查，特来门诊寻求中医治疗。刻下症见：咳嗽，咯少量白痰，不易咯出，伴喘息、气紧、汗出，舌淡红，苔白腻，脉滑。

诊断：咳嗽病。

辨证：痰湿阻肺。

治法：燥湿化痰，宣肺止咳。

方剂：二陈汤合桂枝加厚朴杏子汤加减。

处方：法半夏15 g　炒白芍15 g　苦杏仁10 g　姜厚朴15 g
　　　　桂枝10 g　　茯苓15 g　　陈皮10 g　　甘草10 g
　　　　大枣10 g　　瓜蒌皮15 g　浙贝母15 g　山慈菇15 g
　　　　莪术15 g

10剂，煎水温服，一日一剂，一日三次。

二诊：2020年5月18日。服上方后，患者诉咳嗽、气紧症状较前明显好转，但仍感汗出，自觉稍畏寒，舌脉同前。继续予原方加附片。

处方：法半夏15 g　茯苓15 g　　陈皮10 g　　甘草10 g
　　　　桂枝10 g　　炒白芍15 g　苦杏仁10 g　姜厚朴15 g
　　　　大枣10 g　　瓜蒌皮15 g　浙贝母15 g　山慈菇15 g

莪术 15 g　　　　白附片^(先煎一小时) 15 g

10 剂，煎水温服，一日一剂，一日三次。

三诊：2020 年 5 月 28 日。服上方后，患者未见明显咳嗽、喘息、气紧，汗出明显好转。予原方去桂枝、白芍、厚朴、杏仁，加白术、党参、黄芪。

处方：法半夏 15 g　　茯苓 15 g　　陈皮 10 g　　甘草 10 g
　　　炒白术 15 g　　党参 30 g　　黄芪 30 g　　瓜蒌皮 15 g
　　　浙贝母 5 g　　　山慈菇 15 g　莪术 15 g
　　　制白附片^(先煎半小时) 15 g

10 剂，煎水温服，一日一剂，一日三次。

四诊：2020 年 6 月 8 日。复查胸部 CT：双肺结节影，最大 0.5×0.7 cm。患者未诉明显不适，继续予燥湿化痰、益气健脾为法。此案仍在治疗中。

按语：肺结节是肺系疑难疾病，常是肺癌早期病变，部分患者由于无症状，往往是体检时发现或者因反复咳嗽检查胸部 CT 时发现。肺结节病类属中医"积聚"范畴，基本病机是痰瘀痹阻肺络而发病，本病多为本虚标实、虚实错杂之证，如《杂病源流犀烛·积聚癥瘕痃癖痞源流》所言："壮盛之人，必无积聚。必其人正气不足，邪气留着，而后患此。"[1]标实主要为痰瘀痹阻，临证应注重豁痰化瘀散结，肺、脾、肾三脏气虚，故后期应重视补肺脾肾。唐老治疗肺结节，遵《景岳全书·积聚》之旨，"治积之要，在知攻补之宜，而攻补之宜，当于孰缓孰急中辨之"[2]。首诊患者咳嗽明显，予二陈汤化痰，桂枝加厚朴杏子汤固表宣肺，瓜蒌皮、浙贝母、山慈菇、莪术化痰祛瘀散结。二诊患者见阳虚之象，故加附片温阳。三诊患者诸症明显缓解，去桂枝加厚朴杏子汤，加黄芪四君子补脾以杜绝生痰之源，此乃缓则治本。

7. 新型冠状病毒肺炎轻症（远程会诊）

范某，男，56 岁，现居武汉。

初诊：2020 年 2 月 6 日。刻下症见：患者口干口苦明显，动则乏力，无

---

[1] 沈金鳌撰. 李占永，李晓林校注. 杂病源流犀烛[M]. 北京：中国中医药出版社，1994：214.
[2] 张介宾著. 赵立勋主校. 景岳全书[M]. 北京：人民卫生出版社，1991：504.

咳嗽咳痰及发热，大便成型，纳可，睡眠可。查体：T 36.4 ℃。血常规：WBC 2.94×10^9/L，NEUT% 75.85%，LYMP 0.71×10^9/L，血钾离子浓度（K）3.46 mmol/L，空腹血糖（GLU）8.57 mmol/L，新冠病毒核酸检测阳性。舌淡红苔白腻，脉因带多层手套未取。

诊断：肺瘟病。

辨证：体虚外感，内有痰湿。

治法：益气解表，理气化痰。

方剂：参苏饮加减。

处方：人参 10 g　　紫苏叶 15 g　　桔梗 12 g　　夏枯草 15 g
　　　黄芩 10 g　　炒栀子 10 g　　黄芪 20 g　　姜半夏 12 g
　　　厚朴 12 g　　陈皮 10 g　　　柴胡 12 g　　白术 12 g
　　　茯苓 15 g　　薏苡仁 30 g　　仙鹤草 30 g

4 剂，免煎颗粒剂，温水冲服，一日一剂，一日三次。

二诊：2020 年 2 月 10 日。患者诉口苦好转，乏力较前有所缓解，大便可。舌淡红，苔根部黄腻。患者舌苔变黄，补气药需减量，方用三加减正气散合连朴饮加减以加强清热化湿的力量。

处方：藿香 15 g　　厚朴 15 g　　茯苓 15 g　　陈皮 10 g
　　　滑石 30 g　　杏仁 15 g　　黄连 10 g　　石菖蒲 12 g
　　　苍术 15 g　　芦根 30 g　　炒栀子 10 g　　姜半夏 12 g
　　　苦参 15 g　　通草 10 g　　淡豆豉 10 g　　夏枯草 12 g
　　　柴胡 12 g

4 剂，免煎颗粒剂，温水冲服，一日一剂，一日三次。

三诊：2020 年 2 月 13 日。患者口苦明显好转，自觉已好一半，反酸，纳食可。白天睡多了，晚上不好睡。大小便正常，身上仍有酸痛。舌苔黄腻已退，考虑肝气横逆犯胃，予越鞠丸合左金丸加减。

处方：黄连 5 g　　吴茱萸 5 g　　苍术 15 g　　川芎 15 g
　　　炒栀子 15 g　　建曲 15 g　　青皮 15 g　　香附 15 g
　　　羌活 15 g　　独活 15 g　　大枣 15 g　　甘草 10 g
　　　茯苓 15 g

2剂，免煎颗粒剂，温水冲服，一日一剂，一日三次。

2剂后患者诸症减轻，复查胸部CT较入院病灶明显吸收，新冠核酸检测2次阴性后出院。

按语： 新冠肺炎是由感染新型冠状病毒所引起的肺炎，在中医中，本病属于"瘟疫"病范畴，为感染一种特殊的致病物质所致，非一般所指的风、寒、暑、湿、燥、火等六淫之邪。其基本病机可简单概括为疫毒外侵，肺经受邪，正气亏虚。湿热毒瘀皆可为此病之实邪，既可夹杂为患，也可在不同病理阶段有所侧重，"虚"是正气虚，"邪气盛则实，精气夺则虚"，临床上应仔细观察正气与病邪的动态演变，从而做出正确的决策。本案首诊予参苏饮加减，以培补正气、解表祛邪，兼以理气化痰为治法。方中人参、黄芪大补元气，尤善补肺脾之气；白术重在补脾气；紫苏叶解表理气，宣肺止咳；桔梗辛散，开宣肺气；炒栀子泻火解毒；黄芩清热燥湿，且清上焦热邪最佳；半夏、陈皮及厚朴联用，取其燥湿化痰、下气止咳之效；茯苓、薏苡仁除湿健脾；柴胡疏肝解郁，调畅患者情志，利病情之恢复。此剂服下，患者自觉尚可，观其舌象，苔有些许变黄，为防补气太过，遂调整处方，用三加减正气散合连朴饮，前方芳香开泄、清利湿热，为苦辛寒剂。藿香宣气透邪，芳化湿浊，和胃悦脾。《本草正义》认为藿香"芳香而不嫌其猛烈，温煦而不偏于燥热，能祛阴霾湿邪而助胃正气，为湿困脾阳，倦怠无力，饮食不甘，舌苔浊垢者最捷之药"①。辅以厚朴行气化湿，宽胸除满，陈皮理气和中，二药辛开苦降，疏理中焦气机。以杏仁利肺与大肠之气且宣利上焦肺气，气化则湿亦化，滑石、茯苓渗湿泄热，另加苦参、通草之类清热除湿，夏枯草清热泻火。全方以芳化之品清疏胃热，芳化脾湿，又融健脾理气为一体。脾运则湿除气畅，胃热去则胃气和。连朴饮之证因于湿热蕴伏，清浊相干，属湿热并重。方中黄连清热燥湿；石菖蒲芳香化湿而悦脾；半夏燥湿降逆；栀子、豆豉清宣胸脘之郁热；芦根性甘寒质轻，清热和胃、生津行水。患者自觉病症已去大半，偶有反酸，且身有酸痛，遂改用越鞠丸合左金丸加减，方中香附疏肝解郁，川芎辛香，为血中气药，可活血祛瘀，又可助香附行气解郁之功。栀子清热泻火，苍术燥湿运脾，神曲消食导滞，黄连一则清心火以泻肝火，即所谓"实则泻其子"，肝火得清，自不横逆犯胃；二则清胃热，胃火降

---

① 张山雷著. 程东旗点校. 本草正义[M]. 福州：福建科学技术出版社，2006：229.

则其气自降。如此标本兼顾，对肝火犯胃之嗳腐吞酸尤为适宜。吴茱萸辛苦而温，入肝、脾、胃、肾经，辛能入肝散肝郁，苦能降逆助黄连降逆止呕之功，温则佐制黄连之寒，使黄连无凉遏之弊，且能引领黄连入肝经，为佐药。二药辛开苦降，寒热并用，泻火而不凉遏，温通而不助热，使肝火得清，胃气得降，则诸症自愈。患者周身酸痛，故加羌活、独活，二者皆为辛苦温燥之品，其辛散祛风，味苦燥湿，性温散寒，故皆可祛风除湿、通利关节。其中羌活善祛上部风湿，独活善祛下部风湿，两药相合，能散一身上下之风湿，通利关节而止痹痛。此病发于春季，与肝气相通，而本例患者肝郁症候贯穿始终，所以在治疗过程中，始终加有治肝之品，防止木火刑金加重肺金受损状态。

（二）喘证性疾病

1. 慢性喘息性支气管炎

李某，女，83岁，退休，现居成都市成华区。

初诊：2018年10月9日。患者因"反复喘息10余年"就诊。刻下症见：动则喘息明显，咳嗽、盗汗、耳鸣，口苦口干，夜间可平卧，双下肢不肿，食欲一般，偶有反酸，二便如常。舌红少苔，脉细弦。既往有慢支炎、哮喘病史。查体：双肺闻及少量散在哮鸣音。否认过敏史。

诊断：喘病。

辨证：肝肾阴虚，肺气不足。

治法：滋阴疏肝，补益肺气。

方剂：一贯煎加减。

处方：炒白芍 15 g　　黄芪 50 g　　枸杞子 15 g　　麦冬 15 g
　　　　太子参 30 g　　甘草 10 g　　百合 20 g　　　乌药 20 g
　　　　生地黄 15 g　　佛手 15 g　　炒麦芽 30 g　　煅瓦楞子 30 g
　　　　炒鸡内金 15 g　炒川楝子 15 g

6剂，免煎颗粒剂，温水冲服，一日一剂，一日三次。

二诊：2018年10月16日。患者诉咳嗽喘息症状均缓解，已无反酸症状，舌脉同前，前方去瓦楞子再予6剂，免煎颗粒剂，温水冲服，一日一剂，一日三次。

按语：此病乃中医所讲之"喘证"，首见于《内经·灵枢·五阅五使》"肺病者，喘息鼻张"[1]。《内经·素问·举痛论》又说"劳则喘息汗出"[2]，指出喘病病因既有外感，也有内伤，病机亦有虚实之别。《内经·素问·经脉别论》云："有所坠恐，喘出于肝。"[3]提示喘虽以肺为主，亦涉及它脏。其病位在肺，病性可分虚实两大类。本案中患者年事已高，素体虚弱，元气渐衰，以喘息为主症，兼有盗汗、口苦口干，望舌苔少，脉细弦，故诊断虚喘之肝肾阴虚，肺气不足证。肺为气之主，司呼吸，外合皮毛，内为五脏之华盖，若外邪袭肺，或他脏病气上犯，皆可使肺气壅塞，肺失宣降，呼吸不利而致喘促，或使肺气虚衰，气失所主而喘促。肾为气之根，与肺同司气之出纳，故肾元不固，摄纳失常则气不归元，阴阳不相接续，亦可气逆于肺而为喘。肝藏血，主疏泄，体阴而用阳，喜条达而恶抑郁。肝体失养，则疏泄失常，肝气郁滞逆乘亦能致喘。本案首诊方以一贯煎加减，一贯煎原方重在滋补，虽可行无形之气，但不能祛有形之邪，且药多甘腻，故有停痰积饮而舌苔白腻、脉沉弦者，不宜使用。本案方中用炒白芍柔肝敛阴；生地、麦冬、百合养阴生津，润肺止咳；枸杞子滋肾润肺；乌药温肾行气。以上诸药合用，肺肾双补。患者食欲不佳，予太子参、黄芪，两药均归脾、肺经，既可生津润肺，亦可益气健脾；炒麦芽与炒鸡内金合用，行气健脾，消食开胃，另配以炒川楝子、佛手疏肝理气，调畅情志。补肝与疏肝相结合，以补为主，使肝体得养，而无滋腻碍胃遏滞气机之虞，且无伤及阴血之弊，利病情之恢复，甘草调和诸药，以助药性。虚喘正虚，其治在肺肾肝，当培补摄纳，则药到病除也。

2. 新型冠状病毒型肺炎进展期（唐老远程会诊）

陶某，男，73岁，现居武汉。

初诊：2020年2月6日。刻下症见：咳嗽，白痰量多难咯，口苦口干，纳食不香，小便可，大便2日一行，成型软便，失眠。高流量吸氧，氧流量

---

[1] 柳长华解读. 黄帝内经[M]. 北京：科学出版社，2019：429.
[2] 柳长华解读. 黄帝内经[M]. 北京：科学出版社，2019：186.
[3] 柳长华解读. 黄帝内经[M]. 北京：科学出版社，2019：128.

60 L/min，氧浓度 55%，血氧饱和度 91%。舌淡红，苔黄腻，脉因带多层手套未取。

诊断：肺瘟。

辨证：湿毒郁肺。

治法：化痰燥湿，理气止咳。

方剂：温胆汤加减。

处方：全瓜蒌 30 g　　胆南星 6 g　　竹茹 20 g　　陈皮 12 g
　　　姜半夏 15 g　　姜厚朴 15 g　　紫苏梗 15 g　　桔梗 12 g
　　　夏枯草 15 g　　藿香 15 g　　党参 15 g　　茯苓 15 g
　　　焦山楂 15 g　　炒麦芽 30 g　　白术 12 g　　甘草 10 g

4 剂，免煎颗粒剂，冲水温服，一日一剂，一日三次。

二诊：2020 年 2 月 12 日。患者服药后口干好转，纳食好转，睡眠好转，目前高流量吸氧，氧流量 40 L/min，氧浓度 45%，血氧饱和度 93%。舌淡红，苔薄黄干燥，脉因带多层手套未取。患者症状有所好转，舌苔由润转燥，考虑以下可能：一是用化痰药过多，温燥太过；二是高流量吸氧导致。于是决定加入一些滋阴补肾之品，如五味子、熟地黄等，方用十味温胆汤加减。

处方：人参 15 g　　竹茹 20 g　　陈皮 12 g　　姜半夏 15 g
　　　麦冬 15 g　　枳壳 15 g　　茯苓 15 g　　熟地黄 15 g
　　　甘草 15 g　　五味子 15 g　　炒麦芽 30 g　　当归 15 g
　　　全瓜蒌 30 g　　酸枣仁 20 g　　远志 10 g　　夏枯草 15 g
　　　郁金 6 g　　石菖蒲 6 g

2 剂，免煎颗粒剂，冲水温服，一日一剂，一日三次。

三诊：2020 年 2 月 14 日。患者口干，不苦，自觉食欲较前明显好转，睡眠可，目前高流量吸氧，氧流量 35 L/min，氧浓度 40%，血氧饱和度 99%。调整如下。

处方：太子参 30 g　　茯苓 15 g　　白术 20 g　　甘草 10 g
　　　法半夏 15 g　　当归 15 g　　炒白芍 15 g　　木瓜 15 g
　　　瓜蒌皮 15 g　　薤白 15 g　　粉葛 30 g　　远志 10 g
　　　石菖蒲 10 g　　乌梅 15 g

4剂，免煎颗粒剂，冲水温服，一日一剂，一日三次。

四诊：2020年2月19日。患者胃口好转，咽部有异物感，偶尔干咳，无痰，睡眠较前好转，纳可，大小便正常，面罩吸氧，心率（HR）98次/分，血氧饱和度（SPO$_2$）97%，呼吸（R）30次/分，BP 137/86 mmHg。舌淡红，苔中部黄腻，干燥。考虑辨证为气阴两虚夹湿热，调整如下。

处方：太子参30 g   茯苓15 g   白术20 g   甘草10 g
　　　法半夏15 g   木瓜15 g   瓜蒌皮15 g   粉葛30 g
　　　知母15 g   浙贝母15 g   紫菀15 g   百部15 g
　　　黄芩15 g   麦冬15 g   藿香15 g   佩兰15 g
　　　石斛15 g

6剂，免煎颗粒剂，冲水温服，一日一剂，一日三次。

再服6剂后，患者间断鼻导管吸氧，诸症皆消，胸部CT示病灶较前吸收，待新冠核酸检测2次阴性后出院。

按语：患者入院时处于新冠肺炎进展期，中医诊断为肺瘟病，且处于正邪交争最剧时期，治以理气化痰、和胃利胆。首诊方选温胆汤加减，方中瓜蒌、胆南星清热涤痰，宽胸散结；半夏辛温，燥湿化痰，和胃止呕；竹茹，取其甘而微寒，清热化痰，除烦止呕。半夏与竹茹相伍，一温一凉，化痰和胃，止呕除烦之功备。陈皮辛苦温，理气行滞，燥湿化痰；枳实辛苦微寒，降气导滞，消痰除痞。陈皮与枳实相合，亦为一温一凉，而理气化痰之力增。佐以茯苓，健脾渗湿，以杜生痰之源；兼加生姜、大枣调和脾胃，且生姜兼制半夏毒性。藿香化湿醒脾，夏枯草清肝泻火，党参、茯苓、白术、甘草取四君子汤之意，以补脾胃之气。山楂、麦芽健脾开胃。二诊选十味温胆汤加减，在前方基础上将党参换人参，增其补气之功；另新加麦冬、熟地黄滋肺肾之津；五味子收敛气阴、补肾宁心；当归调肝血；酸枣仁、远志宁心安神；郁金、石菖蒲解郁开窍。三诊患者病情恢复可，方选四君子汤合瓜蒌薤白半夏汤加减，取行气解郁、通阳散结、祛痰宽胸之意，另加当归、炒白芍养血敛阴；木瓜和胃化湿；粉葛退热生津；远志宁心安神；石菖蒲豁痰开窍；乌梅敛肺生津。四诊时患者各症状已明显好转，咽部仍有异物感，在前方基础上加知母、麦冬养阴生津；浙贝母清热化痰；紫菀、百部合用，有降气祛痰、润肺止咳之功；黄芩除上焦湿热；藿香、佩兰合用，可去除中焦湿气、振奋脾胃；石斛养胃阴。

3. 大叶性肺炎

李某，女，73岁，退休，现居四川省资中市。

初诊：2013年5月16日。因"反复咳喘20余年，加重伴发热1天"就诊，患者患慢性咳嗽气喘20余年，每逢秋冬季节发作，每年冬季必住院治疗半月或一月。从事教师工作30余年，因病提前退休。今年春节后因天气变化，骤起发热，气喘，咳嗽咽干，痰时多时少、黄白相兼，夜间不能平卧，伴头晕且痛，全身关节疼痛，形体消瘦，于5月15日住院治疗。进院时急性病容，面红气促，R 36次/分，BP 100/68 mmHg，右胸上部及左背下部叩诊浊音，能听到湿啰音，查血 WBC 19.0×10^9/L，NEUT% 95%，痰细菌培养：金黄色葡萄球菌及卡他球菌生长，胸部DR：右肺上野第二肋处见片状模糊阴影，左胸肺野密度边缘模糊致密影。诊断示：① 考虑双侧葡萄球菌性大叶性肺炎；② 慢支炎肺气肿伴感染。西医予头孢西丁钠、地塞米松磷酸钠、多索茶碱对症治疗。西医治疗两周后停药，请中医会诊，患者诉症状自觉有好转，食欲增加，但仍咳嗽不止，气喘，吐黄痰而黏稠，关节疼痛缓解，仍时有疼痛，诊时身热汗出，咳嗽气喘，口渴少饮，舌红苔黄腻，脉细滑而数。

诊断：风温肺热。

辨证：邪热挟湿，蕴于肺胃。

治法：清瘟燥湿。

方剂：白虎加术汤合苍白二陈汤加味。

处方：炒苍术15 g　　白术15 g　　茯苓15 g　　法半夏15 g
　　　浙贝母15 g　　陈皮15 g　　石膏^{先煎} 30 g　　黄芩20 g
　　　款冬花15 g　　知母15 g　　甘草10 g　　粳米30 g
　　　桑白皮15 g　　杏仁15 g　　厚朴15 g　　射干15 g
　　　地龙15 g

3剂，煎水温服，一日一剂，一日三次。

二诊：2013年5月21日。三剂后患者仍咳嗽，低热，气喘，骨关节疼痛，屈伸不利，舌脉同前。

处方：麻黄 15 g　　杏仁 15 g　　薏苡仁 30 g　　炒苍术 20 g
　　　法半夏 15 g　桑白皮 15 g　知母 20 g　　　瓜蒌皮 15 g
　　　地龙 15 g　　炒苏子 15 g　黄芩 20 g　　　枇杷叶 15 g
　　　甘草 10 g

3 剂，煎水温服，一日一剂，一日三次。

三诊：2013 年 5 月 25 日。患者仍咳嗽气促，低热退，关节仍疼痛屈伸不利。拟原方加桂枝 15 g、木瓜 15 g、白芍 20 g、厚朴 15 g，再 5 剂，煎水温服，一日一剂，一日三次。

四诊：2013 年 5 月 31 日。输液 2 周后已停用输液药物，仍口服西药，氨茶碱片 0.1 g 一日三次，盐酸氨溴索片 30 mg 一日三次，地塞米松片 5 mg 一日三次，维生素 B_6 片 20 mg 一日三次，吸氧及雾化。经中西医结合治疗，身热已退，关节疼痛已明显好转，但咳嗽气喘仍不止，诊脉细数重按无力，望舌红少苔无津。中医辨证属肺肾气阴不足，久嗽阴虚，治宜清润。

处方：麦冬 20 g　　　　五味子 15 g　　　熟地黄 20 g　　山药 30 g
　　　山茱萸 20 g　　　茯苓 15 g　　　　泽泻 15 g　　　牡丹皮 15 g
　　　人参 15 g　　　　蛤蚧粉^(吞服) 10 g　知母 15 g
　　　款冬花 15 g　　　枇杷叶 15 g　　　紫菀 15 g

煎水温服。其中人参、蛤蚧碾细末为散，每次 6 g，用中药汤吞服，连服 5 剂，服药时间要长一些，以巩固疗效。另给予膏方一料。

处方：南沙参 150 g　白术 100 g　　茯苓 90 g　　半夏曲 60 g
　　　炒苏子 60 g　　浙贝母 60 g　　款冬花 50 g　知母 50 g
　　　山药 100 g　　　熟地黄 90 g　　生地黄 90 g　山茱萸 90 g
　　　黄芪 150 g　　　防风 60 g　　　紫河车 2 具　人参 50 g
　　　阿胶 50 g　　　　龟甲胶 60 g　　枇杷叶 60 g　冬瓜子 30 g
　　　地龙 30 g　　　　麦冬 60 g　　　天冬 60 g　　枸杞子 60 g
　　　蛤蚧 40 g　　　　桃仁 30 g　　　甘草 30 g

以上药除人参、阿胶、龟甲胶、蛤蚧、紫河车外，浸泡 3 小时，用大火冲开，再以文火煎 2 小时，去渣取汁。另将人参浸泡 1 小时，煎 1 小时取浓汁，紫河车、蛤蚧碾成细粉，用煎好的中药汁加阿胶、龟甲胶，入人参汁、紫河车粉、蛤蚧粉，再煎半小时收膏。每次服 1 汤匙，用温开水送服。随访 2 年余，未见复发。

按语：大叶性肺炎表现症状与中医的"风温"相似，风温多是感受风热或外感风寒化热，以发热、咳嗽气促、口渴为主证。本病虽与风温相符合，但又表现胸闷、纳少，关节酸痛，苔黄腻等夹湿之候，按六经辨证已经不属于太阳病而属于阳明病，而咳嗽气促，痰多，病邪在肺，辨证属"邪热挟湿，蕴于肺胃"，处方用白虎加术汤加味。该方药物偏重于胃，药后仍咳嗽气促，全身关节疼痛，故改用麻黄杏仁薏苡汤加味。服后咳喘好转，发热退，但关节仍疼痛，原方加入木瓜、桂枝、白芍，数剂而好转。经中西结合治疗，病情虽然好转，但仍咳嗽气促，时轻时重，长期咳喘必然肺肾气阴两虚，嘱患者坚持服麦冬地黄汤合参蛤散，后改用膏方。随访 2 年余未复发，并且连感冒均未出现，说明中药有很好的远期疗效。

4. 间质性肺炎

高某，女，75 岁，退休，现居成都市武侯区少陵路。

初诊：2019 年 6 月 20 日。刻下症见：患者咳嗽，咯痰，色黄，口黏腻，口淡无味，夜眠差（需口服阿普唑仑助眠），幻视幻觉，心悸，喘息，活动后加重，夜间口干，纳差，大便 3～5 日一次，干结难解，小便频数。舌红，苔黄腻，脉弦滑无力。既往史：青光眼术后，高血压，肺纤维化。辅助检查：2019 年 5 月 30 日左肺穿刺病检结果示：肺组织间质纤维增生。

诊断：肺痿。

辨证：肺热脾虚。

治法：清肺健脾。

方剂：瓜贝二陈汤加减。

处方：燀苦杏仁 15 g　　法半夏 15 g　　瓜蒌皮 15 g　　瓜蒌子 15 g
　　　麸炒苍术 15 g　　白术 30 g　　　青皮 15 g　　　茯苓 15 g
　　　炒酸枣仁 15 g　　薏苡仁 30 g　　姜厚朴 15 g　　酒黄芩 15 g
　　　蜜桑白皮 15 g　　桔梗 15 g　　　蜜紫菀 15 g　　合欢皮 15 g

蜜枇杷叶 15 g　　浙贝母 15 g

6剂，煎膏口服，一日一剂，一日三次。

二诊：2019年6月28日，患者诉口中黏腻症状有所缓解，余症状同前，舌脉同前。调整如下。

处方：太子参 30 g　　茯苓 15 g　　炒酸枣仁 20 g　　丹参 30 g
　　　菊花 15 g　　　枸杞子 20 g　　制远志 15 g　　　生地黄 20 g
　　　山茱萸 20 g　　山药 30 g　　　当归 15 g　　　　酒川芎 15 g
　　　红花 15 g　　　赤芍 15 g　　　石菖蒲 15 g　　　麦冬 20 g
　　　醋龟甲 20 g　　甘草 10 g　　　白术 20 g　　　　天麻 20 g
　　　牛膝 15 g　　　黄芪 50 g

6剂，煎膏口服，两日一剂，一日三次。

按语：肺纤维化是一类很难治的疾病，中医把它归为"肺痿、肺痹"，涉及的主要是肺、脾、肾三脏，病机常常因为病情日久，出现虚实夹杂。"虚"主要是气虚、阴虚、阳虚或者肺肾阴虚，但往往又包含痰浊、血瘀等邪实的表现。所以在肺纤维化的治疗中，常常采用补虚、扶正、化瘀祛痰的方法。患者为老年女性，病势缠绵反复，肺脏虚损，津气严重耗伤，气不化津，津液失于温摄，反为涎沫，肺失濡养，肺叶渐痿不用。患者舌红，苔黄腻，脉弦滑无力，治以清肺健脾。首诊方中苍术、白术、茯苓、薏苡仁健脾除湿；青皮疏肝理气；法半夏、姜厚朴燥湿化痰；瓜蒌、浙贝母润肺化痰；蜜苦杏仁降气止咳平喘；酒黄芩清热除湿；蜜桑白皮泻肺止咳；桔梗宣肺祛痰；蜜紫菀温肺下气、消痰止咳；炒酸枣仁、合欢皮宁心安神；蜜枇杷叶清肺止咳。此方用后，患者口中黏腻改善，结合患者慢性病程，迁延难愈，已耗伤元气，同时兼有瘀滞在体内，所以在补益的基础上需祛瘀。予调方，二诊方中太子参补益肺脾；炒酸枣仁、远志宁心安神；菊花、枸杞子、生地黄、山茱萸、山药、茯苓六药有杞菊地黄丸之意，传统药性认为生黄芪能"补五脏诸虚"，在这里还取其"能通调血脉，流行经络"的作用，"凡通脉者必先养血"，与当归合用则有通利血脉兼养血之功；丹参活血祛瘀，现代药理研究还表明黄芪、当归皆可调节免疫功能，黄芪、丹参还有逆转肺、肝纤维化的作用。酒川芎行气活血；红花活血通经；赤芍清热凉血；石菖蒲豁痰开窍；麦冬生津润肺；醋龟甲益肾强骨、养血补心；牛膝补肝肾、强筋骨；天麻平肝熄风；甘草调和诸药。肺痿之病在养不在治，慎起居，避风寒，畅情志，以利肺气恢复。

（三）哮病性疾病

1. 支气管哮喘

张某，男，61岁，务农，现居四川省资阳市安岳县。

初诊：2013年11月3日。患者哮喘病史20余年，以往每年冬季发作，近1年来阵发性气喘，夜间不能平卧，哮喘后咳痰涎量多，每年冬季均要住院治疗1月左右。长期口服茶碱类、抗生素以及地塞米松，家中备有氧气机，每日吸氧2～4小时，服药后尚能做一些简单的农活，但从不相信中医药能治疗哮喘。半年前子女在外地打工回家，劝其父看中医，并多次做思想工作，遂于11月3日上午来院求诊于中医。诊时见患者形体肥胖（可能与长期服激素有关），咳痰甚多，喉中痰鸣，呼吸困难，听诊双肺哮鸣音，呼吸音粗，胸部CT示：① 双肺慢支炎肺气肿，肺大泡；② 双肺有少许炎变。查血未见异常。诊脉弦滑，望舌质红，苔黄白相兼而腻。

诊断：哮病。

辨证：痰浊阻遏，郁而化热。

治法：清热宣肺，化痰定喘。

方剂：小青龙加石膏汤加减。

处方：桂枝10 g　　麻黄绒15 g　　炒白芍20 g　　干姜15 g
　　　细辛6 g　　　法半夏15 g　　五味子15 g　　黄芩20 g
　　　地龙15 g　　苦杏仁12 g　　厚朴15 g　　　甘草10 g
　　　石膏^{先煎}30 g

7剂，煎膏口服，一日一剂，一日三次。

二诊：2013年11月12日。患者哮喘呈阵发性发作，咳吐黄痰减少，苔黄腻已退，但仍纳差食少，口淡，身倦乏力，自觉服药后有所减轻，现表现四肢不温，怕冷喜热饮。本病肺脾肾俱虚，运化失职，摄纳无权，以致痰饮阻滞，治宜健脾祛痰、降气化饮。调整如下。

处方：桂枝 15 g　　炒白术 20 g　　茯苓 15 g　　炒紫苏子 15 g
　　　炒芥子 15 g　　炒莱菔子 15 g　　川贝母粉 9 g　　干姜 15 g
　　　细辛 6 g　　五味子 15 g　　炙甘草 10 g　　海蛤壳^{先煎} 20 g

5 剂，煎水温服，一日一剂，一日三次。

三诊：2013 年 11 月 18 日。患者服上方后哮喘大减，夜间基本能平卧，食欲增加，舌质淡红，苔白，脉细滑。调整如下。

处方：人参 30 g　　蛤蚧^{研末吞服} 2 对　　党参 30 g　　炒白术 15 g
　　　茯苓 15 g　　桂枝 15 g　　炒陈皮 15 g　　紫菀 15 g
　　　杏仁 15 g　　厚朴 15 g　　炒白芍 20 g　　大枣 20 g
　　　海蛤壳^{先煎} 20 g　　牡蛎^{先煎} 30 g　　炙甘草 12 g

5 剂，煎水温服，一日一剂，一日三次。

四诊：2013 年 12 月 10 日。患者诉已无哮喘，夜间能平卧，除每晚睡前吸氧 2 小时以外，未再服其他西药，要求再服中药。效不更方，原方再进 7 剂，服完汤剂后嘱服金匮肾气丸，坚持服丸剂一年，临床治愈。

按语：本病根据患者哮喘发作咯痰量多，口干，苔黄腻，脉滑数，初诊为痰饮郁而化热，处方以小青龙汤加石膏汤为主，服后肺热减，二诊改用苓桂术甘汤合三子养亲汤加味，咳喘减轻。本例由于病情较长，有虚有实，就诊当属寒痰壅滞、阻塞气道而化热，经治疗肺热去，显现肺脾肾之虚象，患者病史 20 余年，久病属虚，脾虚则痰湿内生。三诊注意到肺脾肾气虚，气失降纳，故采用六君子汤合桂枝加厚朴杏子汤合参蛤散。本病属虚痰，后期温肾实脾，嘱长期服金匮肾气丸，以达治愈。

2. 小儿支气管哮喘

罗某，男，2 岁 3 月，现居四川省资中市。

初诊：2002 年 11 月 6 日。其母代诉，发热、咳嗽、喘憋、痰鸣 3 天。查体：体温 38.7 ℃，呼吸急促，唇周轻度紫绀，鼻煽，可见轻度吸气"三凹"征，双肺可闻及密集干湿性啰音，以哮鸣音为主，心率 130 次/分，心音较低钝，律齐无杂音，腹部稍胀气，肝脾不大。胸片示：双肺点斑状阴影。血常规未见异常。根据发病季节、临床症状和实验室检查结果，诊断为细支气管炎。立即给予吸氧、抗感染、激素、茶碱类药物，在此基础上配合中药治疗。

诊断：哮病。

辨证：外感风邪，邪热壅盛。

治法：辛凉宣泄，清肺平喘。

方剂：加味麻杏石甘汤。

处方：炙麻黄 6 g　　杏仁 6 g　　石膏^{先煎} 15 g　　黄芩 8 g
　　　法半夏 8 g　　川贝母 6 g　　僵蚕 8 g　　枇杷叶 10 g
　　　焦山楂 10 g　　金荞麦 15 g　　海浮石 15 g　　甘草 5 g
　　　鱼腥草 10 g

3 剂，煎水温服，一日一剂，一日三次。

二诊：2002 年 11 月 10 日。患儿连服上方 3 剂后喘咳明显减轻，痰鸣减少，双肺哮鸣音及湿啰音减少，继服上方 3 剂。

三诊：2020 年 11 月 14 日。患儿临床症状消失，肺部未闻及干湿啰音，复查胸片示：双肺斑片状阴影明显吸收。血常规检查正常。入院第 8 天临床治愈出院，并带中药原方加茯苓 10 g、炒麦芽 10 g 二剂。

按语：哮喘性疾病是小儿科最常见的呼吸道感染性疾病。我们对这类患儿应用加味麻杏石甘汤疗效观察，结果表示，该组方可明显缩短呼吸道感染和哮喘患儿的咳嗽、咯血、喘息等症状持续时间，从而缩短治疗时间，减少各种并发症的发生，也减少了医疗费用的支出。

麻杏石甘汤是治疗小儿咳喘疾病的传统验方，具有清热兼顾止咳化痰、降气平喘的功效。根据国内报道，小儿呼吸道感染多由病毒及支原体混合感染所致。临床使用麻杏石甘汤治疗小儿咳喘疾病时加用金荞麦、鱼腥草、黄芩清热解毒，加入海浮石起止咳、解痉、平喘之效，且方中加入炒僵蚕、枇杷叶，不仅祛痰、化痰效果好，而且药味甘甜，口感较好，小儿易服。

通过临床较多的病例验证，小儿咳喘疾病服用加味麻杏石甘汤疗效满意，服药期间未发现毒副作用，是值得推广的小儿咳喘性疾病的治疗用药。

（四）肺胀性疾病

1. 慢性阻塞性肺疾病伴急性发作

李某，男，93 岁，退休，现居成都市郫都区。

初诊：2018 年 10 月 18 日。因"咳嗽 20 余年，加重 1 月"就诊，刻下症见：咳嗽，咯吐黄痰，量少难咯出，口干，气紧喘累，纳差，双下肢轻度水肿，二便如常。舌紫暗苔厚腻，舌下紫暗瘀斑满布，脉弦。

诊断：肺胀。

辨证：痰涎壅肺，肾阳不足。

治法：降气平喘，祛痰止咳。

方剂：苏子降气汤加减。

处方：
麸炒苍术 15 g	法半夏 15 g	茯苓 15 g	苦杏仁 15 g
炙麻黄绒 15 g	酒黄芩 15 g	赤芍 15 g	蜜桑皮 15 g
麸炒白术 15 g	薏苡仁 30 g	知母 15 g	陈皮 15 g
姜厚朴 15 g	蜜紫菀 15 g	地龙 15 g	当归 15 g
蜜百部 15 g	甘草 10 g	肉桂 10 g	
炒紫苏子^{包煎} 15 g			

6 剂，煎水温服，一日一剂，一日三次。

二诊：2018 年 10 月 25 日。患者下肢水肿消退，咳喘较前好转，续予前方 6 剂。

按语：慢性阻塞性肺病即中医所讲"肺胀"，早在《内经·灵枢·胀论》就有对其的记载，"肺胀者，虚满而喘咳"[1]，其乃肺系疾病反复发作，日久不愈，导致肺气胀满，敛降不能，表现为胸部膨满、憋闷如塞、喘息上气等。此患者咳嗽日久，近来气紧喘累，加之舌苔脉象，考虑因久病肺虚，痰瘀互相转化搏结，壅塞于肺，导致肺不敛降；同时患者年事已高，肾阳虚衰于下，肾不纳气、呼多吸少、喘逆短气，水不化气而致水泛为痰、外溢为肿，故见下肢水肿。辨证为痰涎壅肺、肾阳不足证。本证虽属上实下虚，但以上实为

---

[1] 柳长华解读. 黄帝内经[M]. 北京：科学出版社，2019：422.

主。治以降气平喘，祛痰止咳为重，兼顾下元，方以苏子降气汤加减。方中炒紫苏子化痰降逆平喘；苍术、白术、茯苓及薏苡仁等药健脾除湿；法半夏、陈皮、姜厚朴三药合用燥湿化痰、理气健脾；蜜紫菀、蜜百部联用，降气祛痰、润肺止咳；崖桑皮偏于泻肺；炙麻黄绒、苦杏仁及地龙清肺平喘；酒黄芩、知母、赤芍清热凉血散瘀；肉桂温补下元，纳气平喘，以治下虚；当归既治咳逆上气，又养血补肝润燥，同肉桂以增温补下虚之效；甘草调和诸药。肺胀病性多虚实夹杂，治疗当根据急性偏于邪实、平时偏于正虚的不同，有侧重地选用治法与药物。

2. 肺源性心脏病

病案 1：李某，男，56 岁，现居四川省资阳市。

初诊：1986 年 12 月 10 日。因"反复喘促、下肢水肿 2 年余"就诊，患者从小患咳嗽、哮喘病，近 2 年来气喘而肿。刻下症见：气喘不能平卧，活动后加重，咳嗽以早晚加重，痰白而清稀味咸，偶有黄黏痰，心悸，少食，四肢浮肿，按之凹陷（Ⅱ度），夜尿频数而量少，五更便溏，入暮口干咽痛，偶口渴，饮水少，唇紫绀，舌质淡，有齿痕，舌头有红点，苔白腻，脉右寸两尺沉弱。长期服抗生素、茶碱类西药，但效果不明显，多次住院治疗，久不能愈，胸部 DR 片示：右下动脉横径大于 15 mm，右主动脉段凸出 3 mm，右心室增大。心电图示：肺型 P 波。

诊断：① 喘证；② 水肿。

辨证：肾虚水泛。

治法：温补肾阳，纳气利水。

方剂：五苓散合真武汤加味。

处方：
桂枝 10 g	白术 15 g	茯苓 15 g	泽泻 15 g
猪苓 15 g	白芍 15 g	生姜皮 15 g	厚朴 15 g
杏仁 12 g	制附片^{先煎一小时} 20 g		

4 剂，煎水温服，一日一剂，一日三次。

二诊：1986 年 12 月 15 日。患者诉药后浮肿明显减轻，其他症状仍然不减。调整处方为加味肾气丸。

处方：熟地黄 20 g　　山药 20 g　　山茱萸 20 g　　茯苓 15 g
　　　泽泻 15 g　　　丹参 20 g　　车前子 15 g　　牛膝 15 g
　　　地骨皮 15 g　　肉桂 10 g　　石膏 20 g　　　莲子带心 15 g
　　　桔梗 15 g　　　制附片^(先煎一小时) 15 g

5 剂，煎水温服，一日一剂，一日三次。

三诊：1986 年 12 月 20 日。患者喘肿大减，再进上方 7 剂，诸症明显减轻，活动自如，嘱服金匮肾气丸和补肺丸，晨起服补肺丸，睡前服金匮肾气丸，坚持服用 1 年，症平。

按语：患者从小咳嗽，肺脾肾功能受损，而影响水津代谢，近 2 年出现喘而水肿，表明病情更趋严重。病久入肾，肾阴阳两虚，气不归元则喘咳病生；虚火上炎则口干咽痛；肾虚不能蒸腾化津生液，潴留不行则为肿满；而小便频而少，水泛上干于肺则咳喘痰白黏而稠。因此用药地黄、山药、山茱萸滋肾阴，旺化源；肉桂、附片温肾阳，消阴翳；茯苓、泽泻、车前子利水消肿；丹参、石膏、莲子清虚火；牛膝、桔梗一降一升，则生化无穷。故诸症平息，后期补肺肾，交叉用金匮肾气丸合补肺丸，1 年告病愈。

病案 2：谢某，男，76 岁，现居四川省广汉市。

初诊：2019 年 10 月 27 日。因"反复喘累 7 年余，加重伴双下肢水肿 1 周"就诊。患者长期吸烟（叶子烟及卷烟），7 年余前逐渐出现喘累症状，活动后加重，甚则夜间不能平卧，间断口服中药及西药治疗（具体用药不详），用药后可缓解，后常因天气变化感冒后症状反复加重，口服药物逐渐不能完全缓解，需住院治疗，住院诊断为"慢性阻塞性肺疾病、肺源性心脏病、高尿酸血症"。近 2 年患者逐渐减少吸烟量，5～8 支/日，1 周前患者再次受凉后出现喘累症状，动则尤甚，日常家务活动不能完成，双下肢水肿明显，自服药物治疗（具体用药不详）无效，为求进一步诊疗来院。刻下症见：患者颜面无华，说话费力，不能平卧，动则加重，无明显咳嗽咳痰，嗜睡，口干不欲饮，纳眠差，小便频，大便不成形，双下肢肿胀，唇紫，舌质淡黯，边有齿痕，苔白腻，脉沉细弱。查体：桶状胸，可见吸气相"三凹"征，双肺叩诊呈过清音，双下肺叩浊音，听诊双肺呼吸音粗，可闻及粗湿啰音，卧位时可闻及干鸣音，坐位时干鸣音减轻，双下肺呼吸音减弱。胸水彩超示：左侧胸腔可见最深约 7 cm 液性暗区，液尚清亮，跨 3 个肋间，右侧胸腔可见最深约 8 cm 液性暗区，液尚清亮，跨 3 个肋间。心脏彩超示：左室射血分数（EF）52%，肺动脉高压，右心增大，三尖瓣可见轻度反流。血气分析：pH 7.36，氧分压（PO_2）70 mmHg，二氧化碳分压（PCO_2）62 mmHg，乳酸浓度（Lac）1.2 mmol/L，SPO_2 91%，氧合指数 212。胸部 CT：慢支炎、肺气肿征象，双侧胸腔可见少~中量积液，局部肺组织压缩不张。肺功能全套加支气管舒张检查：极重度阻塞性为主混合型肺通气功能障碍，大小气道气流重度受阻，重度肺气肿，通气储备功能中度下降，支气管舒张实验阴性。

诊断：① 喘证；② 悬饮。

辨证：肺肾两虚，水饮泛滥。

治法：补肺温肾，纳气行水。

方剂：补肺固肾汤加减。

处方：桑白皮 15 g　　人参叶 15 g　　茯苓皮 15 g　　陈皮 10 g
　　　法半夏 10 g　　炒葶苈子 10 g　白果 10 g　　　红景天 15 g
　　　炒五味子 10 g　姜厚朴 10 g　　菟丝子 10 g　　补骨脂 10 g
　　　黄芪 20 g　　　石菖蒲 10 g　　甘草 10 g

7 剂，煎水温服，一日一剂，一日三次。并嘱戒烟酒。小剂量利尿剂呋塞米 20 mg、螺内酯 20 mg，每日口服一次。

二诊：2019 年 11 月 2 日。患者诉用药后喘累及下肢肿胀减轻，夜间可稍平卧，白日可做少量家务，其他症状仍然不减。前方黄芪加量为 60 g，去石菖蒲，另加熟地黄 15 g、山药 20 g，煎水温服，一日一剂，一日三次，连服 7 剂。

三诊：2019 年 11 月 10 日。患者各症状缓解，双下肢肿胀已消退，复查胸水彩超双侧胸腔微量积液，血气分析：pH 7.37，PO_2 80 mmHg，PCO_2 48 mmHg，Lac 1.0 mmol/L，SPO_2 96%，氧合指数 276。诸症明显减轻，活动自如，嘱服右归丸和补肺丸，半年后随访，患者已戒烟，喘累症状明显好转，未再出现下肢肿胀，日常活动均可耐受，夜间可平卧，天气变化时病情虽有加重，但服药均可缓解。

按语：人体是一个有机的整体，肺病日久可累及他脏，故治疗不可专于肺脏，须兼顾他脏，做到"未病先防，既病防变"。《内经·素问·上古天真论》指出："女子五七，阳明脉衰，面始焦，发始堕""男子五八，肾气衰，发堕齿槁"[①]。老年患者，肾阴阳俱虚，在内不能蒸腾气化津液，在表不能温煦濡养机体。正气虚衰，不能卫外，外邪侵袭，正不抗邪而病情益重，反复感邪而正气更虚，如此反复循环，正愈虚而邪愈甚。肺胀后期急性加重时可见胸闷气促，动则加重，肢体浮肿，甚则胸水，此为肺病及肾，肾不纳气，肾阳衰微，气不化水，水邪外溢所致。可见肺肾俱虚为其本，临床常见气短难续，咳声低微，痰白难咯，舌淡，苔白润，脉沉细无力。基于多年临床经验，唐老发现许多肺胀患者专于治肺效果不佳，而基于培土生金、金水相生理论从肺脾肾论治则疗效明显，可以明显改善危急重症患者症状，降低患者发病率，延缓疾病进展，减少患者肢体浮肿发生率。唐老认为肺脾肾密切相关，非独有脾肾虚表现才可应用补脾肾药物。肺胀缓解期患者可长期使用冬虫夏草、西洋参代茶饮或使用其制剂，能有效改善患者肺功能。若有畏寒怕冷者，可加少量附子、干姜、细辛等温肾助阳。若下肢水肿为甚，亦可加附子、桂枝温肾通阳，加茯苓、白术、泽泻、薏苡仁等健脾利水渗湿药物，使肾阳蒸腾气化，脾阳运化，水湿从尿液排出。

本病患者肺气亏虚，不能卫外，风寒侵袭，肺气被遏，肺失宣肃，肺气上逆，则见咳嗽；病程日久，病及于肾，金不生水，肾气不足，肾不纳气，加之肺气本虚，则见喘息气促，动则尤甚；肾阳不足，蒸腾气化失司，不能分清泌浊，清浊皆下注于膀胱，膀胱开阖失司，则夜尿频数，甚则遗尿；患者先天失养，后天脾土失调，脾虚而无以滋肺，肺气不足则见乏力便溏。患者就诊时属急性加重期，宜标本兼治，祛邪与扶正并重。故以桑白皮泻肺平喘，利水消肿；人参叶清肺生津；茯苓皮健脾利水；陈皮理气化痰；法半夏燥湿化痰；炒葶苈子泻肺平喘行水；辅以白果敛肺定喘、固精缩尿；红景天通脉平喘；炒五味子入肺肾经，上敛肺止咳，下滋肾阴涩精，外敛肺止汗；菟丝子平补肝肾、固精缩尿；补骨脂温肾助阳、纳气平喘。使肾气盛以固摄津液，肾阳足以温煦濡养肌表。根据患者症状表现加姜厚朴燥湿消痰、下气

---

① 柳长华解读. 黄帝内经[M]. 北京：科学出版社, 2019：33.

除满；黄芪补气固表、利尿强心；石菖蒲开窍化痰。二诊则继续滋补肺脾肾，患者仍见气短，甘温之黄芪加量内补脾肺之气，外固表止汗；熟地黄滋阴补肾，养血活血；山药益肾气，健脾胃，止泻痢，化痰涎，润皮毛。诸药合用，祛邪而不伤正，诸症皆平。

3. 慢性阻塞性肺病伴肺心病、呼吸衰竭

王某，男，82岁，退休，四川省成都市人。

初诊：2019年4月2日。因"咳嗽伴喘息10年，加重1周"就诊。患者于2009年初因受凉后出现咳嗽，咯少量白色黏稠痰，喘息、胸闷，反复门诊及住院治疗，每因受凉感冒后加重，缠绵至今，近3年每年需要住院治疗1~2次，1周前因感冒后咳喘加重，呼吸困难，不能平卧，轮椅推入病房，此次为今年第2次入院。查胸部CT平扫提示：① 慢性支气管炎、肺气肿征象，双肺间质纤维化改变伴感染灶；② 右肺上叶前段内结节，炎性结节？或其他，左肺中叶点状钙化灶；③ 主动脉壁钙化，双侧胸膜增厚。血常规、肝肾功能正常，血气分析：pH 7.35，PO_2 80.00 mmHg，PCO_2 62.40 mmHg，Lac 2.0 mmol/L，B型脑钠肽前体（NT-proBNP）3500 pg/mL。吸氧浓度53.00%，入院后下病危，用吸氧、心电监护、无创呼吸机辅助通气，予抗炎、解痉、平喘等治疗，仍病情危重，各项指标改善不理想。患者病情危重，家属焦急，遂请唐老会诊。刻下症见：患者面色晦暗，神疲乏力，端坐呼吸，咳嗽频作，咽痒，咯少量白色泡沫痰，喘息胸闷，夜间明显，背心冷痛，时有冷汗出，怕风，双下肢肿胀，小便量少，食纳差，舌暗红，苔白腻，脉浮紧。

诊断：肺胀。

辨证：外寒内饮，心肾阳虚。

治法：温阳化饮。

方剂：小青龙汤合茯苓四逆汤加味。

处方：

麻黄绒 10 g	肉桂 5 g	茯苓 40 g	丹参 15 g
制附片^{先煎一小时} 15 g	红参 10 g	五味子 10 g	白芍 15 g
干姜 10 g	细辛 10 g	法半夏 10 g	炙甘草 10 g
蛤蚧 30 g	厚朴 15 g	苦杏仁 10 g	

3剂，煎水温服，一日一剂，一日三次。

二诊：上方服后，水肿渐渐消退，能平卧休息，咳嗽喘息仍有，咯白色黏痰，继续前方4剂，煎水温服。

三诊：服上方后患者喘息明显减轻，少咳，食纳差，腹胀，舌暗红胖大，边有齿痕，苔白腻，脉弦。调整处方为香砂六君子汤加减。

处方：人参15 g　　茯苓30 g　　炙甘草10 g　　陈皮10 g
　　　青皮10 g　　法半夏15 g　　薏苡仁30 g　　川木香5 g
　　　砂仁5 g　　蛤蚧30 g　　葶苈子15 g　　大枣20 g
　　　炒紫苏子30 g　　补骨脂20 g

4剂，煎水温服，一日一剂，一日三次。

上方服药4剂后，诸症减轻，家属较满意，好转出院。

按语：上述病案为慢性阻塞性肺疾病，并发呼吸衰竭、心力衰竭，患者辨证为本虚标实，治疗上采用"补虚泻实"的治则，温阳补气、化气利水为基本治法。小青龙汤出自《伤寒论》："伤寒表不解，心下有水气，干呕发热而咳，或渴、或利、或噎，或小便不利、少腹满，或喘者，小青龙汤主之。"[1]该患者背心冷痛，脉象浮紧，为伤寒表证仍在，又因外感产生水气，引发咳嗽，咯白色泡沫痰，故以小青龙汤治疗。患者肺病日久波及心脏，出现了肺心病、肿胀，再加茯苓四逆汤温补心肾、利水消肿。方中四逆汤回阳救逆；重用茯苓渗利水湿行气；人参化气行水，则气水互化，同时人参配四逆汤回阳益阴。后加厚朴、杏仁降气平喘，与蜜麻黄绒配合，一升一降，恢复肺气的宣发和肃降，平喘效佳。患者久病多瘀，结合舌暗红，加丹参活血祛瘀。整个用药始终顾护"脾肾"，脾为后天之本，肾为先天之本，症状重时健脾温肾利水，症状缓解后用香砂六君子汤健脾防止病情反复，酌加补肾的药物起到先后天同补之功，则病情得以控制。

4. 新型冠状病毒肺炎重症（唐老远程会诊）

刘某，男，62岁，现居武汉。

---

[1] 张仲景口述.伤寒论[M].2版.王叔和，林亿编.杨金萍，罗良，何永校注.北京：中国中医药出版社，2021：53.

初诊：2020 年 2 月 6 日。刻下症见：患者高流量吸氧状态，动则气紧，口干口苦明显，饮水不解渴，咳嗽有痰且黄绿量多，食欲减退，小便多，2 月 3 日入院，2 月 5 日解稀大便一次，今日未解大便，舌红苔黄干燥，脉因戴多层手套未取。既往史：中风（2007 年）、高血压病、痛风多年。

诊断：肺瘟。

辨证：疫毒闭肺。

治法：祛毒除湿，滋阴润肺。

方剂：甘露饮加味。

处方：生地黄 10 g　　熟地黄 10 g　　天冬 15 g　　麦冬 10 g
　　　石斛 10 g　　　黄芩 15 g　　　枳壳 12 g　　茵陈 15 g
　　　枇杷叶 10 g　　炙甘草 10 g　　紫苏 15 g　　藿香 15 g
　　　浙贝母 15 g　　连翘 10 g　　　白蔻 10 g

4 剂，免煎颗粒剂，冲水温服，一日一剂，一日三次。

二诊：2020 年 2 月 10 日。患者诉口苦明显好转，咳嗽咳痰较前明显好转，大便正常，成型软便，口干饮水可解，鼻导管吸氧，食欲较前明显好转。患者舌红苔薄黄，略干裂，说明甘露饮有效，结合患者刻下病症，调整如下。

处方：天冬 15 g　　麦冬 15 g　　　浙贝母 15 g　　知母 15 g
　　　茵陈 15 g　　枳壳 15 g　　　石斛 15 g　　　枇杷叶 15 g
　　　黄芩 15 g　　法半夏 15 g　　茯苓 15 g　　　鱼腥草 30 g
　　　太子参 30 g　藿香 15 g　　　焦山楂 15 g　　郁金 10 g

2 剂，免煎颗粒剂，冲水温服，一日一剂，一日三次。

三诊：2020 年 2 月 12 日。患者诉无口苦，仍有口干，胃口好转，入睡可以，醒后难再入眠，梦多，大小便正常，干咳，偶有咳痰，量少易咯出。调整如下。

处方：天冬 15 g　　麦冬 15 g　　　浙贝母 15 g　　知母 15 g
　　　枳壳 15 g　　石斛 15 g　　　枇杷叶 15 g　　黄芩 15 g
　　　法半夏 15 g　茯苓 15 g　　　太子参 30 g　　焦山楂 15 g
　　　葛根 30 g　　蜜百部 15 g　　蜜紫菀 15 g　　酸枣仁 20 g
　　　甘草 10 g

4剂，免煎颗粒剂，冲水温服，一日一剂，一日三次。

四诊：2020年2月17日。患者口干好转，但痛风发作，体温38 ℃，干咳，黄痰量少，睡觉时候流口水，二便正常，饮食好，睡眠差。舌红，苔黄腻，脉因戴多层手套未取。辨为湿热阻肺、湿阻经络，予麻黄杏仁薏苡甘草汤、麻杏石甘汤、小陷胸汤加金荞麦、知母、络石藤、忍冬藤等。

处方：麻黄绒15 g　　杏仁15 g　　薏苡仁30 g　　甘草10 g
　　　石膏30 g　　　黄芩15 g　　金荞麦30 g　　法半夏15 g
　　　瓜蒌皮15 g　　忍冬藤30 g　茯苓15 g　　　远志10 g
　　　知母15 g　　　络石藤30 g

4剂，免煎颗粒剂，冲水温服，一日一剂，一日三次。

五诊：2020年2月21日。患者动则气紧，无咳嗽咯痰，左手腕红肿痛（自诉饮食中有豆制品），无口干口苦，近几日，体温最高38.4 ℃，昨日夜间未流口水，因发烧胃口变差，不欲饮食，大小便正常，长期睡眠差。舌脉同前，辨证同前，方中加通络化痰消食之品。

处方：麻黄绒15 g　　杏仁15 g　　薏苡仁30 g　　甘草10 g
　　　石膏30 g　　　黄芩15 g　　金荞麦30 g　　法半夏15 g
　　　瓜蒌皮15 g　　忍冬藤30 g　知母15 g　　　络石藤30 g
　　　连翘30 g　　　鱼腥草30 g　地龙15 g　　　炒山楂20 g

4剂，免煎颗粒剂，冲水温服，一日一剂，一日三次。

六诊：2020年2月25日。患者无咳嗽咳痰，无鼻塞，无喷嚏，无发热，手腕红肿好转，夜间未流口水，饮食二便正常，长期睡眠差。舌红，苔薄黄。

处方：麻黄绒15 g　　杏仁15 g　　薏苡仁30 g　　甘草10 g
　　　黄芩15 g　　　金荞麦30 g　法半夏15 g　　鱼腥草30 g
　　　瓜蒌皮15 g　　忍冬藤30 g　知母15 g　　　络石藤30 g
　　　地龙15 g　　　远志10 g　　五味子15 g　　葛根30 g
　　　僵蚕15 g

6剂，免煎颗粒剂，冲水温服，一日一剂，一日三次。

后患者2次新冠核酸检测结果阴性，好转出院。

按语：患者新冠肺炎重症，动则气紧，口干口苦明显，饮水不解渴，舌红苔黄腻干燥，脉弦滑。治以祛毒除湿，滋阴润肺。首诊方选甘露饮加紫苏、藿香、连翘、白蔻、浙贝母。方中的二地、二冬名固本丸，滋养肺肾之阴，加上石斛养胃阴，则上中下三焦的阴虚均能固护；黄芩清上焦湿热；茵陈淡渗利湿；炙甘草和胃；枇杷叶、枳壳降肺胃之气，以利于湿热的排除；紫苏行气和胃；藿香、白蔻化湿和胃；连翘清热解毒；浙贝母清热化痰。二诊加以法半夏燥湿化痰；茯苓健脾除湿；鱼腥草清热解毒；太子参益气健脾、生津润肺；焦山楂健脾开胃；郁金行气解郁。患者食欲增加，夜间醒后再难入睡，偶有咳嗽，痰少难咯出，遂加百部、紫菀降气祛痰、润肺止咳；酸枣仁宁心安神。后患者痛风发作，睡觉流涎，辨为湿热阻肺、湿阻经络，调方选麻黄杏仁薏苡甘草汤、麻杏石甘汤、小陷胸汤加金荞麦、知母、络石藤、忍冬藤。方中麻黄开宣肺气以平喘、开腠解表以散邪，石膏清泄肺热以生津、辛散解肌以透邪，二药一辛温、一辛寒，一以宣肺为主，一以清肺为主，且都能透邪于外，合用相反之中寓有相辅之意。薏苡仁除湿，杏仁利气，助麻黄之力；甘草补中，给薏苡仁以胜湿之权。瓜蒌甘寒，清热涤痰、宽胸散结，黄连苦寒泄热除痞，半夏辛温化痰散结。金荞麦清热解毒，祛风除湿，络石藤、忍冬藤、地龙通络止痛。患者食欲不佳，予山楂健脾开胃。诸方用后，患者咳喘去大半，脾胃得健，以利邪之退散。

（五）发热性疾病

1. 韦格纳肉芽肿

邓某某，女，51岁，云南昭通市人。

初诊：2022年3月23日。患者因"咳嗽、咳痰伴右侧胸痛近2月，加重伴发热1天"就诊，患者近2月前无明显诱因出现咳嗽、咳痰色黄，伴右侧胸痛、气促、胸闷、发热，于当地医院诊断为肺脓肿，予抗感染治疗后病情未见好转。1天前患者上述症状加重，伴有发热，故于我院就诊。增强CT示：① 双侧筛窦、右侧上颌窦、蝶窦炎，鼻中隔前份软组织增厚；② 双侧中耳乳突炎。③ 双肺下叶团片状实变影，以右肺下叶为著，双肺多发实性结节，较大者1.4 cm。气管镜检查活检病理结果示：大量支气管上皮细胞伴较多坏死，其中散在上皮样细胞及多核巨细胞，多系肉芽肿性炎。抗中性粒细胞胞浆抗体测定：蛋白酶 3-cANCA 阳性，抗蛋白酶 3 阳性。刻下症见：发热，体温 38.1 ℃，咳嗽、咳黄色脓痰，右侧胸痛，气促、胸闷，活动后加重，伴有鼻塞流脓涕，听力下降，纳眠差，二便正常。舌质红，苔黄腻，脉滑。

诊断：发热。

辨证：痰热壅肺。

治法：清肺化痰、逐瘀排脓。

方剂：千金苇茎汤加减。

处方：芦根 30 g　　冬瓜仁 15 g　　薏苡仁 30 g　　桃仁 10 g
　　　鱼腥草 30 g　　金荞麦 15 g　　炒苍耳子 10 g　辛夷 15 g
　　　白芷 15 g　　　浙贝母 20 g　　黄芩 15 g　　　蜜紫菀 15 g
　　　蜜款冬 15 g　　桔梗 15 g　　　前胡 15 g

6 剂，煎水温服，一日一剂，一日三次。同时予强的松和环磷酰胺治疗。

二诊：2022 年 3 月 29 日。患者咳嗽、咳痰、气促好转，胸痛缓解，仍有间断发热，体温波动于 37.5～38.2 ℃，以凌晨发热为主，鼻塞流脓涕，舌质红，苔黄，脉弦滑。予前方去鱼腥草，加柴胡 15 g、党参 20 g、甘草 6 g。

6 剂，煎水温服，一日一剂，一日三次。

三诊：2022 年 4 月 5 日。患者无发热，咳嗽、咳痰明显好转，痰黄白、质黏、量少，胸痛缓解，无气促，鼻塞流涕好转，纳眠尚可，二便正常，舌脉同前，继服前方 7 剂，煎水温服，一日一剂，一日三次。

四诊：2022 年 4 月 12 日。患者无发热，偶有咳嗽，咳痰色白量少，无胸痛气促，鼻塞流涕明显好转，听力正常，舌质淡红，苔白，脉弦滑，复查胸部 CT 示右肺下叶团片状实变影明显缩小，双肺多发实性结节，最大 1.0 cm，予前方去紫菀、款冬，续服 14 剂，煎水温服，二日一剂，一日三次。

5 月 10 日患者复查 CT 提示右肺下叶少许团片状影，较前明显缩小，未再发热，一般情况良好，暂予停药，后续回访，患者停用激素及免疫抑制剂，病情稳定。

按语：该患者以发热、咳嗽为主要症状，结合患者其他资料，属于中医"外感发热、肺痈"的范畴，外感发热的病机是外邪入侵，人体正气与之相搏，正邪交争于体内，则引起脏腑气机紊乱，阴阳失调，阳气亢奋，或热、毒充斥于人体，发生阳气偏盛的病理性改变，即所谓"阳胜则热"的病机。对于肺痈的病机，《证治汇补·胸膈门》载："久咳不已，浊吐腥臭，咳则胸中隐隐痛，口中辟辟燥，脉实滑数，大小便涩数，振寒吐沫，右胁拒按，为肺痈之病。因风寒内郁，痰火上凑，邪气结聚，蕴蓄成痈。"[1]根据患者初诊时的四诊资料，考虑为热毒壅肺，既有表证，又有里证，需表里双解，但唐老认为里证重，故先清里，治疗以清热化痰、逐瘀排脓为法，选择千金苇茎汤加减。方中芦根清解肺热；薏苡仁、冬瓜仁化浊祛痰；桃仁活血化瘀；鱼腥草清热解毒、排脓消痈；金荞麦清热解毒、排脓祛瘀；合用苍耳子、辛夷、白芷散风热、通鼻窍，再加以化痰止咳之药。二诊时患者仍有发热，凌晨发热为主，考虑患者邪入少阳，故联用小柴胡汤，少阳在半表半里之间，半表之阴虚，则自阳明之经而入于阳明之腑，半里之阳虚，则自太阴之经而入太阴之脏，小柴胡柴芩清泻半表，使不入于阳明，参甘温补半里，使不入于太阴，则邪解于本经，而无入阴入阳之患，是之谓和解表里也。

2. 癌性发热

刘某某，男，71 岁，四川省成都市双流区人。

初诊：2023 年 4 月 25 日。患者因"反复发热半月，喘息、气促 3 天"就诊，患者半月前无明显诱因出现发热，体温波动于 37.5～38.5 ℃，自行服用抗生素后体温稍有下降，但仍反复发热，3 天前患者出现喘息、气促，伴有咳嗽、咳痰，血常规、C 反应蛋白（CRP）、降钙素原（PCT）检查未见异常。既往史：确诊右肺鳞癌伴淋巴结、左肺转移 1 余年，多次于我院行化疗及免疫治疗。刻下症见：发热，体温波动于 37.5～38.5 ℃，咳嗽、咳白色泡沫痰，喘息、气促，头晕，神倦乏力，少气懒言，出汗，面色萎黄，大便稀溏，纳差，眠欠佳，小便正常，舌质淡，苔白，脉细弱。

诊断：发热。

辨证：气虚发热。

治法：益气健脾、甘温除热。

---

[1] 李用粹编著. 吴唯校注. 证治汇补[M]. 北京：中国中医药出版社，1999：207.

方剂：补中益气汤加减。

处方：党参 30 g　　黄芪 30 g　　炒白术 20 g　　炙甘草 10 g
　　　升麻 10 g　　柴胡 10 g　　当归 10 g　　　陈皮 15 g
　　　桂枝 15 g　　炒白芍 15 g

6 剂，煎水温服，一日一剂，一日三次。

二诊：2023 年 4 月 30 日。患者诸症好转，纳食少，体温波动于 37 ~ 37.6 ℃，舌脉同前。前方加炒鸡内金 20 g、建曲 20 g，继服 6 剂，煎水温服，一日一剂，一日三次。

三诊：2023 年 5 月 6 日。患者三天未见发热，阵发性咳嗽、咳痰，无喘息气促，乏力、纳差好转，眠一般，大便偏稀，小便正常，舌脉同前。前方去桂枝、白芍，加山药 30 g、陈皮 15 g、法半夏 15 g，续服 7 剂，煎水温服，一日一剂，一日三次。

按语：癌性发热常见于约 2/3 的恶性肿瘤患者，是在排除感染、抗生素治疗无效的情况下出现的，直接与肿瘤相关的非感染性发热，或患者在肿瘤发展过程中因治疗而引起的发热，大多数患者表现为 37.5 ~ 38 ℃ 的中低度发热。癌性发热属于中医"内伤发热"的范畴，肺癌患者多有肺气亏虚，唐老擅长运用"培土生金"法治疗恶性肿瘤。培土生金又称补土生金、补脾益肺、肺脾同治，来源于《内经》，根据五行相生理论，土能生金，脾为肺之母，肺为脾之子，两者相辅相成，彼此影响。《医方集解》载："脾者，万物之母也，肺者，气之母也，脾胃一虚，肺气先绝。"[1]张仲景以温中健脾、补肺益气之黄芪建中汤，治疗肺虚损不足，又开辟"甘温培土生金"之法，后世医家李东垣创制补中益气汤，以"甘温除热"为大法，主治脾胃气虚、中气下陷之发热。唐老博采众方，结合临床经验，运用补中益气汤合桂枝汤治疗癌性发热，临床运用疗效较佳。

3. EB 病毒感染

何某，男，13 岁，现居四川省绵阳市。

初诊：2018 年 7 月 12 日。患儿因"反复发热 3 月余"就诊，患儿当地

---

[1] 周鸿飞，刘永辉点校. 医方集解[M]. 郑州：河南科学技术出版社，2017.

医院诊断为 EB 病毒感染，予抗病毒、退热等对症治疗后患儿高热症状缓解，持续低热 37.6～37.8 ℃，口服退烧药无效，当地中西医治疗效果不明显。刻下症见：患者神清，精神尚可，体温 37.8 ℃，自觉头面部烘热，肢体困重乏力，纳食欠佳，口中黏腻，睡眠一般，大便质黏，每日一行，小便黄，舌质红，苔黄腻，脉弦滑略数。查体：咽红，咽后壁可见淋巴滤泡增生，双侧扁桃体不大，未见脓性分泌物，双肺听诊呼吸音清，未闻及干湿啰音。

诊断：温病。

辨证：湿热并重。

治法：清热利湿。

方剂：甘露消毒丹加减。

处方：滑石 20 g　　　黄芩 15 g　　　陈皮 15 g　　　石菖蒲 20 g
　　　川贝母 6 g　　　川木通 15 g　　藿香 10 g　　　连翘 10 g
　　　豆蔻 10 g　　　薄荷^{后下} 15 g　射干 10 g　　　姜厚朴 15 g
　　　炒山楂 15 g　　炒麦芽 15 g　　焦神曲 15 g

7 剂，煎水温服，一日一剂，早晚服用。

二诊：2018 年 7 月 21 日。服上方 7 剂后，患儿面部烘热、肢体乏力等症状稍有改善，纳食稍增，体温波动在 37.2～37.4 ℃，舌苔黄稍腻。前方加知母 15 g，玄参 15 g，7 剂煎水温服，一日一剂，早晚服用。

三诊：2018 年 7 月 30 日。患儿体温已恢复正常，头面烘热等症状已消退，随访半年未复发。

按语：甘露消毒丹又名普济消毒丹，为清代叶天士所创之方，首载于《医效秘传》，原书载："时毒疠气……邪从口鼻皮毛而入，病从湿化者，发热目黄，胸满，丹疹，泄泻，其舌或淡白，或舌心干焦，湿邪犹在气分者，用甘露消毒丹治之。"[1]王士雄誉之为"治湿温时疫之主方"。甘露消毒丹治疗湿温时疫，邪在气分，湿热并重之证，旨在利湿化浊、清热解毒。唐老认为小儿脏腑娇嫩，形气未充，腠理疏薄，表卫不固，湿热蕴于中焦脾胃，湿为阴邪，重浊黏腻，湿邪致病，阻滞气机，清阳不升，在上则头重如裹，昏蒙眩晕，在中则胸脘痞闷，胃纳不佳，与热相合，湿热交困则发热，午后尤甚。

---

[1] 叶天士著. 吴金寿校. 医效秘传[M]. 上海：上海科学技术出版社，1963：23.

患儿疾病日久，内热已成，湿热胶结是其主要病机。湿热之邪深斥于内，邪正相争，故可见发热而不恶寒，正如《温病条辨》所云"湿热证，始恶寒，后但热不寒"①。湿性黏滞，故其病情反复难愈，亦正如《温病条辨·上焦篇》中所说："其性氤氲黏腻，非若寒邪之一汗而解，温热之一凉而退，故难速已。"②唐老把握住湿热病邪的这些特点，认清患儿当前的主要矛盾是阳明内热较甚并且夹有太阴湿邪，故选用甘露消毒丹。本例患儿长期发热，低热为主，面部烘热感、神疲乏力、纳食欠佳、大便黏、舌红、苔黄腻、脉滑数，证属湿温，治以清热利湿，健脾消食，方用甘露消毒丹加焦三仙、厚朴以消食导滞清积热。二诊患儿湿热之象大减，但长期发热，必伤及气阴，故用知母、玄参等滋阴清热之药，诸药相合，病症相符，共奏清热利湿之功，取其清余热不忘滋阴之意。

4. 不明原因发热

怕某某，女，54 岁，牧民，四川省阿坝藏族羌族自治州人。

初诊：2022 年 10 月 11 日。患者因"发热 20 天，加重 1 天"就诊。20天前患者不明原因出现每日午后恶寒发热，测得体温最高 38.5 ℃，头痛，身痛，使用退热药物后体温下降至正常。3 日前至阿坝藏族羌族自治州人民医院住院诊断为"发热原因？肺部感染、肝功能不全、低蛋白血症、低钾血症、亚临床甲状腺功能减退症"，予以盐酸莫西沙星、布地奈德、复方二氯醋酸二异丙胺治疗，病情无好转，仍反复午后高热，遂至本院就诊。胸部 CT 平扫示：① 双肺少许慢性炎变灶；② 双肺少许小结节影炎性可能，请随诊复查；③ 主动脉壁散在钙化灶；④ 双侧胸腔少量积液邻近肺组织含气不良。心脏彩超示：二尖瓣轻度反流。左室顺应性降低。胸腔、肝胆、胰腺、脾脏、肾脏、膀胱、输尿管彩超提示：胆囊壁息肉样变？双侧胸腔少量积液。入院后患者反复高热，予以炎琥宁清热解毒，每日均予以物理降温、赖氨匹林退热，体温稍降后又升高，最高至 39.5 ℃，3 日后仍午后高热，请唐老会诊，会诊时症见：神志清楚，精神差，午后出现恶寒发热，头痛，全身关节疼痛，自

---

① 周鸿飞，吕桂敏，徐长卿点校. 杏林传习十三经：温病条辨 温热论 湿热病篇外感温病篇[M]. 郑州：河南科学技术出版社，2017：162.
② 吴瑭著. 图娅点校. 温病条辨[M]. 沈阳：辽宁科学技术出版社，1997：17.

汗多，少咳，无痰，无咽痒，无咽痛，无恶心呕吐，食纳尚可，无腹胀腹泻，无心悸、呼吸困难，眠可，大小便调，双下肢无肿胀，未见体重明显改变。舌暗红，苔白腻微黄，脉弦细数。

诊断：发热。

辨证：湿热相搏，外受风邪证。

治法：利湿清热，疏风止痛。

方剂：当归拈痛汤加减。

处方：当归 15 g　　茵陈 30 g　　茯苓 15 g　　盐泽泻 15 g
　　　猪苓 15 g　　桂枝 15 g　　木瓜 15 g　　党参段 30 g
　　　盐黄柏 15 g　　知母 15 g　　薏苡仁 30 g　　豆蔻 15 g
　　　忍冬藤 30 g　　甘草片 10 g　　苦参 15 g

3 剂，煎水温服，一日一剂，一日三次。

二诊：2022 年 10 月 15 日。患者午后低热，身痛减轻，舌脉同前，继续原方 3 剂，煎水温服，一日一剂，一日三次。

三诊：2022 年 10 月 18 日。患者热退，无恶寒发热，自汗多，调整如下。

处方：巴戟天 15 g　　淫羊藿 30 g　　仙茅 10 g　　当归 15 g
　　　知母 15 g　　盐黄柏 15 g　　大枣 15 g　　甘草 10 g
　　　浮小麦 30 g　　桂枝 15 g　　炒白芍 15 g

3 剂，煎水温服，一日一剂，一日三次。

上方 3 剂后发热无反复，无自汗。

按语：结合整个诊疗过程，考虑患者风湿热邪为标，肝肾不足为本，发热的急性期，患者因气血亏虚，外感风邪，湿热内蕴，湿重热轻，风湿热邪留滞经脉，气血运行不畅，出现身痛，方用当归拈痛汤加减，当归拈痛汤出自金代大医学家张元素的《医学启源》，常常用来治疗湿热痹症。在这个医案中，唐老加减后用来治疗发热，方中当归、党参益气养血；茵陈、苦参、黄柏清热燥湿；知母清热养阴；桂枝温通经脉；木瓜祛风除湿；忍冬藤疏风通络；豆蔻化湿，猪苓、泽泻、薏苡仁利水渗湿，给湿以出路，湿去则热自退；甘草益气补中。热退后，考虑患者肝肾不足为本，后期予以二仙汤补肝肾，桂枝汤调和营卫敛汗，标本兼顾，则未再出现发热、汗出。

二、脾胃病医案

（一）胃痛性疾病

1. 消化性溃疡

病案 1：周某某，女，61 岁，农民，居住于四川省成都市金牛区。

初诊：2022 年 1 月 1 日。患者因"反酸胃痛数年，加重 1 周"就诊，既往有胃溃疡、幽门螺杆菌阳性病史。刻下症见：反酸，打嗝，饥饿胃痛，食入稍缓，舌淡胖苔薄腻，脉沉。

诊断：胃脘痛。

辨证：肝胃不和。

治法：疏肝和胃，活血止痛。

方剂：自拟七无散（愈溃胶囊方）。

处方：三七 9 g　　　黄连 9 g　　　鸡内金 15 g　　　白及 15 g
　　　　延胡索 15 g　　炒白芍 20 g　　无花果 12 g　　　甘松 12 g
　　　　甘草 9 g

6 剂，煎水温服，一日一剂，一日三次。

二诊：2022 年 1 月 8 日。患者胃痛缓，仍有打嗝，泛酸，咽喉不适，大便可，舌淡胖，苔薄腻，脉沉。原方去延胡索，加紫苏梗、佛手、海螵蛸。再服 7 剂，煎水温服，一日一剂，一日三次。

后期随访患者打嗝、泛酸、咽喉不适症状均已缓解。嘱其忌辛辣刺激之品，注意保持心情愉快。

按语：方中三七、延胡索活血化瘀、止血止痛，三七、黄连、鸡内金、白及、无花果、延胡索联合应用，能扩张血管，活血化瘀，促进血液循环，消除溃疡及周围组织炎症，并能促进胃、十二指肠黏膜再生，加快修复溃疡面早期愈合；炒白芍、甘草能疏肝缓急止痛，现代研究证明芍药、甘草能抑制副交感神经的兴奋而有解痉作用，并对多种革兰氏阴性和革兰氏阳性细菌、病毒等有抑制作用。全方合用，可保护胃黏膜，加强黏膜屏障作用，杀灭幽门螺杆菌（HP）以及协调胃与十二指肠运动，促进溃疡愈合及周围炎症吸收，从而使胃溃疡得以康复。

通过临床观察，有以下几点体会：① 愈溃胶囊对中医辨证各型胃脘痛及胃十二指肠溃疡均有很好的疗效，但对脾胃虚寒型效果尚差；② 并发症、合并症治疗中，愈溃胶囊有止血、止痛、抗炎、抑制胃酸分泌的作用；③ 服药期间必须忌烟酒、辛辣之品，保持心情愉快，以防该病复发；④ 溃疡愈合后必须持续服药1个疗程（2周）以防复发。本品疗效显著，无毒副反应，值得广泛应用于临床。

病案 2：曹某某，男，39 岁，干部，四川省资阳市人。

初诊：2012 年 10 月 7 日。患者自诉 2 年前因家庭关系紧张，情志不畅，常与同事饮酒，并养成抽烟之恶习，1 个多月前胃脘部隐痛，食后脘胀，嗳气反酸伴烧心，大便时干时稀，胃脘痛绵绵不休，喜按喜温，得热则痛减，嘈杂口苦。查 HP（++），胃镜检查：十二指肠球部变形，黏膜充血水肿，前壁见一约 0.5×2 cm 大小、深约 1 cm 的溃疡，胃小弯处见一大小约 0.5×1.5 cm 的溃疡，溃疡面上覆盖灰白苔膜。诊断：胃及十二指肠球部溃疡（复合溃疡）。就诊时患者慢性病容，上腹部剑突下轻度疼痛，当天要求先服西药杀菌抑酸。处方：阿莫西林胶囊 0.5 g tid，奥美拉唑肠溶胶囊 40 mg qd，克拉霉素片 0.5 g qd，枸橼酸莫沙必利分散片 5 mg tid，连服 7 天，患者 7 天后拒服西药，要求中医治疗。

诊断：胃痛。

辨证：脾胃虚寒。

治法：健脾温中止痛。

方剂：黄芪建中汤加减。

处方：黄芪 50 g　　炒白芍 20 g　　炒鸡内金 15 g　　炒麦芽 30 g
　　　　延胡索 15 g　　海螵蛸 30 g　　浙贝母 15 g　　桂枝 10 g
　　　　炙甘草 10 g　　炒吴茱萸 6 g　　麦芽糖^{烊化} 30 g

7 剂，煎水温服，一日一剂，一日三次。

二诊：2012 年 10 月 14 日。患者服药后疼痛缓解，精神振，仍觉口苦，偶有口渴，效不更方，原方加黄连 10 g，续服 7 付，煎水温服，一日一剂，一日三次。后连服一个月，诸症好转，家庭和睦，自觉病愈停药。

1年后患者胃脘时觉隐痛,再次来诊。嘱查 HP(-),胃镜示:复合溃疡。问其原因,乃自觉病愈偶尔饮酒,但抽烟从未戒。再次告诫忌烟酒及香燥之品,改用散剂,自拟七无散,

处方:三七 30 g　　无花果 100 g　　白及 100 g　　炒鸡内金 100 g
　　　黄连 30 g　　黄芪 120 g　　　甘松 30 g　　延胡索 50 g
　　　甘草 60 g

以上共细末为散,每次 6 g,一日三次,白开水送服,或用麦芽糖化水吞服。

按语: 本例因肝气不舒,气滞犯胃加之饮食不节,每因情志抑郁加上饮酒使胃痛加剧,出现少食,嗳气频作,时有反酸,胃镜检查提示胃及十二指肠溃疡,HP(++),先杀灭 HP 抑酸护胃,再用中药治疗,其病治愈。病情告愈后又饮酒抽烟,必然反复,表现脾胃气虚见症,改用散剂,自拟七无散,服 1 料而病愈,随访 2 余年,未见复发。

本例缘于长期慢性胃痛,久病伤阳,导致脾胃阳虚,抗病力差,胃黏膜屏障功能失调,不能顺应节气的变化,而造成溃疡病的复发,故治疗以补虚为主,以固其根本,方用黄芪建中汤加减,能温中补虚止痛,俾脾阳旺,生化健。七无散能调节胃肠蠕动功能,抑制乙酰胆碱所致的胃痉挛现象,还能扩张胃内血管,改善局部微循环,增强胃黏膜的抗病能力,促进溃疡修复,抑制胃溃疡病人的基础胃酸分泌,使临床近期愈合率提高,复发率降低。

病案 3: 陈某某,男,50 岁,职员,四川省成都市金牛区人。

初诊: 2015 年 9 月 12 日。5 余年前患者出现上腹疼痛,每于饥饿时发作,进食后缓解,疼痛引起背痛。近 3 月来,胃隐痛频作,到某医院胃镜示:胃窦部发现大小约 0.5×2.5 cm 溃疡,胃体黏膜红白相兼,以红为主,建议手术治疗,因病人拒行手术,求中医治疗。查舌红,苔白腻,脉弦滑。

诊断: 胃疡(胃窦溃疡)。

辨证: 湿阻于内,脾失健运。

治法: 健脾理气,化湿和胃。

方剂: 化湿和胃饮加减。

处方:苍术 15 g　　炒白术 15 g　　厚朴 15 g　　炒青皮 15 g

茯苓 15 g	法半夏 15 g	泽泻 15 g	猪苓 15 g
白豆蔻 10 g	草豆蔻 10 g	红豆蔻 10 g	草果 10 g
藿香 10 g	紫苏梗 10 g		

5 剂，煎水温服，一日一剂，一日三次。

二诊：2015 年 9 月 20 日。上方服后，患者胃痛已减，食欲增加，舌红，苔白滑，脉缓。

处方：党参 30 g	炒白术 15 g	茯苓 15 g	川木香 15 g
厚朴 15 g	法半夏 15 g	陈皮 15 g	鸡内金 15 g
白及 20 g	海螵蛸 30 g	川楝子 10 g	甘草 10 g

5 剂，煎水温服，一日一剂，一日三次。

三诊：2015 年 9 月 30 日。患者胃中安，食欲强，形寒肢冷，舌淡红，苔白腻，脉濡缓。寒湿中阻，温阳可以健脾，化湿亦可以健脾，原方加肉桂 2 g 吞服，连服 10 剂。服药后舌苔化净，胃痛亦止，经随访未见复发。

按语：本案之胃痛，以脾虚湿阻为主，初诊拟化湿和胃饮，该方由平胃散、二陈汤、四苓散、厚朴草果汤加味而成，数剂后再行香砂六君子汤加味，以健脾化湿，理气和胃，敛肌疗疡。

胃痛属中医学的"胃脘痛""胃痛""胃络痛""胃疡"，相当于现代医学的胃溃疡、慢性胃炎等病，临床上有虚实寒热的不同，但由于本病多为慢性疾患，久病必虚，虚则补之，是治疗本病的原则之一，如阳虚者，多见脉象软弱无力，舌苔白滑，应以四君子汤主之；阳虚严重，亦可见脉微细和四肢厥冷等，应加制附片、肉桂、干姜等温阳、回阳一类的药物。阴虚者，多见脉象弦而细，故以一贯煎加味以养阴补血生津；如有血热妄行可见出血、黑便，加白茅根、仙鹤草、藕节、石斛等凉血止血；如脉象无力而濡，舌苔白厚腻，此乃湿浊中阻，则当化湿和胃，如本例所用平胃散；湿邪郁久化热，舌质红，苔黄腻而厚，脉滑数，可加黄连、栀子、芦根、蒲公英等。

胃气病，常见呕吐、脘痛、出血三种情况：① 呕吐。呕吐是胃不和的一个主证，一般以二陈汤为主，但要分清寒热虚实，舌脉的变化随症用药，如胃气虚，加人参、炒白术；实者如脉滑、苔黄腻，加枳壳、大黄、黄连、紫苏叶；如寒邪，脉迟缓，苔白滑，肢冷，加干姜、附子、肉桂、炒吴茱萸、丁香、荜茇；如热者脉数或口干而苦、口臭、心烦，加黄连、栀子、代赭石；如食滞胃脘呕吐，嗳腐吞酸，加焦山楂、神曲；如呕吐不止，可用旋复代赭石汤以镇之，或加乌梅以收之。② 胃脘痛。临床上可分气、血、虚、实等。血瘀：痛有定处，而不转移，转侧时其痛如刀锥所刺，用五香丸、手拈散或芍药甘草汤。气痛：其痛游走无定，痛如刺者，用沉香降气散加甘松、檀香等。热痛：口燥唇焦，溺赤便闭，喜冷畏热，其痛作辍无常，金铃子加黄连、炒山楂主之。寒痛：其痛暴发，手足厥冷，喜热畏寒，心悸，按之痛缓，附子理中汤主之。积痛：胃脘胀痛，嗳气吞酸，饮食不思，多是伤食，保和丸消之，胃酸多而吐酸，加乌贝散、左金丸、煅瓦楞子等主之。③ 出血。溃疡出血有吐血、便血之分，便血多作黑色，如柏油样，疗法可简分为二：脾虚不能统血，脉无力，苔白腻，面色苍白，精神困惫，中气大虚，宜四君子汤加黄芪、当归、炒白芍、三七粉、地榆炭、白及等。血热妄行，脉弦细而数，舌红或紫，面赤神烦，内热较甚，四物汤去川芎加炒黄柏、知母、牡丹皮、白茅根、藕节、血余炭等，在临床上胃溃疡出现吐血者少见。若呕吐、脘痛、出血三大症状完全消失，而无明显的阴虚症状者，可以用香砂六君子汤加黄芪、炒鸡内金、炒二芽作为善后调理。疗效显著，无毒副反应，值得广泛应用于临床。

病案 4：王某某，男，40 岁，个体户，四川省成都市金牛区人。

初诊：2014 年 5 月 13 日。患者平素嗜食烟酒，胃脘部隐痛 5 余年，常服中西药治疗反复不愈，半月前某医院胃镜检查示：胃窦、胃体黏膜充血、水肿，红斑散在有出血点，胃底黄色液体混浊量中等。诊断：慢性非萎缩性胃炎伴胆汁反流。刻下症见：气短乏力，纳差，嗳气频作，时作干呕，胃脘胀痛，便溏，一日 2~3 次，舌淡红，苔白厚而腻，脉濡。

诊断：胃痛。

辨证：湿阻脾胃，胃失和降。

治法：和胃化湿。

方剂：化湿和胃饮加减。

处方：藿香 10 g　　紫苏梗 10 g　　苍术 15 g　　炒白术 15 g
　　　厚朴 15 g　　法半夏 15 g　　白豆蔻 10 g　　草豆蔻 10 g

红豆蔻 10 g　　　草果 10 g　　　青皮 15 g　　　茯苓 15 g

泽泻 15 g　　　猪苓 15 g

5 剂，煎水温服，一日一剂，一日三次。

二诊：2014 年 5 月 20 日。患者胃脘痛明显好转，食欲增加，大便正常，舌淡红，苔薄白，脉缓，改用香砂六君子汤以巩固疗效，半年后复查胃镜示胃黏膜病理改变明显好转。

按语：慢性胃病包括各种胃炎和消化性溃疡，属中医学"胃痛"范畴，慢性胃病反复不愈，湿邪（包括外湿、内湿）是其主要的致病因素，脾胃生化功能减退，水湿内停则是本病的主要内在因素，肝气不舒，情志不遂，木郁克土，脾失健运，内湿由生，饮食不节，肥甘厚味，生冷瓜果叠进，使胃病的发病率日益增加，使已病之胃难以修复，湿困脾胃再度受损，故迁延难愈，反复发作，诸药乏效。

慢性胃病中医辨证表现为湿邪困阻脾胃的症状较为常见，中医治疗慢性胃病，不管是哪种类型，在病程发展过程中都有可能表现有湿阻的症状，故化湿和胃法是治疗慢性胃病的基本法则。湿困脾土的病人，经胃肠钡餐检查显示均有不同程度的排空障碍。运用化湿和胃法，能缓解脾胃排空障碍，故前人有"健脾者先化湿"之论，"湿不除，脾难健""湿未去，痞难消"，所以应高度重视"湿邪"在慢性胃病中的地位，在临床上常见湿邪困脾，肝郁湿滞，胃失和降，这并非慢性胃病中最普遍的证型，但是贯穿始终的病理机制。

叶天士在《临证指南医案·湿》中提及治疗这种病的经验："总以苦辛寒治湿热，苦辛温治寒湿，概以淡渗佐之，或再加风药，甘酸腻浊，在所不用。"[1]尤其治疗湿邪，多由辛香、苦温、淡渗三种性味的药物组成。本方用藿香、苏梗、白豆蔻以开肺胃之气；苦温之苍术、厚朴、法半夏以温化之，和胃消痞、燥湿健脾；青皮、紫苏梗疏肝和胃、宣畅气机。方中白豆蔻、红豆蔻、草豆蔻、草果联合运用，以芳化湿浊，温利脾胃，理气宽中，相辅相成，相得益彰，茯苓、泽泻、猪苓以淡渗湿邪，全方配伍，新颖独特，能起到化湿和胃、化湿健脾、化湿疏肝的综合作用。

---

[1] 叶天士著.华岫云编订.临证指南医案[M].北京：华夏出版社，1995：266.

2. 胃黏膜脱垂

余某某，男，43岁，务农，四川省简阳市人。

初诊：2013年11月6日。主诉：上腹部隐痛，反复发作不足5年，加重3日。现病史：患者10年前患败血症，经某医院住院治疗，使用大量抗生素、激素等治疗病愈，但诱发胃溃疡，出现反复上腹部疼痛，经多种中西药治疗效果不佳，来院时要求作胃肠钡餐检查，提示：① 胃溃疡；② 胃黏膜脱垂。近3日来上腹部疼痛加剧，同时伴低热，请中医治疗。患者胃脘痛，迁延日久，内伤脾胃，精神萎靡，头晕、耳鸣、眼花，夜间盗汗，饮食无味，能食流质，大便时见黑色，脉虚数，苔白腻。《脾胃论》曰"内伤脾胃，乃伤其气""伤其内为不足，不足者补之"[①]，故宗李东垣甘温除热法。

诊断：① 胃溃疡；② 胃黏膜脱垂。

辨证：脾胃气虚。

治法：健脾益气，甘温除热。

方剂：补中益气汤加减。

处方：

人参15 g	炒白术15 g	茯苓15 g	炙甘草10 g
炒白芍15 g	当归10 g	石斛15 g	佛手15 g
炒麦芽30 g	炒谷芽30 g	炒鸡内金15 g	黄连9 g
仙鹤草30 g	吴茱萸5 g		

5剂，煎水温服，一日一剂，一日三次。

二诊：2013年11月11日。上药服5剂后，患者发热未作，盗汗已止，效不更方，原方加黄芪30 g，连服8周停药，半年后复查胃肠钡餐造影示：溃疡之壁龛消失，无胃黏膜脱垂之现象，原方再服5剂，自觉无症状。

按语：本病既有胃脘痛，又兼有发热症状，发热乃由于胃脘痛迁延日久，内伤脾胃，气不足而生热，可用《脾胃论》之甘温除热法。历代医书，甘温除热多用补中益气汤，此处取其意而舍其方，应用归芍六君子汤加黄连、石斛而成，既可以益气养血，清热养阴，又可甘温而不伤阴，滋阴又助于清热。

---

① 李东垣. 脾胃论[M]. 北京：中国中医药出版社，2007：31.

3. 胃痛伴胁痛

屈某某，女，41岁，职工，四川省成都市人。

初诊：2014年5月5日。主诉：反复右胁下胀痛伴胃脘隐痛、嗳气、反酸半年，加重3日。病史：右胁下疼痛，时发时止，痛引肩背，口苦而干，伴嗳气频作，反酸，已有半年，近3天来，右胁下疼痛加剧。彩超：胆囊毛糙，胆固醇沉积。胃镜：胃窦黏膜红白相兼，呈痘疹样改变，胃底草绿色液体量中等。查血常规：WBC 11.0×10^9/L，中性粒细胞百分比（NEUT%）76%。

诊断：① 慢性胆囊炎急性发作；② 慢性非萎缩性胃炎伴胆汁反流。

诊断：① 胁痛；② 胃痛。

辨证：肝胆湿热，脾胃气逆。

治法：清肝利胆，和胃降逆。

方剂：茵陈蒿汤合柴胡左金丸加减。

处方：

茵陈 30 g	炒栀子 15 g	炒黄柏 15 g	炒青皮 15 g
炒枳壳 15 g	郁金 15 g	柴胡 15 g	炒白芍 15 g
黄连 10 g	泽泻 15 g	炒吴茱萸 6 g	煅瓦楞子 20 g
鸡内金 15 g	炒麦芽 15 g	熟大黄 10 g	延胡索 15 g
甘草 10 g	川楝子 15 g		

5剂，煎水温服，一日一剂，一日三次。

二诊：2014年5月10日。服上方5剂后，患者右胁下疼痛缓解，嗳气反酸大减，食欲尚可，原方去大黄再进5剂，煎水温服，一日一剂，一日三次，各症基本消失。

三诊：原方再进5剂，临床告愈。

按语：本病处方以四逆散、左金丸、茵陈蒿汤、金铃子散加减而成，全方清肝利胆，和胃降逆，理气止痛，连服15剂而告愈。在临床上，不少胃痛反复不愈的原因与肝胆有关，在治疗胃痛同时应注意疏肝利胆。查胃镜的同时，应作腹部超声波检查，有相当部分患者伴有胆囊壁毛糙，胆固醇沉积，或有胆石症，这方面应引起临床医生注意。

（二）痞满性疾病

1. 慢性萎缩性胃炎

陈某，男，76岁，退休职工，四川省成都市人。

初诊：2004年9月15日。患者自诉既往慢性胃炎20余年，平素症见胃脘胀满不适，饭后尤甚，伴嗳气、嘈杂、烧心、少食厌油，失眠多梦，病情时有反复，近年来身体逐渐消瘦。其于8月10日到四川省人民医院就诊，门诊胃镜检查示：慢性非萎缩性胃炎伴糜烂，HP（−）。病理活检报告示：胃窦黏膜糜烂（++），活动（++），肠化（++）。诊断为：慢性萎缩性胃炎。刻下症见：胃脘胀满不适，饭后加重，伴纳差，偶有胃痛，嗳气，厌食油腻，形体消瘦，口干不欲饮水，面色无华，神疲，失眠，大便时干时稀，舌红，苔薄白，脉沉细稍弦。

诊断：痞证。

辨证：肝胃不和，兼夹脾虚。

治法：益气健脾，疏肝和胃。

方剂：四君子汤合四逆散加减。

处方：
炒枳壳 15 g	炒白芍 20 g	炒山楂 15 g	木香 15 g
党参 30 g	炒白术 15 g	茯苓 15 g	柴胡 15 g
百合 15 g	乌药 15 g	丹参 20 g	檀香 10 g
炒麦芽 30 g	甘草 10 g	砂仁^{后下} 10 g	
炒鸡内金 15 g			

5剂，煎水温服，一日一剂，一日三次，饭后半小时服用。

二诊：2004年9月26日。服上方后患者胃脘胀满好转，食欲亦有所增加，能食油腻之品，仍神疲乏力，失眠，口干少饮。舌脉同前。原方去麦芽、鸡内金，加炒薏苡仁30 g、乌梅15 g、莪术10 g，再服10剂，煎水温服，一日一剂，一日三次。

三诊：2004年10月16日。患者各症均有明显好转，偶吃肥甘油腻之品，则胃隐痛、嗳气，仍失眠。《内经》云"胃不和则卧不安"，继续原方加减以疏肝和胃，益气健脾。

处方：党参 30 g　　炒白术 15 g　　茯苓 15 g　　柴胡 15 g
　　　黄芪 40 g　　炒白芍 20 g　　佛手 15 g　　炒鸡内金 15 g
　　　炒枳壳 15 g　　莪术 10　　炒薏苡仁 30 g　　甘草 10 g
　　　百合 15 g　　乌药 15 g　　石斛 15 g

10 剂，煎水温服，两日一剂，一日三次，饭后半小时服用。

四诊：2004 年 11 月 30 日。药后患者各症大减，体重增加，食欲尚可，原方再服 4 周。此后间断性治疗，1 年余后复查胃镜：胃窦黏膜糜烂消失，仅见红白相间。病检：胃轻度炎症，肠上皮化生消失。

按语：慢性萎缩性胃炎之中医病机以肝郁脾虚多见，其病位在脾胃，病性多属本虚标实，本虚在脾，标实在胃。然调脾胃之治法，当以健脾和胃为主，而不忘疏肝，正如叶天士所言"治肝可以安胃"，肝属木，脾属土，疏肝而健脾，乃五行相生之法。故本案首诊以四君子汤合四逆散加减，又因"久病入络"，故合丹参饮以活血化瘀。二诊患者胃脘胀满不适好转，纳食亦好转，故去鸡内金、麦芽；患者舌红、口干，符合《内经·素问·阴阳应象大论》"年四十，而阴气自半，起居衰矣"①之论，故加乌梅以酸甘养阴；又其"口干而不欲饮"乃脾虚生湿之象，故加薏苡仁；莪术乃化结节之常用药，患者肠化生，实乃胃之"结节"；上述加减变化，看似杂乱，实则乃急则治标，缓则治本之法。三诊患者病情继续好转，标实去其八分，留本虚之象以缓图之，故加黄芪、石斛等之属益气养阴以求本。慢性萎缩性胃炎的中医治疗心得有三：① 不论何种证型慢性萎缩性胃炎，均可加入鸡内金、麦芽以健胃消食，现代药理学研究表明上述二药本身含有多种胃酶及胃激素，促进胃液分泌和食物的消化吸收；② 理气之品当以佛手、香橼、玫瑰花等轻柔之品为主，所谓"远刚用柔"是也！③ 莪术、薏苡仁配伍乃"肠化生"之效用药对，"肠化生"之中医病机乃局部之痰瘀互结，莪术化瘀，薏苡仁化湿，湿去则痰化，恰合病机，现代研究已表明莪术、薏苡仁有抗癌之效，可以预防肠化生之癌变，此乃"未病先防"之意。

2. 胃肠功能紊乱

廖某某，女，27 岁，务农，四川省简阳市人。

---

① 柳长华解读. 黄帝内经[M]. 北京：科学出版社，2019：51.

初诊：2011 年 5 月 25 日。患者因"腹部胀满、少食近 5 年"就诊。现病史：患者于 5 年前顺产一女婴，产后 1 月余腹部胀满如鼓，反复发作，先后住院三次，作多项检查，未明确诊断，加之女儿生长发育不良，消瘦，无母乳喂养，全靠米浆及牛奶，心情郁闷，又因农村重男轻女思想严重，男方爱理不理。诊时患者腹膨隆不消，按之软，无压痛，自觉嗳气，恶心欲吐，两胁作胀，中脘膨膨如鼓，嗳气频作，头面及双下肢轻微浮肿，舌淡红，苔薄白，脉弦缓。肝失条达，横逆于中，气膨之内也，治宜疏肝、扶脾、活血。

诊断：腹胀。

辨证：肝脾不调。

治法：疏肝健脾。

方剂：逍遥散加味。

处方：柴胡 15 g　　当归 15 g　　炒白芍 15 g　　茯苓皮 30 g
　　　桃仁 15 g　　香附 15 g　　炒青皮 15 g　　炒白术 15 g
　　　甘草 6 g　　　红花 10 g　　法半夏 15 g
　　　沉香粉^{吞服} 9 g

5 剂，煎水温服，一日一剂，一日三次。

二诊：2011 年 5 月 31 日。药后患者嗳气减轻、恶心已止，气膨明显减轻，但大便三日未解，轻度浮肿未消尽，取前方意略有加减。

处方：柴胡 15 g　　当归 15 g　　炒白术 15 g　　炒白芍 20 g
　　　茯苓 20 g　　青皮 15 g　　陈皮 15 g　　　桃仁 15 g
　　　红花 10 g　　黄芪 30 g　　防己 15 g　　　冬瓜皮 15 g
　　　车前子^{包煎} 15 g

5 剂，煎水温服，一日一剂，一天三次。

治疗 1 月，气膨消失，体重加重，病愈。

按语：本病之因，是由于肝失条达，气郁于中，气郁则瘀阻，瘀阻则气滞，气愈滞，瘀愈结，治以疏肝理气，配合活血化瘀，使气有通路，通则不滞，应用逍遥散加桃仁、红花，后期再合黄芪防己汤调理而告愈。治疗胃肠消化不良，一般多是脾胃气虚、气滞，临床上应以香砂六君子汤加炒鸡内金、炒二芽、隔山撬等味；肝脾不和，可用六郁汤，加炒青皮、炒麦芽；脾虚食滞者应用楂曲六郁汤加厚朴、川木香等品给予调理；若时间过久，则久病入络，佐以活血化瘀之品，可佐赤芍、莪术、丹参、桃仁、红花之类。

3. 糖尿病胃轻瘫案

陈某某，男，49岁，农民，四川省资阳市安岳县人。

初诊：1997年10月5日患者以"反复呕吐、上腹胀满3天"就诊。刻下症见脘腹胀满，3天来呕吐3~4次，吐后稍舒，神疲乏力，面色憔悴。查血糖：7.4 mmol/L。经胃肠钡餐检查，胃蠕动乏力，胃蠕动少于2次/分，胃残留量较多。患者7年前患糖尿病，常服优降糖控制血糖，自诉血糖控制可，未监测。5天前患者因食生冷而发生呕吐腹胀。舌质淡红，苔白，脉沉细。

诊断：痞证。

辨证：胃肠不和，寒热错杂。

治法：寒热并治，调和胃肠。

方剂：半夏泻心汤加味。

处方：
太子参20 g	黄连9 g	黄芩15 g	法半夏15 g
干姜6 g	大枣15 g	砂仁6 g	山药20 g
炒苍术15 g	鸡内金15 g	麦芽15 g	百合15 g
乌药15 g			

3剂，煎水温服，一日一剂，一日三次。

3剂后患者呕吐止，脘腹胀满减轻，原方又继服4剂，煎水温服，一日一剂，一日三次，诸症悉除。2月后胃肠钡餐复查，胃张力增强，蠕动波2~3次/分，胃内无潴留。

按语：糖尿病胃轻瘫多因饮食不节，饥饱无常，或忧愁思虑，过度安逸少动，导致脾胃损伤，脾虚胃弱，运化失常，不能升清降浊而致。本方乃标本同治之法，使脾胃健，胃气复，浊阴下行，诸症自除。方中以太子参、山药、大枣健脾益气；法半夏、干姜温中降逆止呕；黄连、黄芩清热燥湿；苍术、砂仁芳香化湿，燥湿健脾；百合、乌药养胃和中；鸡内金、麦芽助胃气以资脾运。全方共奏健脾益气、兼清湿热之效。

(三)腹痛性疾病

1. 急性肠炎

谢某某,男,30岁,职员,四川省成都市人。

初诊:2015年6月5日。主诉:腹痛、腹泻1天。现病史:患者1日前因饮食不慎出现腹痛,胀闷为主,阵发性发作,腹泻后腹痛缓解,发热,查体温38.2 ℃,大便检查发现红细胞及白细胞。患者诉发热、怕风、浑身酸楚,泛恶纳呆,腹痛,腹泻,水样大便,舌红,苔黄腻,脉数,治宜清热燥湿,拟方葛根芩连汤加味。

诊断:① 泄泻;② 腹痛。

辨证:湿热阻滞。

治法:清热燥湿。

方剂:葛根芩连汤加味。

处方:
葛根 30 g	炒黄芩 15 g	川黄连 12 g	焦山楂 30 g
藿香梗 10 g	紫苏梗 10 g	防风 15 g	法半夏 15 g
炒陈皮 15 g	炒神曲 15 g	木香 15 g	甘草 6 g

2剂,煎水温服,一日一剂,一日三次。

按语:该病用药2剂而愈。方用葛根芩连汤。方中葛根解肌,配合防风、紫苏梗透表之力更强,黄连、黄芩配木香、藿香梗、法半夏、陈皮则清热燥湿,焦山楂、神曲和胃健脾。本方不但可以治疗急性肠炎,亦可以治疗细菌性痢疾和阿米巴痢疾,但辨证要点是表邪未解,里热已盛,常用于热性下痢之早期。暴泻,为新发之病,其主要原因有二:一为外感时邪,风寒暑湿燥火,皆能侵扰胃肠,使胃肠传导失常,引起泄泻。二是内伤饮食,饮食太过,或恣食生冷,或嗜食肥甘厚味,或误食不洁之物,皆可引起水谷不化,造成腹泻,来势急迫。

暴泻之主要症状,可分为下列四型。①风寒:恶寒发热,浑身作痛,腹胀肠鸣,脉浮紧,舌苔薄腻,治宜辛温解表,方选人参败毒散加减。②湿热:腹痛即泻,浑身酸楚,心烦,口干不饮,肛热,溲赤,脉滑数,苔黄腻,治宜清热利湿,方用平胃散加薏苡仁、广藿香、黄连、炒黄柏、六一散等。③

寒湿：腹痛绵绵，便溏清稀，身重倦怠，食少胸闷，口干而不欲饮，脉多濡缓，舌苔白腻，治宜温中利湿，轻者藿香正气散，重者附子理中汤。④伤食：腹痛即泻，泻后痛缓，嗳腐吞酸，大便奇臭，肠鸣矢气，不思食，脉滑数，治宜消食导滞，轻者保和丸，重者枳实导滞丸。

治疗本病一般以黄连与木香为主，热重黄连加重，寒重则木香加重，有外感风寒者常加防风、荆芥、紫苏，有外感风热者常加桑叶、菊花、葛根，湿重者加炒苍术、薏苡仁、厚朴，食滞者加炒山楂、神曲、炒二芽，脾虚者加炒白术、茯苓、炒薏苡仁，中寒者加肉桂、干姜，随症加减，其效如桴鼓。

2. 不完全性肠梗阻

欧阳某某，女，5岁，幼托儿童，四川省成都市人。

初诊：2020年8月22日。患儿无明显诱因出现腹痛1天，大便未解，外院彩超检查示：不完全性肠梗阻。家长恐惧手术治疗，故前来老专家门诊就诊。刻下症见：腹痛，精神差，不发热，纳差，欲呕，大便3日未解，小便正常。触诊腹部硬，按之则哭闹加重。舌暗红，苔薄，舌下青紫，脉沉紧涩。

诊断：腹痛。

辨证：瘀血内阻。

治法：活血化瘀，消积止痛。

方剂：少腹逐瘀汤。

处方：蒲黄10 g　　炙甘草3 g　　白芍10 g　　赤芍10 g
川芎10 g　　当归10 g　　延胡索6 g　　肉桂3 g
茴香3 g　　五灵脂6 g

2剂，煎水温服，一日一剂，一日三次。嘱其大便通后方可少量进食。

二诊：2020年8月25日。服药后患儿泻下黑褐色粪块，随后皆为黑褐色稀溏便，便后腹痛大缓，食欲好转，现纳可，正常排便，腹软，无压痛及反跳痛，舌淡红，苔薄，脉沉弦。

按语：儿科患者中瘀血证少见，但本案患者痛处固定、拒按、舌暗红苔薄、舌下青紫，脉沉紧涩，可明确诊断为血瘀证，故大胆放心使用活血、化瘀、止痛之少腹逐瘀汤。服后解黑便，便后痛缓。幼儿的情志问题，辨证为气滞、气郁、瘀血等因素，需要重视，需当仔细辨别。

3. 肠系膜病变

罗某某，男，5岁，幼托儿童，四川省成都市人。

初诊：2017年7月30日。患者因"腹痛1年"就诊，吃饭时疼痛明显，不喜家长按揉，喜自行俯卧，大便成型。彩超示：肠系膜淋巴结肿大，多个，最大1.5×0.8 cm。舌红，苔薄白，脉细。

诊断：腹痛。

辨证：肠胃不和、寒热错杂、气滞血瘀。

治法：调和胃肠，行气止痛。

方剂：消积止痛汤加减。

处方：木香6 g　　槟榔6 g　　陈皮6 g　　枳壳10 g
　　　　茯苓10 g　　白术10 g　　蒲公英15 g　　鸡内金10 g
　　　　炒白芍10 g　　炙甘草3 g　　浙贝母10 g　　夏枯草10 g
　　　　白芷10 g　　莪术10 g

5剂，煎水温服，一日一剂，一日三次。

二诊：2017年8月6日。患儿疼痛次数减少，吃饭时腹痛转为饭后疼痛，纳差，舌红苔薄白，脉细，上方去蒲公英加炮姜，5剂，煎水温服，一日一剂，一日三次。

三诊：2017年8月13日。患儿自诉晨起疼痛1~2次，持续几十秒，中午、晚饭后均未疼痛，大便成形。舌红苔薄，脉细。

处方：槟榔6 g　　木香6 g　　陈皮6 g　　乌药6 g
　　　　白术15 g　　茯苓10 g　　鸡内金10 g　　焦山楂10 g
　　　　炒白芍10 g　　浙贝母10 g　　白芷10 g　　羌活10 g
　　　　莪术10 g　　夏枯草15 g　　香附10 g　　藁本10 g

5剂。煎水温服，一日一剂，一日三次。

按语：肠系膜淋巴结肿大主要表现为发热、腹痛、呕吐、腹泻、便秘等症状，且腹部疼痛主要发生在脐周，腹痛部位随机性较强，具有痉挛性、阵发性特点，多见于儿童，以男性多见，平素体质偏弱、容易反复感冒、经常使用抗生素的患儿多见。本病属于中医"腹痛、积聚"的范畴，其病因有很多，如寒凝、气滞、血瘀等，应明确病因，对症治疗。对于寒痰凝滞型的肠系膜淋巴结，可以采取温化寒痰、解毒通络的方法，服用阳和汤加味；对于气郁痰结型，可以用疏肝解郁、化痰散结等方法，使用夏枯草、僵蚕、香附、当归、白芍、青皮、柴胡、川芎、浙贝母等；对于血瘀阻滞型，可以使用少腹逐瘀汤加减。也可以采用小儿推拿手法辅助治疗，补脾经、揉板门、清大肠经、清肝经、运八卦、掐揉四横纹、摩腹、揉天枢等。

（四）泄泻性疾病

1. 溃疡性结肠炎

张某某，41岁，干部，四川省资阳市人。

初诊：2014年9月13日。患者大便稀溏，时伴有黏液1年余。7天前因饮食不慎出现大便稀溏，痛即大便，便带黏液，食后腹胀，精神较差，一日大便4~6次，嘱做检查以明确诊断。1月余前到重庆某大医院（三甲医院）做结肠纤维镜检查，诊断为慢性溃疡性结肠炎。刻下症见：身热腹痛，痛即大便，痢下赤白，里急后重，每日大便3~5次，食后即便，面色无华，精神困惫，舌质淡红，苔白，脉弦缓，治宜健脾和中，扶脾抑木，拟痛泻要方加味。

诊断：泄泻。

辨证：肝脾不调。

治法：健脾和中，扶脾抑木。

方剂：痛泻要方加味。

处方：防风 15 g　　炒白术 15 g　　炒白芍 20 g　　炒陈皮 15 g
　　　　姜厚朴 15 g　　川木香 15 g　　仙鹤草 30 g　　白头翁 30 g
　　　　炒槟榔 15 g　　焦山楂 30 g　　炒建曲 15 g　　甘草 10 g
　　　　葛根 30 g　　　升麻 10 g

7剂，煎水温服，一日一剂，一日三次。

二诊：2014 年 9 月 21 日。药后里急后重，下痢赤白大减，腹痛即便也明显减轻，大便仍不成形，伴有黏液，治宜健脾益气，理气和中，改方用参苓白术散加减。

处方：党参 30 g　　炒白术 15 g　　茯苓 15 g　　炒薏苡仁 30 g
　　　山药 30 g　　莲子 15 g　　炒白扁豆 15 g　　广木香 15 g
　　　桔梗 15 g　　大枣 20 g　　炒山楂 30 g　　葛根 30 g
　　　仙鹤草 30 g　　砂仁^{后下} 10 g

15 剂，煎水温服，一日一剂，一日三次。

结合外用灌肠方：

　　　苦参 30 g　　地榆 30 g　　白及 30 g　　枳壳 20 g
　　　槐花 30 g

煎水取汁 100 mL，加云南白药 1 支混合，或加锡类散 1 支，或加硫糖铝混悬液（2 包），到医院由护士操作或在家中用灌肠器灌肠，每日 1～2 次，1 月为 1 个疗程。

三诊：2014 年 10 月 30 日。续上方治疗，内服结合外用灌肠，病情明显好转，大便基本成形。嘱禁烟酒辛辣之品，饮食清淡，保持心情愉快。建议服原方，坚持灌肠 1 月。

四诊：续治疗 1 个半月，自觉症状完全缓解，拟再用散药以巩固疗效。

处方：党参 50 g　　炒白术 60 g　　茯苓 50 g　　砂仁 30 g
　　　陈皮 30 g　　莲子 60 g　　怀山药 100 g　　炒白扁豆 50 g
　　　桔梗 30 g　　黄芪 90 g　　制肉豆蔻 50 g　　甘草 30 g
　　　大枣^{去核} 60 g

共细末为散，每次服 6～10 g，一日二次，用温开水调服。

按语：本例属肝郁脾虚气滞，拟痛泻要方加味，服之病情缓解后，改用益气健脾之参苓白术散加味，并灌肠治疗，后期用参苓白术散调理以资巩固疗效。临床上治疗结肠炎，有黏液性结肠炎，有结肠功能紊乱，在"久泻"中有肾泻，往往同时出现脾虚（包括脾阳虚或脾气虚），一般应用四神丸合理中汤加味，这也是常法。

2. 功能性消化不良

左某某，女，41 岁，职工，四川省成都市人。

初诊：2013 年 5 月 10 日。主诉：腹泻 2 余年。现病史：2 年余前饮食不节，突然出现腹泻，发热，以急性胃肠炎收入住院治疗，经抗感染、补液治疗后，急性肠炎得到控制，但长期大便次数增加，大便稀溏，一年以后又表现出腹泻与便秘交替出现，大便次数增多，有少量的白色黏液，无血便，在某医院做二次钡剂灌直肠检查和一次结肠纤维镜检查，示：降结肠痉挛，结肠袋消失，回盲部未发现器质性病变。刻下症见：患者大便或稀或结，便次忽多忽少，腹部时常疼痛，喜温、喜按，脉沉缓，苔厚腻，为脾肾亏虚，运化无权，方以附子理中汤加味。

诊断：慢性腹泻。

辨证：脾肾亏虚。

治法：健脾补肾。

方剂：附子理中汤加味。

处方：党参 30 g　　炒白术 15 g　　茯苓 15 g　　炒枳壳 15 g
　　　制白附片^{先煎一小时} 15 g　炮姜 10 g　　广木香 15 g　　炒白芍 15 g
　　　制肉豆蔻 10 g　　补骨脂 10 g　　煨诃子 10 g　　甘草 10 g

5 剂，煎水温服，一日一剂，一日三次。

上方服药 5 剂后，患者腹痛腹泻均无，大便一日一次，无黏液，原方连服 25 剂，门诊观察半年，巩固疗效。

按语：泄泻，是脾胃之病，《内经·素问·藏气法时论》曰："脾病者，虚则腹满，肠鸣，飧泄，食不化。"[1]《景岳全书·泄泻》说："泄泻之本无不由于脾胃，盖胃为水谷之海，而脾主运化，使脾健胃和，则水谷腐熟而化气化血，以行营卫；若饮食失节，起居不时，以致脾胃受伤，则水反为湿，谷反为滞，精华之气不能输化，乃至合污下降，则泄痢作矣。"[2]可见泄泻之主因是脾伤，脾伤则消化和健运功能受损，水谷不能及时运化，反而内停成湿。

---

[1] 柳长华解读. 黄帝内经[M]. 北京：科学出版社，2019：131.
[2] 张介宾著. 赵立勋主校. 景岳全书[M]. 北京：人民卫生出版社，1991：519.

《内经·素问·阴阳应象大论》所谓"湿胜则濡泄",而形成了"脾弱湿胜""本虚标实"的病理表现。①由于脾虚而引起泄泻,泄泻则更使脾弱,如此互为因果,辗转相循,使疾病日趋恶化。同时,脾的运化谷食,还得命门之火的温煦,才能腐熟谷食,久泻则往往促使肾阳不足,命门火衰。脾病及肾,肾病及脾,使泄泻之症缠绵难愈。

根据慢性泄泻的发病机制,可归纳为以下三种类型。

① 脾泻:泄泻,而面色萎黄,不思饮食,神疲倦怠,四肢不温,时或肠鸣腹胀,苔薄白或薄腻,舌质淡红,脉象虚细,治以健脾和胃为主,参苓白术散加减。脾虚兼有寒湿,在临床上最为多见,除上述症状外,便下澄澈清冷,腹痛喜温喜按,脉象濡弱或迟缓,舌苔白腻,治以健脾和胃,温中化湿法,参苓白术散合理中汤加减,虚寒重加附子,即附子理中之意。滑泻之症,亦属脾虚,其特点是大便失禁,泻下不已。《医学入门·湿类》曰"滑泻久不止,大孔如竹筒,直出无禁"②,治以补中益气,佐以酸收之品,补中益气汤加赤石脂、罂粟壳、五味子、煨诃子、乌梅等,或用八柱散主之。

② 肾泻:脐周隐痛,腹鸣作胀,下肢畏寒,常有腰酸遗精、阳痿、头昏等症,便色淡黄,舌苔薄白,脉沉细,治以温补脾肾之法,四神丸合附子理中汤加减。肾泻中有每至清晨四五时泄泻者名"五更泄",《张氏医通·卷七》"五更泻,是肾虚失其闭藏之职也"③,为肾泻的一种。

③ 肝泻:气逆腹胀,痛则腹泻,胸膈苦满、嗳气、呃逆、烦恼喜愁,有情绪激动史,反复发作,脉象多弦急,日久至气怯、神衰,治以疏肝健脾,顺气,痛泻要方加减。腹痛属虚寒,加肉桂、炒芡实;实热者,加葛根芩连汤;腹胀者,加木香、青皮、大腹皮;胸闷,加豆蔻、厚朴、砂仁;里急后重者加木香、炒槟榔、炒枳实等。本例属于脾泻,脾主运化,若脾虚,脾运不健,则水湿乘作,而成水泻,治疗水泻应该燥湿健脾、除湿利水,先行自拟化湿和胃饮,或用楂曲胃苓汤加减,脾虚寒湿则参苓白术散合理中汤加制附片。脾主运化,若脾运健旺,则水谷腐熟而化气生血,湿邪不生,泄泻不作。

---

① 柳长华解读. 黄帝内经[M]. 北京:科学出版社,2019:51.
② 李梴著. 金嫣莉等校注. 医学入门[M]. 金嫣莉等校注. 北京:北京中医药出版社,1995:369.
③ 张璐. 张氏医通[M]. 太原:山西科学技术出版社,2010:153.

（五）便秘性疾病

慢性习惯性便秘

李某某，女，73，已退休，四川省成都市人。

初诊：2022 年 2 月 16 日。患者因"反复便秘 1 年"就诊。现病史：1 年前患者出现无力排便，有便意时若不能及时如厕，则 1 天都不想再排便，且总感觉大便排不干净，为求进一步治疗，遂前来我院门诊就诊。既往史：既往体健，否认高血压病、糖尿病及心、脑、血管、肺、肾等重要脏器疾病史；否认结核、伤寒等传染病史；否认重大手术、外伤史；否认输血史；否认中毒史。舌尖红边有齿痕，苔微腻而黄，脉滑重按无力。

诊断：便秘。

辨证：气虚证。

治法：补气健脾，扶正通便。

方剂：参苓白术散加减。

处方：党参 30 g　　茯苓 15 g　　白术 30 g　　炒枳壳 15 g
　　　炒栀子 10 g　净山楂 15 g　厚朴 15 g　　玄参 15 g
　　　黄柏 10 g　　甘草 6 g　　炒决明子 30 g

6 剂，煎水温服，一日一剂，一日三次。

按语：患者因排便困难，排出不畅为主要症状，故辨病为便秘。《扁鹊心书·便闭》载："老人气虚，及妇人产后血少，致津液不行，不得通流，致大便常结。"[①]因其无力排便，且舌边有齿痕，脉重按无力，故辨为气虚便秘。方中党参补脾肺之气、生津养血；白术甘温、益气补虚，少量炒用可以健脾止泻，大量生用可健脾通便；茯苓健脾除湿，为助脾健运之要药；玄参、黄柏、栀子清心泻火；枳实、厚朴行气除胀；山楂、决明子消食健脾，润肠通便；炙甘草调和诸药。全方共奏健脾益气、清心泄热、补虚通便之功。后随访此患者，仅一次治疗即解决其便秘问题，且无复发。

---

① 窦材辑．李晓露，于振宣点校．扁鹊心书[M]．北京：中医古籍出版社，1992：62．

三、肾病医案

（一）水肿性疾病

1. 肾小球肾炎

邹某某，男，13岁，学生，居住在四川省成都市金牛区茶店子街道。

初诊：2020年7月20日。近来时值酷暑，患者3天前因汗出淋雨后，出现恶寒、发热、头痛、咳嗽、咽痛，经西药治疗（具体药物不详），寒热头痛已缓解，又发生浮肿、腰痛等症，故前来就诊。患者头面及四肢浮肿，按之凹陷，咽痛，小便黄，大便黏腻不畅，舌质红，苔淡黄而润，脉浮数。血压142/82 mmHg；验血：链球菌溶血素O抗体（ASO）呈阳性；尿常规：尿蛋白（++），红细胞（++），白细胞（++）。

诊断：水肿（风水）。

辨证：风寒束表，郁而化热，水热互结。

治法：解表祛风，利水行水。

方剂：越婢加术汤加味。

处方：
麻黄 15 g	杏仁 15 g	连翘 15 g	苍术 15 g
大腹皮 15 g	桑白皮 15 g	茯苓皮 15 g	泽泻 15 g
白茅根 30 g	生姜 3 片	石膏先煎 30 g	甘草 6 g

6剂，煎水温服，一日一剂，一日三次。

按语：风水症投以越婢加术汤加味，患者服后周身汗出而浑身轻爽，小便清畅，浮肿显著消退，腹胀已除，食纳增加，精神好转，舌淡红，苔白润，脉滑数，续予五苓散加黄芪、陈皮，调治一周后，诸证痊愈，查血压128/70 mmHg，化验血、尿，前述指标均已恢复正常。故考虑水肿初起，风邪为患，宣肺祛风为第一要义，佐以利水消肿、清热活血等，往往起效极快，如若表证治里，属于误诊，反而导致水肿迁延不愈。

2. 慢性肾炎

王某某，男，31岁，务农，四川省资阳市人。

初诊：2000 年 10 月 13 日。患者自诉患肾炎 3 年余，间断性服药治疗，近 1 月来因劳累过度而复发在某医院住院治疗半月，用青霉素及激素类药物治疗，收效甚微，自动出院，要求中医治疗。诊时患者面色少华，腰酸畏寒，双下肢浮肿，舌红，苔白，脉沉弦。实验室检查：尿常规：尿蛋白（＋＋＋），红细胞（＋），管型（＋）；肾功：尿素氮 8.9 mmol/L，肌酐 182 mmol/L；血脂：总胆固醇 8.9 mmol/L，甘油三酯 7.1 mmol/L；肝功：血浆总蛋白 37 g/L，白蛋白 17 g/L，球蛋白 23 g/L；二氧化碳结合力（CO-CP）23 mmol/L。

诊断：水肿。

辨证：脾肾两虚，湿浊内阻。

治法：益肾健脾，泄浊化瘀。

方剂：黄芪赤风汤加减。

处方：黄芪 50 g　　　炒苍术 10 g　　　白术 10 g　　　杜仲 15 g
　　　石韦 30 g　　　车前子 15 g　　　赤芍 15 g　　　茯苓 15 g
　　　丹参 20 g　　　大黄_{后下} 10 g　　　防风 15 g

15 剂，煎水温服，一日一剂，一日三次。

患者居住乡下，煎药方法不当，直接浸泡半小时，煎开半小时，一日三次，并未见腹泻，反而自觉好转，复查小便见尿蛋白（＋～＋＋），红细胞（±），颗粒管型消失。

二诊：2000 年 11 月 9 日。调整处方如下。

处方：黄芪 50 g　　　炒白术 15 g　　　茯苓 15 g　　　石韦 30 g
　　　山药 30 g　　　赤芍 15 g　　　金樱子 30 g　　　丹参 20 g
　　　杜仲 15 g　　　炒菟丝子 20 g　　　续断 15 g　　　防风 15 g
　　　熟大黄 6 g　　　甘草 10 g

15 剂，煎水温服，一日一剂，一日三次。

患者自行调整为 2 天 1 剂，连服本方 30 剂，经半年的治疗，临床症状及体征基本消失，浮肿消退，食欲增加，连查 4 次小便正常，肾功能及血象均正常，血浆总蛋白 65 g/L，白蛋白 45 g/L，球蛋白 21 g/L，尿素氮 5.8 mmol/L，肌酐 82.3 mmol/L，总胆固醇 5.1 mmol/L，甘油三酯 1.5 mmol/L。为巩固疗效，继续原方去大黄加党参 30 g、烫水蛭 10 g，每两日一剂，间断治疗 1 年余，随访 2 年未复发。

按语：本病时间较长，加常年务农，未正规进行治疗，久病必虚，久病入络。辨证属脾肾两虚，湿浊内阻。选方玉屏风散、黄芪赤风汤加炒苍术、大黄、丹参、赤芍、车前子、石韦之类，服 15 剂，各症均减，去炒苍术、车前子，加杜仲、菟丝子、续断、金樱子以补肾益气，连服 30 余剂，临床症状及体征基本消失。为巩固疗效，在原方基础上去大黄，加党参、水蛭，间断治疗 1 年余，告愈。

3. 慢性肾功衰

病案 1：康某某，男，41 岁，石匠，家住四川省资阳市安岳县安农乡。

初诊：1985 年 4 月 7 日。患者 10 年前患肾炎在当地乡卫生院治疗近 1 年，先后在县医院治疗 3 次，效果不佳，继服单方、秘方等治疗，反复不愈。于 1985 年 3 月 20 日前往成都某三甲医院肾内科住院治疗 10 天，医院建议换肾，患者及家人均拒绝，因经济上难以承受。据患者述："该医院的医生很好，虽然病情未见好转，但态度很好，并反复说可回当地找有经验的中医诊治，也许有希望。"就诊时诉头晕，身倦乏力，恶心欲吐，食欲较差，下肢水肿，按之凹陷不起。小便偏少，每天 1000 ml 以内，大便少，舌质淡暗，苔白腻，脉细而沉。查血压（BP）：152/89 mmHg，血尿素氮（BUN）37.7 mmol/L，血肌酐（Cr）986 mmol/L，WBC 3.7×10^9/L，红细胞数（RBC）3.5×10^{12}/L，血红蛋白（HGB）109 g/L，血小板数（PLT）76×10^9/L，尿常规中尿蛋白（+++）。

诊断：关格（水肿）。

辨证：脾肾阳虚，湿浊夹瘀。

治法：温阳利水，化浊止呕。

方剂：真武汤加减。

处方：
白术 20 g	桂枝 15 g	茯苓 30 g	生姜 10 g
泽泻 30 g	猪苓 30 g	炒白芍 20 g	厚朴 15 g
紫苏叶 10 g	大腹皮 15 g	大黄^{后下} 15 g	
制附片^{先煎一小时} 30 g			

5 剂，煎水温服，一日一剂，一日三次，餐后半小时服用。

二诊：1985 年 6 月 13 日。患者诉服药后小便数增多，下肢水肿减轻，恶心呕吐大缓。效不更方，唯将方中大黄 15 g 改为大黄 10 g 泡鲜开水代茶饮，原方再进 7 剂，煎水温服，一日一剂，一日三次，餐后半小时服用。

三诊：1985 年 6 月 23 日。患者自觉症状好转，加之家庭经济较困难，改为两日一剂，一日三次，原方加黄芪 30 g，继服 10 剂。

四诊：1985 年 7 月 15 日。药后患者双下肢水肿基本消失，精神好转，食欲增加，查小便尿蛋白（++），BP 正常。处方调整如下。

处方：党参 30 g　　黄芪 50 g　　炒白术 15 g　　茯苓 20 g
　　　杜仲 15 g　　续断 15 g　　淫羊藿 30 g　　桂枝 10 g
　　　金樱子 30 g　　菟丝子 20 g　　胡黄连 20 g
　　　制附片^{先煎一小时} 30 g

10 剂，煎水温服，两日一剂，一日三次；熟大黄 6 g 泡开水温服。

五诊：1985 年 8 月 25 日。查体：T 36.8 ℃，P 75 次/分，BP 138/75 mmHg，BUN 13.64 mmol/L，Cr 201 mmol/L，尿隐血检查（BLD）（±），尿蛋白（PRO）（++），尿抗坏血酸（ASC）（+）。较前有所好转，嘱患者坚持治疗，心情愉悦，不宜过度劳作。处方调整如下。

处方：桂枝 15 g　　熟地黄 20 g　　丹参 20 g　　烫水蛭 10 g
　　　茯苓 15 g　　泽泻 15 g　　山茱肉 20 g　　山药 20 g
　　　杜仲 15 g　　续断 20 g　　石韦 30 g　　黄芪 50 g
　　　制附片^{先煎一小时} 30 g

煎水温服，两日一剂，一日三次；仍嘱用熟大黄 10 g，泡开水温服代茶饮。

因 9 月外出开会，嘱其服完后继服原方。

六诊：经较长时间治疗，患者自觉各症状大有好转，尚能做不重的农活，复查小便尿蛋白（++），原方加紫苏叶 10 g、蝉蜕 10 g、鹿衔草 30 g，再服 10 剂。煎水温服，两日一剂，一日三次；嘱其每日用熟大黄 10 g，泡开水温服代茶饮。

七诊：患者自己改为一日一剂，一日三次，有时一日服一次或两次，1 月余后来诊，查小便：蛋白尿（±），有时是（+），由于病程较长，呈间断性治疗,用药桂附地黄汤合参苓白术散加味,交替服用,1年后在当地卫生医院复查肾功及尿常规属基本正常范围。

八诊:1988年9月3日,患者精神良好,步行来院检查,查体T 36.7 ℃,P 76次/分,R 16次/分,BP 136/75 mmHg,BUN 13.01 mmol/L,Cr 178 mmol/L,心脏听诊(-),腹软,两肺呼吸音粗糙,未闻及干湿啰音,尿蛋白(-)。

处方:桂附地黄丸10瓶(每次6 g,一日二次),黄芪10 g、枸杞6 g泡鲜开水常服,以巩固疗效。

随访2年,未见复发,仍从事石匠活,至今仍健在。

病案2:荆某某,女,40岁,务农,现住四川省资阳市安岳县岳阳镇。

初诊:1989年6月23日。患者患慢性肾炎近10年,反复不愈。先后在省、市、县级医院多次住院治疗,反复不愈。求治于中医,其丈夫再三请求前往家中诊治,下午5点去患者家中。诊时见患者面色无华,腹肿大如鼓,虽睡在床上但不能平卧,按之腹部有水响声,腹满,手足不温,尚能进少量清稀饭和蒸鸡蛋,望舌质淡红而胖,舌边尖有齿痕,诊脉沉滑,重按无力,出院前一次上级医院的检查报告单示:尿蛋白(++++),尿隐血(+),尿酮体(++),血尿素氮 19.9 mmol/L,肌酐 823 mmol/L,总胆固醇 10.8 mmol/L,甘油三酯 11.1 mmol/L,血浆总蛋白 42 g/L,白蛋白 17 g/L,球蛋白 25 g/L,CO-CP 20 mmol/L,WBC 3.7×10^9/L,RBC 2.5×10^{12}/L,HGB 86 g/L,PLT 101×10^9/L。

诊断:① 水肿;② 呕吐;③ 虚劳。

辨证:脾肾阳虚,水瘀互结。

治法:攻下逐水。

药物:甘遂12 g、白胡椒10粒、生大黄6 g,三药共细末为散,混合分成6包,每次1包,用温开水送服,另:人参30 g,煎水30分钟取浓汁,嘱如散剂服后,出现水样大便,量多而心慌,则急服人参汤。

当天晚上7时半点患者服散剂1包,2小时毫无反应,再服第2包仍无感觉,隔2小时服第3包,服后10分钟出现腹隐痛(患者坐在木桶上),大便如水样，泻下不停，病人丈夫急往我家中说明情况①，嘱用生姜 10 g 煎水，再吞服 1 包散剂，整个一晚上到第二天早上 5 点，排出腹水及残渣约一桶之多，自觉腹软，下肢水肿基本消退，服人参汁一碗。

二诊：1989 年 6 月 24 日上午，患者丈夫来诊室告之，腹水消退，尚能平卧，早餐吃小米粥一碗，并吃蒸鸡蛋两个，放油盐少许，吃之不吐，请下班后到家中再诊。中午下班后去诊时，患者舌淡红，苔白，脉沉细而数，重按无力，四肢不温，双下肢仍有轻度水肿。

处方：白芍 20 g　　　炒白术 20 g　　　桂枝 15 g　　　茯苓皮 20 g
　　　泽泻 15 g　　　猪苓 20 g　　　石韦 30 g　　　丹参 20 g
　　　大腹皮 15 g　　　益母草 30 g　　　制附片^{先煎一小时} 30 g

7 剂，煎水温服，两日一剂，一日三次。

三诊：1989 年 7 月 7 日上午，由其丈夫扶患者来诊室诊治，见面色稍好转，精神好转，说话自如，效不更方，原方加熟大黄 10 g，煎水温服，连服 15 剂，两日一剂，一日三次。

四诊：复查尿常规尿蛋白（++），见步入诊室，症状同三诊相似。

处方：黄芪 50 g　　　炒白术 15 g　　　防风 15 g　　　蝉蜕 10 g
　　　杜仲 15 g　　　续断 20 g　　　芡实 20 g　　　重楼 30 g
　　　荆芥穗 15 g　　　山药 30 g　　　赤芍 15 g　　　烫水蛭 10 g
　　　炒鸡内金 15 g　　　炒二芽^各 30 g　　　制附片^{先煎一小时} 30 g

煎水温服，两日一剂，一日三次，连服 30 余剂，嘱在服药期间，注意适当锻炼（早晚散步），饮食上宜进食富有营养而清淡之品，保持心情愉快。煎服中药 1 年多，复查小便尿蛋白（±），尿素氮 8.7 mmol/L，肌酐 137 mmol/L，临床症状基本消失。改用自拟益肾健脾散（黄芪 150 g、土炒白术 90 g、茯苓 60 g、山药 90 g、芡实 60 g、沙苑子 50 g、防风 50 g、山萸肉 60 g、党参 90 g、淫羊藿 90 g、丹参 60 g、赤芍 60 g、砂仁 30 g、莲子 60 g、炒白扁豆 50 g、炒陈皮 50 g、鹿角胶 60 g）3 剂，方中各药共为极细末散，每次 6 g，每日 3 次，温开水兑服。如临床辨证属肾阴亏虚者，去鹿角胶、淫羊藿，加

---

① 指唐老家中。在 20 世纪 80 年代，镇上医生与患者家距离较近，故患者能找到医生家中说明病情。

入石斛、龟甲胶、田精、阿胶。凡家中经济条件尚可，每一剂中可加入冬虫夏草50 g，洗净，成粉，混合于药剂中，不管是阴虚、阳虚均可应用。或将上药共为极细末散，消毒后装入零号空心胶囊内，每次4~6粒，一日三次。肾病恢复期，可服用本方3~5剂，有明显效果，无毒副作用，且不易复发。

该患者服3剂后，停药5个月，复查小便连查5次均正常，肾功及血脂未见异常（血浆总蛋白 65 g/L，白蛋白 45 g/L，球蛋白 22 g/L，尿素氮 9.7 mmol/L，肌酐 83.2 mmol/L，总胆固醇 5.1 mmol/L，甘油三酯 1.3 mmol/L）。随访2年，未见复发，至今仍健在。

按语： 慢性肾功衰（CRF）是指多种原因造成的肾脏慢性损害，肾实质的严重受损，致使肾脏不能维持其基本功能，使排泄和调节功能失调，从而出现氮质血症及一系列临床症状。本病属中医学"关格""水肿""虚劳""呕吐""阴闭"等范畴。祖国医学认为肾为"先天之本"，肾主水司二便，肾系疾病，日久不愈，肾阳衰败，气化无权，开合不利，不能泌清泻浊，致使浊阴内潴，浊阴难以从下而出，尿素氮、肌酐等代谢产物潴留于体内，或上犯脾胃，或蒙于心窍，或扰动肝热，或动血，或水气凌心犯肺，从而显出种种危象，可见慢性肾功能衰竭的病理在于肾瘀血，湿浊内停。

目前，临床应用透析疗法和肾移植对尿毒症确有一定的效果，但费用较贵，又受条件限制，且有相当部分患者还不适合肾移植，而应用中医治疗，不失为一种治疗慢性肾功能衰竭的行之有效的重要方法，或者将中西医有机结合，后者值得临床医生探讨。

方中用大黄，《神农本草经》称"大黄味苦寒，主下瘀血，血闭寒热，破癥瘕积聚，留宿饮食，荡涤肠胃，推陈致新，通利水谷，调中化食，安和五脏"[①]。故治疗慢性肾功衰，一旦辨证准确，均可在基本方中加入大黄（体虚者用熟大黄）。病案1：某患者辨证脾肾阳虚，瘀浊阻滞，方选真武汤和五苓散加厚朴、大黄、大腹皮。中途拟方济生肾气丸加黄芪、杜仲、益母草、大黄，后期方用参苓白术散合玉屏风散、黄芪赤风汤、理中汤交替轮换服用而告愈。说明一点：蛋白尿久不消失，可在基本方加风药，如荆芥、防风、

---

① 王子寿，薛红主编. 神农本草经[M]. 成都：四川科学技术出版社，2008：399.

蝉蜕、木贼，佐以2~3味即可，效果仍然不理想者，加以活血化瘀之品，如丹参、赤芍、水蛭，对消除蛋白尿确有较好的效果。病案2：女性，中年，表现为腹水，腹大如鼓，双下肢水肿，恶心呕吐，《伤寒论》载："头痛，心下痞硬满，引胁下痛，干呕短气，汗出不恶寒者，此表（解）里未和也，十枣汤主之。"①仿仲景十枣汤，自拟甘遂、大黄、白胡椒三味为药，兑白开水吞服，再备人参汁一碗，以防虚脱，服后消除腹中水湿、瘀浊。拟方真武汤合五苓散加味，煎服近百剂，后复查各项指标基本正常，再拟益肾健脾散以资巩固疗效，使病愈。

临床上诊治慢性肾病者较多，本病治疗周期较长、收效较慢，多数患者换医生过勤，病人心态焦急，又要疗效好，又要疗程短，又要药价低，确实为本病的治疗带来一定难度。肾病的中医药治疗或中西医结合应用治疗，西药治疗低蛋白血症、纠正水电解质平衡等效果较好，一般建议患者多食用新鲜蔬菜、精肉、牛奶之品，宜饮食清淡，蛋白质摄入以优质限量为原则，这对提高本病的治疗效果，缓解病情有一定的帮助。不宜过多吃红肉，禁食辛辣刺激肥甘厚味，尿酸增高者禁食海鲜、啤酒、动物内脏等。一定要保持精神愉快，树立战胜疾病的信念。慢性肾病治疗时间较长，原则上是三到五年或更长时间，方能治愈。

对CRF的治疗，中医辨证属脾肾阳虚，予真武汤合五苓散加减，肿消则去泽泻、猪苓，可加人参、黄芪、白术、山药、山萸肉、莲子等以益气健脾，温肾化气；活血药多用丹参、芍药（赤芍）、益母草、烫水蛭等。其中大黄的用法：一是用开水泡服代茶饮；二是加入基本方中煎服；三是灌肠，用大黄20 g配附子20 g，可再加生牡蛎30 g煎水150 mL，一日1~2次灌肠，30天为1疗程。从现代药理上分析，大黄能使肠中吸收的合成尿毒素之一的氨基酸减少，使血中必需氨基酸浓度提高，利用尿素氮合成体蛋白，抑制蛋白的分解，从而使血中尿素氮和肌酐含量降低，肝肾组织和尿素减少等；而附子内含生物碱，附子煎出液能加快血流量，有明显的消炎作用，能抑制变态反应。CRF应用中药是可以完全治愈的，但患者不按医嘱，勤换医生，或者

---

① 张仲景.伤寒论[M].2版.王叔和，林亿编.杨金萍，罗良，何永校注.北京：中国中医药出版社，2021：53.

身患多种基础疾病，如既有肺部疾病如慢支炎、肺气肿、慢阻肺等，又有心脑血管疾病如冠心病、脑梗、高血压等，治疗起来就很棘手。相当部分慢性肾病，中医学认为发病机理复杂，辨证属湿热型、气阴两虚型、阴虚挟湿型、痰浊瘀阻型、寒热错杂型等。原则上来说很难治愈，但可以通过治疗而延长生命，同样可以达到正常人的寿命，只是需常年服药。

4. 原发性醛固酮增多症

病案1：刘某某，男，59岁，干部，居住四川省成都市青羊区。

初诊：2020年3月11日。因"确诊高血压20余年，控制不佳1个月"至我院老专家门诊就诊。患者20余年前体检发现血压升高，最高180/100 mmHg，确诊为高血压3级极高危。家族史：有高血压家族史；既往无吸烟、酗酒史。长期于药店购买降压药（具体不详），血压控制尚可，近期出现血压波动，反复测血压偏高。辅助检查：血、尿、便三大常规、肝肾功能、血糖、血脂、糖化血红蛋白、血同型半胱氨酸、肿瘤指标、甲状腺五项均正常，心电图正常范围。心脏超声检查：左房稍大伴左室舒张功能减退；血管超声：双侧颈动脉血流通畅。查立位血醛固酮/肾素浓度比值11.7↑（参考值0~3.8），肾上腺、双肾及肾动脉超声检查未见明显异常。上腹部（肝胆胰脾）CT平扫+重建结果：左侧肾上腺内侧肢可见一小圆形低密度结节，直径约9 mm，考虑腺瘤，建议MRI增强检查。后患者完善肾上腺平扫+增强MRI：左肾上腺稍增粗，其内侧见小结节状异常信号，边界清，直径7 mm。诊断：左肾上腺小腺瘤。建议入院行腹腔镜下左侧肾上腺全切术，患者心有顾忌，希望采用中医内服治疗。刻下症见：患者面红，眠差，甚则通宵不寐，第二天白天头昏头胀，二便调。舌红、苔薄腻、舌下紫暗，脉弦紧涩。

诊断：肾积。

辨证：肝风内动，痰瘀互结。

治法：平肝潜阳，活血化痰。

方剂：镇肝熄风汤合半夏白术天麻汤、桃红四物汤加减。

处方：川牛膝 10 g　　生赭石 30 g　　川楝子 6 g　　生龙骨 30 g
　　　生牡蛎 30 g　　龟板 30 g　　　白芍 15 g　　　玄参 15 g

天冬 15 g	麦芽 30 g	茵陈 15 g	甘草 6 g
法半夏 15 g	白术 15 g	天麻 15 g	茯苓 15 g
桃红 15 g	生地 15 g	川芎 15 g	

6剂，煎水温服，一日一剂，一日三次。

二诊：2020年3月18日，患者自觉各项症状基本如前，睡眠佳则无头昏神疲现象，舌红，苔薄腻，舌下紫暗，脉弦紧涩。原方去川楝子，加川牛膝15 g、杜仲15 g。10剂，煎水温服，一日一剂，一日三次。

三诊：2020年4月5日，患者自诉睡眠可，精神佳，面部偶尔发红，舌淡红苔薄，舌下紫暗好转，脉沉弦。原方续用10剂，煎水温服，一日一剂，一日三次。预计4月下旬复查。

四诊：2020年4月20日，患者行上腹部CT平扫+重建，结果显示：左侧肾上腺内侧肢可见一小圆形低密度结节，直径约3 mm。患者对治疗结果非常满意，嘱其继续服药，3个月后再复查。

病案2：张某某，男，33岁，职员，居住四川省成都市金牛区。

初诊：2021年1月15日，因"原发性醛固酮增多症手术治疗后，血压控制不佳1个月"至我院老专家门诊就诊。患者3年前体检发现血压升高，最高180/110 mmHg，确诊为高血压3级极高危。家族史：否认高血压家族史；既往长期吸烟（每天2包）、饮酒（每周1~2次，每次白酒3两~半斤），目前已戒烟戒酒。体形偏胖，身高172 cm，体重87kg，腹部膨隆。患者长期自购降压药（具体不详），血压控制不佳。经泌尿外科筛查，确诊为原发性醛固酮增多症。于2020年6月收入院行腹腔镜下左侧肾上腺全切术，出院后患者停用所有降压药物，定期于门诊随访血压，血压逐渐降至正常。近1月来出现血压波动，反复测血压偏高，故前来我院老专家门诊就诊。刻下症见：患者体型肥胖，皮肤油腻，追问平素晨起痰多，容易口腻口涎，大便黏腻，有不尽感，睡眠差，打鼾严重，舌淡胖，边有齿痕，苔厚腻，脉沉滑。近几日血压在180~160/100~90 mmHg区间波动。

诊断：肥胖。

辨证：痰湿阻滞。

治法：健脾、燥湿、化痰。

方剂：半夏白术天麻汤合苍附导痰丸加味。

处方：法半夏 15 g　　茯苓 15 g　　白术 15 g　　天麻 15 g

　　　苍术 15 g　　香附 15 g　　胆南星 15 g　　陈皮 15 g

　　　橘红 15 g　　猪牙皂 15 g　　白芥子 15 g　　白芷 15 g

　　　桔梗 15 g　　厚朴 15 g　　藿香 15 g　　槟榔 10 g

6 剂，煎水温服，一日一剂，一日三次。

二诊：2021 年 1 月 25 日，患者自行检测血压，记录血压范围为 170～140/90～80 mmHg 区间波动，体重下降 1.5 kg，二便调，睡眠质量好。效不更方，以原方加夏枯草、牡蛎、莪术，熬膏，服药 3 月。

按语：原发性醛固酮增多症是由于肾上腺皮质分泌过多醛固酮，导致体内潴钠、排钾、体液容量增多，抑制了肾素-血管紧张素转换系统。临床表现为高血压、低血钾性碱中毒和周期性麻痹，多饮多尿。多见于成年人，女性多于男性，对于肾上腺皮质肿瘤、增生可予以手术治疗，一般降压效果良好，但临床上有少量患者会出现血压控制不良或者反弹，这时可以考虑中医药治疗介入。从本案而言，此患者术后效果显著，后出现血压控制不佳，其根本原因是其肥胖体质尚未改变，痰湿不除，扬汤止沸，燥湿化痰，釜底抽薪。以半夏白术天麻汤合苍附导痰丸加味，后期加夏枯草、牡蛎、莪术，熬膏久服，为"缓则治本"治法。

以上 2 个病案，一者以中医治疗代替手术治疗，另一者为术后血压控制不佳患者提供中医治疗，可见中医药介入是有价值和意义的。这类病人需要西医辅助检查，中医门诊上少见，需要医生对本病有一定了解，方可从高血压患者中筛选出来，也提示我们的中医医生需要不断更新自己的现代医学知识，一手继承传统中医精华，一手对接现代医学发展，衷中参西、守正创新，方可促进中医药自身的发展。

（二）淋证性疾病

1. 泌尿系统结石

何某，男，28 岁，职员，居住四川省成都市成华区。

初诊：2019 年 7 月 13 日，患者因"腰痛伴尿频尿急尿痛 3 天"前来就诊。既往史：胆囊息肉、肾结石。刻下症见：腰痛不可起身，尿频、尿急、尿痛，大便溏稀。自诉近一段时间来性功能下降，平素易疲倦。舌红，苔薄白，脉沉弦滑。查腹部彩超显示：左右侧肾脏大小、形态正常，轮廓清晰，包膜光滑完整，实质回声均匀，皮髓质界限清晰，双肾内可见散在强回声光斑，右肾结合系统分离约 15 mm，右输尿管上段内径约 8 mm，距肾门 25 mm 处管腔内可见强回声光斑，长径约 10.4 mm。参考意见：双肾结石，右肾轻度积水，右输尿管上段结石。

诊断：淋病（石淋）。

辨证：湿热下注、兼见肾虚。

治法：清热利湿，补肾排石。

方剂：自拟四金汤加味。

处方：
金钱草 30 g	郁金 15 g	海金沙 30 g	鸡内金 30 g
车前草 30 g	续断 15 g	仙鹤草 30 g	盐黄柏 15 g
知母 15 g	肉桂 3 g	萹蓄 15 g	泽泻 15 g
茯苓 15 g	川牛膝 15 g	远志 10 g	滑石 30 g
白芷 15 g	川芎 15 g		

6 剂，煎水温服，一日一剂，一日三次。

二诊：2019 年 7 月 20 日，患者腰痛大缓，仍有尿频、尿不畅，大便不成形，便溏，每天 2 次，舌淡红，苔薄白，脉沉。以症推测，结石可能已经排出，辨证为肾虚湿热、气化不利，改方以五苓四金汤加减：

金钱草 30 g	郁金 15 g	海金沙 30 g	鸡内金 30 g
续断 15 g	菟丝子 15 g	仙鹤草 30 g	桂枝 15 g
肉桂 3 g	猪苓 15 g	炒白术 15 g	泽泻 15 g
茯苓 15 g	川牛膝 15 g	远志 10 g	滑石 30 g

6 剂，煎水温服，一日一剂，一日三次。

三诊：2019 年 7 月 27 日，患者复查泌尿系彩超：双肾及输尿管未见明显异常。患者表示愿意继续服用中药治疗其性功能低下、阳萎早泄等问题，查患者舌淡红，苔薄白，脉沉，辨证为肾虚湿热，处方用二仙汤加减：

仙茅 15 g	淫羊藿 15 g	巴戟天 15 g	当归 15 g
盐黄柏 15 g	知母 15 g	肉桂 3 g	菟丝子 15 g
仙鹤草 30	炒白术 15 g	泽泻 15 g	茯苓 15 g
远志 10 g			

6 剂，煎水温服，一日一剂，一日三次。嘱其多喝水、多运动，避免久坐及憋尿。

按语：泌尿系统结石，属于中医"石淋"范畴，一般需要根据结石的大小、部位、形状来选择不同的治疗方法，当结石小于 6 mm 的时候，可建议纯中药进行治疗，超过 10 mm 的结石，排石时要告知患者如果出现血尿以及疼痛加重，则可能出现嵌顿，需要行手术治疗。自拟四金汤（金钱草、海金沙、鸡内金、郁金）为长期使用治疗泌尿系统结石的验方，一般需要加补肾药如续断、菟丝子和通淋药萹蓄、草薢等。此外，活血止痛药如白芷、川芎等具有预防嵌顿的作用，乌药、远志也是治疗肾结石的有效药物，可以酌情加用，对于肾虚有热者，可佐以滋肾丸。

2. 反复泌尿道感染

刘某某，女，79 岁，退休，现居住四川省成都市金牛区。

初诊：2018 年 8 月 11 日，患者因"反复尿路感染 3 年，加重 1 周"就诊，刻下症见：患者尿频尿急，肛门坠胀，大便溏结不调，脉沉弦涩，重按少力，舌暗红苔薄，舌下青紫。平素精神差，疲倦乏力，饮食无味，胃肠消化差。既往史：痔疮便血史；双眼白内障；否认外伤、手术史。实验室小便常规检查：隐血（++），蛋白（+）。

诊断：淋证。

辨证：气虚下陷证。

治法：益气升阳、除湿通淋、活血止血。

方剂：升阳益胃汤加减。

处方：党参 30 g	茯苓 15 g	白术 15 g	甘草 10 g
升麻 6 g	当归 15 g	黄芪 50 g	荷叶 10 g
羌活 6 g	防风 10 g	白芍 15 g	泽泻 15 g

柴胡 10 g　　　甘草 10 g　　　薤白 15 g　　　瞿麦 15 g

10 剂，煎水温服，一日一剂，一日三次。

二诊：2018 年 9 月 25 日。患者诉服药后尿频好转，肛门坠胀感减轻，纳食可，睡眠稍差，查小便已无隐血及蛋白。前方去瞿麦、薤白，加桔梗 15 g、远志 10 g、炒枣仁 15 g。继服 10 剂，煎水温服，一日一剂，一日三次。

按语：此案难点在于气虚、血瘀之辨，本案中患者脉沉弦涩，舌暗红苔薄，舌下紫暗，尿频尿急、肛门坠胀，症似瘀血内停，然而仔细思辨其病史及其临床表现可知，其血瘀源于气虚，乃是中气下陷，阳气不升，血瘀内停，水气互结，符合《内经·灵枢·口问》"中气不足，溲变为之变"①的理论，"升阳益胃汤"出自《内外伤辨惑论》，治脾胃虚弱，湿热滞留中焦，怠惰嗜卧，四肢不收，体重节肿，口苦舌干，饮食无味，食不消化，大便不调，小便频数；兼见肺病，洒淅恶寒，惨惨不乐，面色恶而不和者。故以本方加瞿麦利水、活血、通淋，薤白辛通、宣痹、升陷，全方共奏益气升阳、除湿通淋、活血止血之功。《伤寒论》第一百二十五条曰："小便不利者，为无血也，小便自利。"②故后世医家常以小便利与不利作为蓄血证与蓄水证鉴别要点之一，这是犯了教条主义错误，原文"血证谛也"不仅基于"小便自利"，更有"其人如狂、小腹硬结"的支撑。所以在临证实践中，要重视气、血、水互患等现象，在面对瘀血、痰浊这些既是病理产物又是病因的情况时，需要更多基于"整体恒动"的思考，遵守"法因证出，方随证立"等明训，才能做到灵活变通，随证治之，方可奏效。

3. 前列腺肥大

余某某，男，72 岁，离退人员，四川省成都市人。

初诊：2019 年 9 月 12 日患者因"小便淋漓难解"就诊。刻下症见：患者口苦口臭，夜尿多，舌红苔薄，脉细弦。既往有前列腺增生、冠心病、高血压、乙肝小三阳病史。

---

① 柳长华解读. 黄帝内经[M]. 北京：科学技术出版社，2019：195.
② 张仲景. 伤寒论[M]. 2 版. 王叔和，林亿编. 杨金萍，罗良，何永校注. 北京：中国中医药出版社，2021：53.

诊断： 癃闭。

辨证： 肾气亏虚、气化不利。

治法： 滋肾升阳、益气利水。

方剂： 补中益气汤加减。

处方： 黄芪 50 g　　麸炒白术 15 g　　陈皮 15 g　　党参段 30 g
　　　　北柴胡 15 g　　蜜升麻 15 g　　当归 15 g　　盐黄柏 15 g
　　　　知母 15 g　　麸炒青皮 15 g　　肉桂 6 g　　郁金 15 g
　　　　垂盆草 30 g　　制黄精 15 g　　甘草片 10 g

6 剂，煎水温服，一日一剂，一日三次。

二诊： 2019 年 11 月 18 日。患者小便淋漓难解，口苦口臭，夜尿多，舌红苔薄，脉细弦。调整处方如下。

处方： 牡丹皮 15 g　　炒栀子 15 g　　北柴胡 15 g　　茯苓 15 g
　　　　麸炒白术 15 g　　当归 15 g　　赤芍 15 g　　甘草片 10 g
　　　　盐黄柏 15 g　　知母 15 g　　肉桂 10 g　　垂盆草 30 g
　　　　制黄精 15 g　　麸炒青皮 15 g　　郁金 15 g　　山药 30 g
　　　　盐益智仁 15 g　　盐杜仲 15 g　　炒鸡内金 15 g

7 剂，煎水温服，一日一剂，一日三次。

三诊： 2020 年 1 月 16 日。患者小便尚可，口苦口臭，夜尿多。舌鲜红，苔少，脉细弦。调整处方如下。

处方： 丹参 15 g　　知母 15 g　　盐黄柏 15 g　　山萸肉 15 g
　　　　山药 30 g　　茯苓 15 g　　盐泽泻 15 g　　甘草片 10 g
　　　　太子参 30 g　　生地黄 15 g　　煨葛根 30 g　　钩藤^{后下} 30 g
　　　　夏枯全草 30 g　　酒川芎 15 g　　麦冬 15 g

10 剂，煎水温服，一日一剂，一日三次。

后随访患者诉口苦口臭及夜尿多情况均明显改善。

按语： 前列腺肥大，从中医角度考虑可以归入"癃闭"的范畴。一般男性 50 岁以后，多有前列腺肥大的变化，所以老年人多属慢性前列腺肥大，轻症可全无症状。一般症状表现为排尿次数增加，晚上尤为显著，排尿时间长，需等一段时间才能排出，病程进展缓慢。随着病情加重，排尿时需屏气用力，借助腹肌力量方能将尿排出；尿频、尿急，尿线变细，每次排尿量减少，尿液只能是点滴排出，自觉尿液不能排尽，有时可致急性尿潴留。需要注意的是，临床实践中，影像学检查与临床症状之间存在非线性关系，即有时候患者症状突出，但检查结果并不很严重；有时候患者检查结果肥大明显，但可能症状全无，全然不影响其正常生活。究其原因，是体质差异，目前通过仪器能够探查到的人体结构，只能部分影响或决定机体的生理功能和病理状态，中医的"气化"理论，基于结构实体——脏腑（特别是三焦），强调气机的升降出入，具有维持脏腑功能正常的作用，所以具有了气化周流、行气利水、益气生津、生血、摄血、活血等一系列功能，构建了"异病同治"的理论基础，从整体恒动的气化运动理解人体结构和功能，是中医思维的核心内容。

（三）血尿性疾病

1. 免疫球蛋白 IgA 肾病

李某某，男，40 岁，个体户，四川省资阳市安岳县人。

初诊：2010 年 3 月 13 日。患者诉头面四肢浮肿 3 年余，小便深黄色，伴腰酸，身倦乏力，并住院治疗 2 次，诊断为肾病综合征，常服利尿剂及激素，效果不好，于 3 月 10 日至重庆医科大学附二院行肾穿，诊断为 IgA 肾病。查小便：潜血（++++），每高倍镜视野下红细胞 1731/HPF，颗粒管型（+），白细胞（+），尿素氮 18.6 mmol/L，肌酐 201 mmol/L。诊时患者面目浮肿，下肢水肿，按之凹陷不起，形体肥胖，自诉头晕失眠，时吐痰涎，小便黄，偶尔肉眼血尿，望舌质红，苔黄白相兼而干，脉弦数。

诊断：浮肿。

辨证：肾阴亏虚，膀胱湿热。

治法：滋阴补肾，清热利尿。

方剂：知柏地黄丸加减。

处方：
炒黄柏 15 g	知母 15 g	地黄 20 g	牡丹皮 15 g
山萸肉 20 g	茯苓 15 g	泽泻 15 g	山药 20 g
白茅根 30 g	炒茜草 15 g	石苇 30 g	炒蒲黄 10 g

　　　　鹿衔草 30 g　　　仙鹤草 30 g　　　薏苡仁 30 g　　　广藿香 10 g
　　　　藕节炭 30 g　　　杜仲 15 g　　　　车前子^{包煎}15 g

10 剂，煎水温服，一日一剂，一日三次。

二诊：复查小便潜血（++），每高倍镜视野下红细胞 578/HPF，自觉症状有一定的改善，仍头晕，身倦乏力，头面及双下肢水肿未消，舌脉同前，此为水热互结，治宜利水清热养阴。处方调整如下。

　　处方：猪苓 20 g　　　茯苓 20 g　　　　泽泻 20 g　　　　滑石^{包煎}30 g
　　　　炒白术 15 g　　　阿胶^{烊化}15 g　　白茅根 30 g　　　仙鹤草 30 g
　　　　藕节炭 30 g　　　血余炭^{包煎}15 g　石苇 30 g　　　　杜仲 15 g
　　　　续断 20 g

10 剂，煎水温服，一日一剂，一日三次。

三诊：2010 年 5 月 3 日。服药后患者面目及双下肢水肿基本消退，小便量每日在 2500 ml 左右，但饮食增加不多，轻微头晕，失眠，原方加黄芪 30 g、太子参 20 g、炒鸡内金 15 g、炒二芽（各）20 g，再服 7 剂，煎水温服，一日一剂，一日三次。配服火把花根片，每次 4 片，一日三次。

四诊：2010 年 5 月 20 日。服药 2 月余，患者查尿常规隐血（+），血常规：WBC3.81×10^9/L，HGB 108 g/L；肾功：尿素氮 16.5 mmol/L，肌酐 168 mmol/L，尿酸 458 mmol/L。自觉症状明显好转，食欲大增，但进油腻肥甘过多则腹泻，大便时干时稀，舌红苔白，脉缓。处方调整如下。

　　处方：党参 30 g　　　炒白术 15 g　　　茯苓 15 g　　　　山药 30 g
　　　　莲子 20 g　　　　炒白扁豆 15 g　　砂仁^{后下}10 g　　炒菟丝子 20 g
　　　　黄芪 30 g　　　　仙鹤草 30 g　　　鹿衔草 30 g　　　石苇 30 g
　　　　甘草 10 g

30 剂，煎水温服，一日一剂，一日三次。

五诊：10 月 8 日，患者来诊时，诉已重操旧业，开始工作，复查小便潜血（+）或（±），原方加炒杜仲 15 g、续断 15 g，再进 10 剂，煎水温服，一日一剂，一日三次。

后患者很少来诊，每两月或半年来一次，只有小便检查，均是潜血（+）或（±），肾功如前（5 月 20 日），嘱自购左归丸常服。

按语：患者头面部及双下肢浮肿，伴血尿，经门诊、住院治疗少效，重庆医科大学附二院肾穿诊断为 IgA 肾病。本病以血尿（无痛）为主，病程长，临床治愈率不高，只能达到各症消失或明显减轻，但气候变化、过食辛燥肥甘厚味或过度劳作，仍有反复，查小便潜血在阳性（+）或弱阳性（±）范围之内，镜检红细胞超出正常范围，但经治疗又能好转，完全能生活自理，也能照常工作，说明长期服中药效果还是满意的，但长期并不是指终身服药，只是服药 1～3 年，一般多是开始比较认真，半年后就间断性服药。IgA 肾病补肾药多选用平淡之品，如熟地黄、山萸肉、女贞子、墨旱莲、杜仲、狗脊等，血尿应凉血止血，如白茅根、藕节、茜草炭、血余炭、鹿衔草、三七粉等，后期脾肾双补。本病不宜过多、过量使用活血、破血逐瘀之品。

2. 过敏性紫癜肾炎

王某某，女，57 岁，居民，四川省资阳市安岳县安阳镇人。

初诊：2013 年 9 月 12 日。患者于 2013 年 7 月初，在遂宁市中心医院检查，双上下肢可见大小不等丘疹样出血红点。实验室检查：WBC 13.0×10^9/L，NEUT% 75.3%，PLT 64×10^9/L。小便常规：隐血（BLD）（++），尿蛋白（PRO）（+）；肾功：尿素氮 16.8 mmol/L，肌酐 196.3 mmol/L。给予强的松及门诊输液 3 天（具体用药不详）。回家后自觉好转，每日继续服用强的松 10 mg 及维生素 C 片 0.2 g。于 9 月 11 日突然紫癜大发，特来我院中医药治疗。刻下症见：全身发红疹，点点斑斑，色泽鲜红，不伴瘙痒，脉沉细而数，舌边尖红，苔薄黄，辨证为阴虚内热，热迫血行，溢于脉外，方以养阴、清热、止血为法。

诊断：肌衄。

辨证：阴虚内热，热迫血行。

治法：滋阴清热，凉血止血。

方剂：大补阴丸合二至丸加减。

处方：
干地黄 20 g	丹皮 15 g	知母 15 g	川黄柏 15 g
女贞子 20 g	墨旱莲 30 g	藕节 30 g	紫草 10 g
水牛角 ^{先煎} 30 g	乌梅 15 g	大枣 20 g	龟板 15 g

7剂，煎水温服，一日一剂，一日三次。

服药后患者症状明显好转，原方基础上去水牛角加当归、炒白芍、仙鹤草，在服药过程中逐渐减量强的松，按原方进退，于2014年1月12日完全停用激素，过敏性紫癜未再发。查血：出凝血时间、血常规、肾功能及小便常规均属正常。再用补中益气汤合二至丸适当加减以善后。

按语：本案以大补阴丸合二至丸为基本方，大补阴丸中的熟地改为生地，可配藕节同用加强凉血止血的作用，用黄柏、知母以泻相火。本案用乌梅一药，根据现代药理研究，具有抗蛋白过敏的作用。人们常食用的食物如肉、鱼、虾、蛋、花粉、水果和水谷类而产生过敏出现的过敏性紫癜，临床上常用防风、荆芥、乌梅、牡丹皮、徐长卿、大枣配伍使用，多能收到较好的效果。

四、肿瘤病医案

（一）肺系癌性疾病

1. 低分化小细胞性肺癌

病案1：罗某某，男，73岁，退休，四川省成都市人。

初诊：2019年4月10日。患者因"咳嗽、咯痰、气紧2年"就诊。刻下症见：患者咳嗽、咯大量白痰、气紧，伴胸闷、心累，活动后加重，咯白色黏痰，四肢关节痛，纳差，舌淡红，苔薄滑白，脉沉弦。既往病史：右肺低分化小细胞肺癌伴骨转移。

诊断：肺积。

辨证：脾虚痰饮阻肺。

治法：益气健脾，泻肺化饮。

方剂：参苓白术散合葶苈大枣泻肺汤加减。

处方：党参 30 g　　茯苓 15 g　　麸炒白术 15 g　　白扁豆 10 g
　　　陈皮 15 g　　莲子 10 g　　炒葶苈子 15 g　　砂仁^{后下} 10 g

桔梗 15 g	甘草 10 g	薏苡仁 30 g	大枣 15 g
地龙 15 g	山药 15 g	炙麻黄绒 15 g	瓜蒌皮 15 g
法半夏 15 g	姜厚朴 15 g	炒紫苏子 15 g	浙贝母 15 g

7剂，煎水温服，一日一剂，一日三次，饭后半小时服用。

二诊：2019年4月18日。患者诉各症均有明显好转，继续守方治疗。以参苓白术散加减，先后治疗3月余，患者偶有咳嗽，咯少量白痰，无明显气紧、胸闷，精神好转，四肢疼痛好转。

按语：依据患者主要临床表现，考虑中医诊断为肺积。《医宗必读·积聚》所说："积之成者，正气不足，而后邪气踞之。"[①]结合舌脉，中医辨证脾虚痰饮阻肺，选方参苓白术散合葶苈大枣泻肺汤，方中"人参、白术、茯苓、甘草、山药、薏苡仁、白扁豆、莲子肉，皆补脾之药也，然茯苓、山药、薏苡仁理脾而兼能渗湿；砂仁、陈皮调气行滞之品也，然合参、术、苓、草，暖胃而又能补中；桔梗苦甘入肺，能载诸药上浮，又能通天气于地道，使气得升降而益和，且以保肺防燥，药之上僭也"[②]，合葶苈大枣泻肺汤泻肺化饮；加紫苏子、麻黄绒宣肺平喘；法半夏、姜厚朴、瓜蒌皮、浙贝母增强全方化痰之力，诸药合用，共奏益气健脾、泻肺化饮之效。

病案2：刘某某，男，61岁，退休干部，四川省资阳市安岳县人。

初诊：2013年5月16日初诊。患者3月前往县医院体检，胸部CT发现右肺上叶见3.1×2.3 cm结节，表现为胸部闷胀，偶有咳嗽痰多，并无其他不适，前往上级医院诊治，纤支镜检查病理活检诊断为低分化小细胞肺癌，并住院手术治疗，术后放疗28次，化疗1次。经西医治疗后患者难以接受，出现脱发（全脱），恶心呕吐，少食，精神疲乏，放弃西医治疗，求治于中医。刻下症见：患者表情痛苦，少气懒言，伴微咳，咯吐白痰，胸胁隐痛，脱发（全脱），恶心呕吐，少食，精神疲乏，大便时干时稀，舌淡，苔白，脉缓。

诊断：肺积。

辨证：肺脾两虚挟瘀。

治法：益气健脾化瘀。

[①] 李中梓著. 王卫等点校. 医宗必读[M]. 王卫等点校. 天津：天津科学技术出版社，1999：256.
[②] 周鸿飞，刘永辉点校. 医方集解[M]. 郑州：河南科学技术出版社，2017：4.

方剂：参苓白术散加减。

处方：炒白扁豆 15 g　　人参 15 g　　炒白术 20 g　　桔梗 15 g
　　　茯苓 15 g　　　　莲子 20 g　　炒青皮 15 g　　山药 30 g
　　　浙贝母 15 g　　　树舌 20 g　　金荞麦 30 g　　半枝莲 30 g
　　　肿节风 30 g　　　黄芪 50 g　　砂仁_{后下} 10 g
　　　炒薏苡仁 30 g　　红曲 1 袋（6 g）

7 剂，煎水温服，一日一剂，一日三次。

二诊：2013 年 6 月 2 日。患者诉服上方后自觉症状有所改善，嘱其保持心情愉快，禁食烟酒辛燥、肥甘厚味之品，适当散步（早晚），上方去半枝莲，加冬凌草 30 g，连服 3 个月。本院复查增强 CT 示：右上肺缺如，见双肺纹理增多、紊乱。患者食欲尚可，改用膏方。

三诊：2013 年 6 月 20 日，患者头发基本上长出，精神明显好转，舌淡红，苔薄白，脉弦缓，用膏剂，三料。调整处方如下。

处方：人参 30 g　　　　黄芪 150 g　　炒白术 60 g　　　茯苓 60 g
　　　砂仁 15 g　　　　桔梗 30 g　　 炒白扁豆 30 g　　山药 60 g
　　　莲子 60 g　　　　炒薏苡仁 60 g　树舌 30 g　　　　冬凌草 50 g
　　　浙贝母 30 g　　　红曲 12 g　　 阿胶 20 g　　　　龟甲胶 20 g
　　　大枣_{去核} 60 g　冬虫夏草 10 g　肿节风 50 g

以上除人参、阿胶、龟甲胶、冬虫夏草外，其他药物浸泡 2 小时，武火煎开后改用文火，再煎 2 小时去渣，人参单独煎 1 小时取浓汁，兑入药汤内，再加阿胶、龟甲胶再煎半小时，冬虫夏草打成极细粉末放入搅匀，加蜂蜜 250 g 煎熟入药收膏。每次服 20 mL，用开水兑服，一日 3 次，患者服完膏方后精神明显好转，面色红润，心情愉快如常人。此后每年至华西医院复查一次，未见异常，随访 2 年，未见复发及转移。至今仍间断性服用中药。

按语：古代中医没有肺癌之名，本病类属于中医学的"肺积""痞癖""咳嗽""咯血""胸痛"等范畴。《医彻·杂症》指出："若久嗽不已，则脏腑精华，肌肉血脉，俱为耗伤，消竭于痰，此之脱气、脱血，何多逊矣，独不观久嗽者，始而色瘁，继而肉消，继而骨痿，皆津液不能敷布乃至此，夫岂容渺视哉！"① 可见肺癌是因虚而得病，因虚而致实，是一种全身属虚、局部属实的疾病，故治疗上以补虚为基本治法。该案病情较为单一，故以参苓白术散加减而获效。

2. 肺腺癌

病案 1：王某某，男，52 岁，职员，四川省遂宁市安居区人。

初诊：2010 年 5 月 6 日初诊。患者因"气喘、咳吐白色泡沫痰，伴腰椎及左下肢疼痛 1 月"就诊。1 月前患者突然觉咽痒，咳嗽，气喘，吐黄稠痰，右胸胁隐痛，前往当地区医院诊治，入院后积极完善相关检查：胸部增强 CT 示：① 右肺上叶见 2.6×2.5 cm 结节，性质待定；② 右肺叶下端见 0.8 cm 磨玻璃结节，炎症？治疗上给予吸氧，输液（抗生素、茶碱以及盐酸氨溴索）后效果不明显，遂前往某大学附院诊治，纤支镜检查病理活检提示右肺上叶恶性肿瘤，手术切除肿瘤，术后病理诊断为右肺低分化腺癌。基因检测示：未见突变。骨扫描示：骨转移可能性大。治疗上予放疗 30 次（具体不详），化疗 2 次（培美曲塞二钠+卡铂），放化疗后出现恶心呕吐，少食，身倦乏力，骨关节疼痛，口服吗啡止痛，自行口服易瑞沙片 250 mg 一日一次。自觉病情有增无减，遂来门诊寻求中医治疗。刻下症见：患者气喘，咳吐白色泡沫痰，腰椎及左下肢疼痛，饮食不振，口干而苦，每日口服止痛药，一日三次，有时晚上需连服 2 片吗啡片止痛，舌质淡红，苔薄白，脉细弱。

诊断：肺积。

辨证：肺脾气虚，痰瘀阻滞。

治法：益气健脾，祛痰化瘀。

方剂：参苓白术散加味。

处方：
人参 30 g	白术 20 g	茯苓 20 g	桔梗 15 g
山药 30 g	莲子 20 g	半枝莲 30 g	冬凌草 30 g
红曲 12 g	甘草 10 g	鸡血藤 30 g	延胡索 15 g
树舌 20 g	炒白扁豆 15 g	砂仁^{后下} 10 g	

7 剂，煎水温服，一日一剂，一日三次。

---

① 怀抱奇. 医彻[M]. 上海：上海科学技术出版社，1958：68.

二诊：2010 年 5 月 20 日，患者诉药后疼痛未减，仍需服用吗啡片，但见饮食增加，原方加骨碎补 30 g、淫羊藿 30 g，10 剂，煎水温服。

三诊：2010 年 6 月 15 日，患者诉经治疗后，疼痛次数稍减，仍气喘，微咳吐白痰而黏，止痛药已减少 1 片。原方去半枝莲、冬凌草，加金荞麦 30 g，浙贝母 15 g，连服 7 剂，煎水温服，一日一剂，一日三次。

四诊：经治疗后，患者目前服吗啡片一日两次，但晚上仍需服用 1~2 片后才能入睡。嘱患者保持心情愉快，饮食清淡而富有营养之品，有条件的话可以吃海参，或冬虫夏草洗净生吃，每次 2 支嚼服，原方再进 10 剂，煎水温服，一日一剂，一日三次。

五诊：2010 年 7 月 6 日，经治疗 2 月余，患者诉胸胁及双下肢疼痛，痛时麻木，仍靠服用止痛药方能入睡，望舌红苔薄，脉沉细。思之良久，按脾肾亏虚，血不养筋施治，治宜健脾补肾，活血养血止痛，方拟六味地黄汤合四君子汤加味。

处方：熟地黄 20 g　　山萸肉 20 g　　山药 30 g　　牡丹皮 15 g
　　　茯苓 15 g　　　泽泻 15 g　　　人参 20 g　　炒白术 20 g
　　　冬凌草 30 g　　鸡血藤 30 g　　鸡矢藤 30 g　木瓜 15 g
　　　淫羊藿 30 g　　肿节风 30 g

煎水温服，一日一剂，一日三次，并配服西黄丸，每次 3 g，一日两次，用中药汤吞服，连服 12 剂，并嘱适当户外散步活动。

六诊：2010 年 8 月 3 日，患者服药 7 剂后，自觉疼痛缓解明显，由以前每日服 5 片吗啡减至一日 2 片，只有晚上才服止痛药，效不更方，原方再进 12 剂，仍配合服用西黄丸 3 g，一日二次，用中药汤吞服。

七诊：2010 年 8 月 30 日，患者诉药后诸症好转，每天早晚坚持散步，坚持服用中药，处方在参苓白术散合四君子汤合六味地黄汤加减中进退，服药 1 年，间断治疗。并数次到上级医院检查，胸部 CT 提示：右肺上叶小结节（1.4×1.2 cm），左肺下端见一结节，考虑为炎性结节，双肺纹理增粗。患者要求改变中药剂型，予膏方口服。

处方：人参 20 g　　白术 30 g　　　茯苓 30 g　　青皮 20 g
　　　砂仁 15 g　　炒白扁豆 20 g　山药 30 g　　莲子 20 g

桔梗 20 g	熟地黄 20 g	山萸肉 20 g	丹参 30 g
泽泻 15 g	肿节风 30 g	半枝莲 30 g	黄芪 50 g
冬凌草 30 g	鸡血藤 30 g	炒薏苡仁 30 g	淫羊藿 30 g
红曲 12 g	阿胶 15 g	龟甲胶 15 g	

以上5剂为1料。

以上药物除人参、阿胶、龟甲胶外，其他药物用冷水浸泡1小时，武火煎开后转文火再煎2小时后去渣，人参单独煎水取汁，放入煎好的药汤内，阿胶、龟甲胶烊化后放入药汤内再煎半小时，蜂蜜煎煮后置入药汤中收膏，每次服1汤勺，开水兑服，一日两次。随访近3年，仍健在，且仍工作。

按语：本案患者诊断为低分化腺癌伴骨转移，长期服用止痛剂，先予参苓白术散加味，疗效欠佳，考虑"肾主骨""肝主筋""脾主肌肉、四肢"，故改用六味地黄汤合四君子汤加鸡血藤、淫羊藿等，并配合服用西黄丸，食用冬虫夏草后，逐渐好转，服中药近1年，各症消失，改用膏方，拟用处方六味地黄汤合参苓白术散加肿节风、冬凌草、鸡血藤、龟甲胶、阿胶等味熬成膏剂，坚持服用，以达到肺、脾、肾三脏健旺。全方能抗肿瘤，增加人体免疫功能，抑制和杀灭肿瘤细胞，可见，扶正祛邪是治疗肿瘤的正法。

病案2：高某，女，48岁，农民，四川省雅安市天全县人。

初诊：2021年8月12日。患者因"发现左肺占位1月余，确诊左肺腺癌9天"就诊。1月余前患者因咳嗽于"天全县人民医院"就诊，行头颅、胸部、腹部CT示：颅脑CT未见明显异常，左肺门区及左肺下叶占位，双肺少许小结节影，考虑肿瘤性病变，双肺少许炎变、纤维灶，双肺数枚小结节，左侧胸膜增厚，纵膈内及左肺门淋巴结显示，扫及肝内稍低密度结节，考虑转移瘤可能大，T3-4椎体见局部低密度灶，转移灶不除外。遂行气管镜检查示：左肺下叶背段开口处新生物致管腔闭塞。肺穿刺活检示：肺肿瘤。免疫组化示：符合肺腺癌，基因检测（-）。患者于四川省肿瘤医院行化疗1疗程（方案：培美曲塞二钠+卡铂），化疗后患者出现严重骨髓抑制，拒绝继续行化疗，故于我院就诊。刻下症见：阵发性咳嗽、咳痰色白量少质黏，伴有心慌胸闷、气促、口干，胃脘部隐痛，背部疼痛，纳差，乏力，眠欠佳，大便稀，小便正常。舌质暗红有瘀斑，苔少，脉细滑。

诊断：肺积。

辨证：气虚痰阻。

治法：益气养阴，化痰散结。

方剂：自拟鳖甲方加减。

处方：醋鳖甲 20 g 南沙参 15 g 黄芪 30 g 法半夏 10 g
  芦根 30 g 皂角刺 10 g 茯苓 15 g 炙甘草 10 g
  半枝莲 30 g 白花蛇舌草 30 g 浙贝母 20 g 岩白菜 20 g
  炒白术 15 g 红曲 12 g

7剂，煎水温服，一日一剂，一日三次。

二诊：2021年8月30日，患者咳嗽、咳痰好转，心慌、胸闷、气促减轻，仍有背部疼痛，胃脘部隐痛，纳差，乏力，舌质淡暗，苔薄白，脉细滑。前方加木香15 g、鸡内金20 g、建曲20 g，继服14剂，煎水温服，一日一剂，一日三次。

三诊：2021年9月10日，患者诸症皆好转，仍觉背部疼痛，复查胸部CT提示左肺占位较前稍有缩小，继续服用前方14剂，煎水温服，一日一剂，一日三次。后患者身体状况好转，遂前往四川省肿瘤医院行胸椎放疗缓解疼痛。

按语：该例患者明确左侧中央型肺癌晚期，无手术指征，不能耐受化疗的副作用，《医学入门·积聚门》："气不能作块成聚，块乃痰与食积、死血有形之物，而成积聚瘕癖也。"①根据患者症状及舌脉，考虑气虚痰阻，正气不足，津血运行不利，导致痰浊阻滞、瘀血内生，酿生为肺积，治宜益气、化痰、散结，缘肺喜润恶燥，故加以养阴润肺。根据肺积的发病机理，唐老及团队研制出肺积基础方鳖甲方，该方中醋鳖甲味咸、辛，咸能软坚、辛能走散，故其长于软坚散结，《神农本草经》曰："主心腹癥瘕坚积、寒热、去痞、息肉、阴蚀、痔（核）、恶肉。"②南沙参养阴清肺、益气化痰，法半夏燥湿化痰，两药合用针对痰浊，黄芪补气，使正气足而能化痰行血，茯苓健脾渗湿，脾为生痰之源，脾健则痰少，肿瘤的发病无外乎虚、毒、

---

① 李梴著. 金嫣莉等校注. 医学入门[M]. 北京：北京中医药出版社，1995：384.
② 王子寿，薛红主编. 神农本草经[M]. 成都：四川科学技术出版社，2008：337.

瘀、痰，故加芦根清热生津、皂角刺消肿拔毒，半枝莲、白花蛇舌草清热解毒、散瘀止痛。患者用药后一般情况明显改善，肺部肿瘤缩小，为进一步的治疗打下基础。

3. 肺鳞癌晚期

李某某，女，40岁，务农，四川省资阳市安岳县人。

初诊：2012年10月11日。患者因"咳嗽、胸胁胀痛1月"就诊。1月前因咳嗽、胸胁胀痛、咳吐痰黄白相兼，偶有血丝，于当地医院住院治疗（具体治疗不详），疗效欠佳，遂于重庆医科大学附二院诊治，行胸部增强CT提示：双肺见多个结节影，右中肺结节大小约3.0×2.0 cm，左下肺结节大小约2.5×2.1 cm。行双肺结节穿刺病理活检示：双肺低分化鳞癌伴淋巴转移。患者拒绝行放化疗，为寻求中医治疗特来我院门诊就诊，刻下症见：患者消瘦，咳吐白色泡沫痰，胸胁时痛时止，舌红，舌边尖有瘀点，苔薄白，脉沉涩。

诊断：肺积。

辨证：气虚血瘀。

治法：活血化瘀，消癥散结，补肺健脾。

方剂：膈下逐瘀汤加减。

处方：

当归15 g	赤芍20 g	桃仁15 g	红花15 g
丹参20 g	乌药20 g	川芎15 g	延胡索15 g
香附15 g	党参30 g	黄芪50 g	炒枳壳15 g
肿节风30 g	半枝莲30 g	冬凌草30 g	金荞麦30 g
浙贝母15 g	甘草10 g	树舌15 g	

10剂，煎水温服，一日一剂，一日三次，配服金水宝胶囊，每次4粒，每日三次，用中药汤吞服。

二诊：2012年11月3日。患者诉服药后，无不良反应，原方加煅牡蛎30 g，易党参为人参30 g，继服10剂，煎水温服，一日一剂，一日三次。药后自觉各症平稳。

三诊：2013年1月20日。患者前往华西医院诊治，经CT、实验室检查示：双肺鳞癌晚期，不能手术，建议放化疗。患者拒绝放化疗，仍继续口服中药治疗。

处方：人参 15 g　　　黄芪 50 g　　　当归 15 g　　　川芎 15 g
　　　桃仁 15 g　　　红花 15 g　　　赤芍 20 g　　　炒枳壳 15 g
　　　乌药 15 g　　　牡蛎 30 g　　　醋鳖甲 20 g　　　延胡索 15 g
　　　半枝莲 30 g　　薏苡仁 30 g　　肿节风 30 g

15 剂，煎水温服，一日一剂，一日两次。

四诊：2014 年 3 月 13 日。患者述服上药后病情好转，遂自行停药。现因感冒后出现气促咳嗽，痰多而黏，纳差少食，面色无华，胸胁胀满隐痛，身倦乏力，舌红苔白，脉沉涩，证属气虚血瘀，痰瘀阻肺，治宜益气活血，通络祛痰。

处方：人参 20 g　　　黄芪 50 g　　　炒白术 15 g　　　茯苓 15 g
　　　当归 15 g　　　川芎 15 g　　　赤芍 20 g　　　红花 15 g
　　　炒枳壳 15 g　　金荞麦 30 g　　浙贝母 15 g　　　肿节风 15 g
　　　半枝莲 30 g　　甘草 10 g

10 剂，煎水温服，两日一剂，一日三次。

五诊：2014 年 4 月 6 日。患者自述精神好，咳嗽、咯痰明显好转，食欲尚可，仍胸胁胀满隐痛，偶有刺痛，舌脉同前，原方继服 7 剂，煎水温服，两日一剂，一日三次。后患者坚持门诊中医治疗 3 年余，病情平稳，后因其自行停药，于 2018 年去世。

按语：该例患者诊断明确，未做手术，未做放化疗，《杂病源流犀烛·积聚癥瘕痃癖痞源流》言，"邪积胸中，阻塞气道，气不宣通，为痰，为食，为血，皆得与正相搏，邪既胜，正不得而制之，遂结成形而有块"[1]，故首诊予膈下逐瘀汤去五灵脂加党参、黄芪、半枝莲、肿节风、冬凌草，服药后各症平稳，进展不明显。随后因患者自行停药，病情复发，1 年余后再诊，拟方参苓白术散加黄芪、肿节风、半枝莲、树舌、合葶苈大枣泻心汤，治疗期间患者病情平稳。最后因未能坚持治疗而去世。患者从发现肺癌到去世近 7 年，可见中医药能延长肺癌患者的生存期。

---

[1] 沈金鳌撰. 李占永，李晓林校注. 杂病源流犀烛[M]. 北京：中国中医药出版社，1994：215.

4. 肺腺癌伴胸水反复发作

病案 1：白某某，女，71 岁，退休，长期居住于成都。

初诊：2020 年 6 月无明显诱因出现咳嗽、咳痰、胸闷、气紧，于我院门诊就诊，行胸部 CT 示：左肺上叶见片状结节影，长约 3.3 cm，相邻肺组织不张，临近胸膜牵拉，左侧大量胸腔积液，行左侧胸腔穿刺引流术，胸水中查见大量异性细胞团，考虑为肿瘤细胞。免疫组化提示：查见腺癌细胞。行基因检测提示：EGFR 21 号外显子 L858R 突变，遂口服"盐酸埃克替尼 125 mg tid"靶向治疗，病情稳定。2021 年 3 月 3 日患者出现呼吸困难于我院住院，行胸水彩超提示：左侧大量胸腔积液（10.1 cm）。考虑病情控制不佳，行胸腔穿刺引流术，引流出大量暗红色胸水，胸水中查见异型细胞，再次行基因检测提示：EGFR 21 号外显子 L858R 突变，埃克替尼、吉非替尼、奥西替尼耐药，故予停用靶向药。于 3 月 14 日未引流出胸水，胸水彩超提示左侧少量胸腔积液（6.0 cm），拔除胸腔引流管好转出院。4 月 8 日患者再次出现喘息、气促，伴有咳嗽，以干咳为主，伴有胸闷、心慌，纳眠差，二便正常。查体：心率 108 次/分，呼吸 32 次/分，血压 128/80 mmHg，血氧饱和度 85%，左肺叩诊呈浊音，右肺叩诊呈清音，左肺呼吸音减弱，右肺呼吸音增粗，右肺可闻及湿罗音。复查胸水彩超提示：左侧大量胸腔积液（11.7 cm）。遂请唐老会诊，刻下症见：患者形体消瘦，喘息气促，咳嗽咯痰，胸胁闷痛，舌暗红胖大，舌边尖有瘀点，苔薄白，脉沉滑涩。

诊断：悬饮。

辨证：脾虚水饮内停。

治法：益气健脾，泻肺化饮。

方剂：参苓白术散加减。

处方：

党参 30 g	茯苓 15 g	麸炒白术 15 g	白扁豆 10 g
陈皮 15 g	莲子 10 g	炒葶苈子 15 g	砂仁 10 g
桔梗 15 g	甘草 10 g	薏苡仁 30 g	大枣 15 g
山药 15 g	麻黄绒 15 g	姜厚朴 15 g	炒紫苏子 15 g

5 剂，煎水温服，一日一剂，一日三次。

外用：消水方贴敷胸腔及肺腧、中府、云门等穴位，每次贴 4 小时，每天一次。

二诊：2021 年 4 月 13 日患者未引流出胸水，复查胸水彩超提示：左侧微量胸腔积液（1.5 cm），予拔除胸腔引流管后好转出院，出院后继续外用消水方贴。5 月 13 日患者门诊复查胸水彩超提示左侧微量胸腔积液（1.6 cm）。

按语：唐老认为肺癌胸水的发病与正虚和邪毒密切相关。癌毒积聚，损伤肺脾肾三脏之气，肺为水之上源，主通调水道，脾主运化水液，肾主水，肺、脾、肾三脏失调，导致水液运化无权停而为饮，水饮内停于肺，肺失宣肃，酿生痰浊，水饮、痰浊阻滞气血，气血运行不畅，导致瘀血，水饮、痰浊、瘀血亦可相互转化，且可进一步损伤正气，导致正虚，正虚贯穿疾病始终。该患者病程较长，左肺腺癌伴有胸膜转移诊断明确，反复因胸腔积液行胸腔穿刺术，疗效差，此次入院时以喘息、气促为主要症状，结合辅助检查，根据患者症状及舌脉，唐老辨证为悬饮，癌瘤日久，加之反复行穿刺术，损伤肺脾之气，运化失常，水饮内停，痰浊内生，阻滞经络气血，导致瘀血，故予内服参苓白术散以治其本，外用自拟消水方化痰逐饮，同时利用穴位作用疏通经络，使水饮消，瘀血化。肺癌晚期患者一般情况较差，多数不能耐受反复穿刺或放化疗。消水方外用副反应小，临床疗效明确，可广泛使用。

病案 2：周某某，女，83 岁，退休，四川省成都市人。

初诊：2021 年 8 月 14 日。患者因"发现右肺占位 2 月余，确诊右肺腺癌 10 余天，呼吸困难 2 小时"就诊。患者于 2021 年 6 月 7 日出现咳嗽、气促，行胸部 CT 示右肺中上叶大片实变影，右侧胸腔中量积液，予行胸腔穿刺引流，胸水病理示：查见少许异型细胞，倾向癌细胞。免疫组化提示肺来源腺癌细胞。基因检测示：EGFR 19 号外显子突变，予口服"阿美替尼 110mg qd"靶向治疗。2 小时前患者突发呼吸困难，动则尤甚，伴有喘息、气促、咳嗽、咳痰色黄质黏、心慌、胸闷、全身乏力、口干、胸痛，纳眠差，二便正常，舌质暗红，苔少，脉细。胸水彩超示：右侧胸腔大量积液（13.9 cm）。

诊断：肺积。

辨证：肺阴亏虚，燥痰阻肺。

治法：滋阴润肺，化痰逐饮。

方剂：沙参麦冬汤合葶苈大枣泻肺汤加减。

处方：南沙参 30 g　　麦冬 15 g　　百合 15 g　　玉竹 20 g
　　　桑叶 10 g　　　天花粉 20 g　蜜紫菀 15 g　蜜款冬 15 g
　　　葶苈子^{包煎} 30 g　大枣 10 g　　猪苓 15 g　　茯苓 20 g
　　　泽泻 15 g

6 剂，煎水温服，一日一剂，一日三次，饭后半小时服用。行胸腔穿刺引流术后，予自拟消水方敷贴胸腔，每天一次，一次 4 小时。

二诊：2021 年 8 月 21 日。患者无呼吸困难，喘息、气促好转，无心慌胸闷，纳食增多，仍诉乏力、口干，二便正常，舌脉同前，复查胸水彩超提示：右侧胸腔积液（7.9 cm），继续消水方外用，口服中药前方加生地黄 20 g、鸡内金 20 g，7 剂，煎水温服，一日一剂，一日三次。

三诊：2021 年 8 月 30 日。患者诸症皆明显好转，舌脉同前，胸腔引流管未引流出胸水，复查胸水彩超示：右侧胸水（1.6 cm），予拔除胸腔引流管，继续予消水方外用，中药继续前方口服，7 剂，煎水温服，一日一剂，一日三次。

四诊：2021 年 9 月 20 日。患者一般情况可，舌质暗红，苔薄白，脉细滑，复查胸水彩超示：右侧胸水（1.5 cm），继续予消水方外用，中药予前方去生地黄、天花粉，加党参 30 g、白术 15 g，10 剂，煎水温服，一日一剂，一日三次。

按语：肺癌胸水当属于中医"悬饮""癖饮"的范畴。悬饮之病名首见于张仲景《金匮要略·痰饮咳嗽病脉证并治》："饮后水流在胁下，咳唾引痛，谓之悬饮。""脉沉而弦者，悬饮内痛。"[1]悬饮之为病，归结于三焦气化失司，水液输布障碍，停于胸胁所致，故悬饮多由于脏腑失调，水饮、痰湿内停所致，但唐老认为还有一种情况属于阴虚夹痰湿，盖肺为娇脏，喜清肃降而不耐寒热，一旦肺受火刑，不但煎熬津液成痰，而且灼伤津液，气道干涩，因此痰稠难咯，而成燥痰之证。癌瘤多与邪毒有关，邪毒侵犯于肺，灼伤肺津而成燥痰，燥痰阻肺，肺失宣肃，津液不布，而成悬饮，该患者就是这种情

---

[1] 张家礼主编. 金匮要略[M]. 北京：中国中医药出版社，2004：235.

况，所以唐老给予沙参麦冬汤养阴润肺，恢复肺之津液，合葶苈大枣泻肺汤泻肺水，从而控制胸水的再生。

5. 肺癌伴肺栓塞

病案1：杨某某，男，78岁，退休，四川省遂宁市射洪市人。

初诊：2023年6月5日。患者因"确诊右肺腺癌6月，胸痛、呼吸困难，伴右下肢水肿4天"就诊。患者于2022年11月因咳嗽、气促于我院住院，胸部增强CT提示右肺下叶占位，行右肺占位穿刺活检术。术后病理示：考虑非小细胞癌，倾向腺癌。免疫组化示：符合腺癌。基因检测示：EGFR 19 del 突变。完善全身增强CT后诊断为：右肺腺癌伴淋巴结、胸膜转移，故予口服"甲磺酸奥希替尼片 80 mg qd"靶向治疗。2023年4月患者复查CT提示右肺占位较前缩小，继续靶向治疗。4天前患者出现胸痛、伴右下肢水肿，于射洪市人民医院行下肢血管彩超示：右下肢股静脉、腘静脉、胫前后静脉、小隐静脉、小腿肌间静脉、腓静脉血栓，故于我院就诊。行胸部CTA示：右肺占位，与2022年11月6日对比明显缩小，右肺散在小结节，大致同前，纵隔、右肺门淋巴结显示较前减少、缩小右侧胸膜及叶间裂增厚，局部呈结节状，较前明显好转，右侧胸腔少量积液，较前积液减少，右肺动脉主干及右中、下肺动脉充盈缺损，结合病史，考虑系癌栓形成可能。刻下症见：胸痛，呼吸困难，右下肢水肿伴疼痛，偶有咳嗽、咳白色泡沫痰，活动后心累、气促，纳眠欠佳，二便正常。舌质淡暗，苔白厚，脉滑涩。

诊断：肺积。

辨证：气虚血瘀，湿浊阻滞。

治法：益气活血，利水渗湿。

方剂：补阳还五汤合五苓散加减。

处方：

黄芪 30 g	赤芍 15 g	川芎 15 g	当归 10 g
地龙 15 g	桃仁 10 g	红花 10 g	党参 30 g
白术 15 g	茯苓 20 g	泽泻 15 g	猪苓 15 g
大血藤 15 g	甘草 6 g	丹参 15 g	

5剂，煎水温服，一日一剂，一日三次。

二诊：2023年6月10日。患者胸痛好转，右下肢水肿减轻，仍有右下肢疼痛，舌脉同前，前方加木瓜20 g，继服5剂，煎水温服，一日一剂，一日三次。

三诊：2023年6月15日。患者胸痛不明显，右下肢疼痛及水肿明显好转，复查下肢血管彩超示：右侧股总静脉、腘静脉弱回声：血栓？继续前方10剂口服，煎水温服，一日一剂，一日三次。后患者下肢水肿完全消失，无疼痛。

按语：肺栓塞属于中医胸痹心痛、喘病的范畴，是由于正气亏虚，饮食、情志、寒邪等所引起的以痰浊、瘀血、气滞、寒凝痹阻心脉所致，《内经·素问·痹论》云："心痹者，脉不通，烦则心下鼓，暴上气而喘。"①该患者有肺癌的病史，合并肺栓塞，故症见胸痛伴呼吸困难，结合舌脉，考虑病理因素有气虚、血瘀、痰凝、湿阻，故治宜益气活血、利水渗湿。唐老运用补阳还五汤益气活血，《医林改错》卷下曰："此方治半身不遂，口眼㖞斜，语言謇涩，口角流涎，下肢痿废，小便频数，遗尿不禁。"②补阳还五汤原治半身不遂，但其病机为气虚血瘀，故其方中以黄芪益气为主药，辅以桃仁、红花活血化瘀，川芎行气活血，当归养血活血，赤芍凉血活血，地龙通络活血，从多个路径达到活血的目的；五苓散具有利水渗湿、温阳化气之功效，主治蓄水证，说明其利水之力强，该患者下肢水肿，舌苔白厚，考虑湿浊阻滞，故唐老以五苓散利湿渗湿。

病案2：王某某，男，56岁，退休，黑龙江黑河市人。

初诊：2023年7月27日。患者因"喘息、气促伴呼吸困难半天"就诊。3余年前患者检查发现左肺上叶占位，大小约1.2×1.6 cm，于四川省某医院行"左肺上叶切除术"，术后病理提示腺癌，行化疗4次，放疗25次，因放疗导致放射性肺炎、真菌感染，予抗真菌治疗后出现急性肝衰竭，又予对症治疗后病情好转出院。2021年3月因胸腔积液于我院住院，完善检查后考虑胸膜转移，于3月27日、4月20日、5月21日、6月10日于我院行4次化疗（贝伐珠单抗+紫杉醇+顺铂），并间断性给予顺铂胸腔灌注治疗。后患者于四川省某医院就诊，结合基因检查结果，于2021年7月1日开始口服"曲美替尼片20mg qd+甲磺酸达拉非尼胶囊75 mg bid"靶向治疗；2023年3月

---

① 柳长华解读. 黄帝内经[M]. 北京：科学出版社，2019：195.
② 王清任著. 李占永，岳雪莲校注. 医林改错[M]. 北京：中国中医药出版社，1995：40.

患者咳嗽、胸痛加重，复查 CT 提示：① 左肺上叶术后改变，左残肺肺门旁软组织密度影，截面范围约 4.6×3.0 cm，较前范围稍扩大，增强扫描呈明显不均匀强化，考虑系肿瘤复发可能；左侧胸腔包裹性积液，伴邻近肺组织不张，大致同前，请结合临床。② 左侧锁骨下窝、左侧腋窝、心膈角、贲门周围淋巴结较前增大。③ T6 椎体内片状高密度影，较前新增，提示转移瘤可能。2023 年 5 月中旬于四川省某医院行替雷利珠单抗+贝伐珠单抗+多西他赛方案治疗，患者症状好转。2023 年 7 月初患者出现右下肢水肿，故于四川省某医院住院，完善检查后考虑肺栓塞、右下肢静脉血栓，予抗凝及对症治疗后病情好转。半天前患者突发喘息、气促伴呼吸困难，故于我院就诊，复查 CT 提示：多发脑转移、左残肺肺门旁软组织增大，多个椎体骨转移，左肺动脉充盈缺损，右肺上叶肺动脉局部充盈缺损。刻下症见：喘息、气促，伴呼吸困难，动则加重，偶有咳嗽、咳痰，背部、胁肋部疼痛，下肢疼痛，纳眠差，二便正常。舌质暗红，苔白腻，脉滑。

诊断：肺积。

辨证：气滞血瘀，痰浊阻肺。

治法：行气活血，化痰降逆。

方剂：血府逐瘀汤合三子养亲汤加减。

处方：当归 10 g　　生地黄 15 g　　桃仁 10 g　　红花 10 g
枳壳 15 g　　炙甘草 6 g　　赤芍 15 g　　柴胡 15 g
川芎 15 g　　桔梗 15 g　　牛膝 30 g　　炒紫苏子 15 g
炒芥子 10 g　　炒莱菔子 15 g　　地龙 15 g

5 剂，煎水温服，一日一剂，一日三次。

二诊：2023 年 8 月 3 日。患者喘息、气促明显好转，偶有呼吸困难，夜间发作，背部、胁肋部疼痛好转，舌脉同前，前方加岩白菜 20 g、矮地茶 30 g，继服 5 剂，煎水温服，一日一剂，一日三次。

三诊：2023 年 8 月 9 日。患者无呼吸困难，喘息、气促缓解，无胸痛，背部、胁肋部疼痛缓解，阵发性咳嗽、咳痰，痰色白质黏，舌脉同前，前方去地龙、生地黄，加法半夏 15 g、陈皮 15 g，继服 7 剂，煎水温服，一日一剂，一日三次。

四诊：2023 年 8 月 15 日。患者无喘息、气促，咳嗽、咳痰明显好转，疼痛缓解，复查 CTA 提示肺动脉未见充盈缺损，继服原方 7 剂，煎水温服，一日一剂，一日三次。

按语：该患者以喘息、气促、呼吸困难为主要症状，伴有多处疼痛，以实证为主，结合舌脉，考虑气滞血瘀，合并痰浊阻肺，故治疗上以行气活血、化痰降逆为法。唐老予血府逐瘀汤行气活血，合三子养亲汤降气化痰，加地龙通络、平喘，现代药理研究地龙既有溶栓、抗凝的作用，又有平喘的作用，一举两得，二诊加矮地茶、岩白菜，其中矮地茶化痰止咳、平喘、活血，《本草图经》曰："治时疾膈气，去风痰。"①且现代药理研究矮地茶具有止咳、祛痰平喘、降低肺组织耗氧量、抗病毒、预防支气管炎的作用；岩白菜属于四川的道地药材，《分类草药性》称其"化痰止咳。治一切内伤吐血，气喘，淋症"②。《四川中药志》称其"滋补强壮，止血，止咳。治肝脾虚弱，劳伤吐血，内伤咯血，肺病咳喘，妇女白带及男子淋浊；外敷无名肿毒"③。唐老治疗呼吸系统疾病常常用到岩白菜、矮地茶，体现川药地域特点。

（二）脾胃癌性疾病

1. 胃　癌

病案 1：张某，男，63 岁，农民，四川省遂宁市射洪市人。

初诊：2018 年 9 月 11 日。患者因"胃脘隐痛不适 3 月"就诊。刻下症见：患者胃脘隐痛不适，饭后加重，伴打嗝，纳食差，腹胀，面色无华，神疲，喉间痰响，稍咳嗽，舌淡红苔薄白，脉细弱。既往史：2018 年 6 月 2 日因"胃癌"行"胃癌根治术"，术后病检提示：胃低分化腺癌（实体性腺癌+管状腺癌）。

诊断：胃脘痛。

---

① 苏颂编撰. 尚志钧辑校. 本草图经[M]. 合肥：安徽科学技术出版社，1994：645.
② 邬家林，谢宗万新编. 分类草药性新编（附：草药三字经）[M]. 北京：中医古籍出版社，2007：133.
③ 中国科学院四川分院中医中药研究所主编. 四川中药志（第3册）[M]. 成都：四川人民出版社，1962：927.

辨证：脾胃气虚证。

治法：益气健脾。

方剂：六君子汤加减。

处方：

麸炒青皮 15 g	党参 30 g	茯苓 15 g	甘草 10 g
麸炒白术 15 g	法半夏 15 g	黄芪 50 g	乌药 15 g
炒鸡内金 15 g	佛手 15 g	木香 10 g	炒麦芽 30 g
酒羌活鱼 10 g	炒山楂 20 g	肿节风 30 g	半枝莲 30 g

10 剂，煎水温服，一日一剂，一日三次。

二诊：2018 年 9 月 25 日。患者诉服药后胃脘隐痛不适稍好转，腹胀好转，纳食可，已无打嗝，仍感咳嗽，喉间痰多，偶有烧心，舌脉同前。前方加隔山撬 15 g、桔梗 10 g，继服 10 剂，煎水温服，一日一剂，一日三次。

三诊：2018 年 10 月 15 日。服上方后，患者神疲好转，未诉明显胃脘隐痛、腹胀、打嗝，咳嗽、咯痰明显好转，面色稍好转，舌淡红，苔薄白，脉细稍有力，继续前方加减。守方六君子汤加减 2 年余，目前患者精神可，纳食可，未诉明显特殊不适。

按语：患者胃癌术后损伤元气，正气亏虚，脏腑功能削弱，宜用补剂补亏损正气。脾为后天之本，故初诊予以六君子汤健脾，方中党参、黄芪大补后天之本，白术健脾益气，茯苓甘淡健脾，法半夏燥湿化痰，唐老改陈皮为青皮，增强行气之效，加乌药、佛手、木香行气除胀，炒山楂、炒鸡内金、炒麦芽消食健胃；羌活鱼、肿节风、半枝莲清热解毒，且现代药理学研究亦有抗肿瘤之效。全方以健脾益气、行气消食为主，佐以清热解毒，除癌毒之伏邪。二诊患者病情有所缓解，但其烧心，此乃胃酸过多所致，故原方加煅瓦楞子抑酸，其又兼止痛之效，一药两用；隔山撬主腹胀食滞，以增强消食除胀之效；加桔梗增强前方化痰之力，兼引药入肺，此乃补土生金之法。三诊时效不更方。唐老认为，胃癌术后患者其中医病机多脾胃气虚，应以补后天之本为主，使机体气血津液化生有源，正气内存，可大大提高胃癌患者术后生存率及生活质量，此亦是中医在肿瘤术后中的优势所在。

病案 2：秦某，女，56 岁，职员，四川省成都市肖家河人。

初诊：2018 年 10 月 30 日。患者因"上腹部胀满不适 2 年，加重伴腹痛

1周"就诊。刻下症见：患者上腹部胀满不适，食后加重，伴纳差，偶有反酸，背心冷痛，神疲乏力，气短心累，自汗出，大便先干后稀，夜尿2~3次，入睡困难，午后面部潮热，舌淡红，苔薄白，脉细弱。既往病史：2016年4月患者因"胃癌"行"胃全切术"。

诊断：痞症。

辨证：脾胃气虚证。

治法：补中益气。

方剂：补中益气汤加减。

处方：炒酸枣仁15 g 党参30 g 甘草10 g 北柴胡15 g
麸炒白术15 g 升麻15 g 当归10 g 陈皮15 g
炒吴茱萸5 g 乌药15 g 酒黄连10 g 大枣20 g
炒鸡内金15 g 隔山撬15 g 炒麦芽15 g 合欢花15 g
黄芪40 g 仙鹤草30 g

6剂，煎水温服，一日一剂，一日三次。

二诊：2018年11月6日。患者诉服上药后诸症均有明显好转，继服原方6剂，煎水温服，一日一剂，一日三次。

按语：患者以"上腹部胀满不适"为主要临床表现，符合中医"痞证"诊断。全胃切除术后，患者气血俱虚，脾虚不能升清，清阳之气不升则浊气不降而致中焦气机不利，则上腹部痞满不适、纳差、大便先干后稀；气损及阳则见背心冷痛；脾主四肢，气虚不能濡养四肢，则神疲乏力；气血亏虚，心不能养，则见气短心累、入睡困难；气虚不固则见自汗出、夜尿多、午后面部潮热；舌淡红，苔薄白，脉细弱皆脾胃气虚之证。治疗上遵李东垣"致津液诸虚不足，先建其中"之法，予补中益气汤加减。《医方集解》曰："此足太阴、阳明药也。肺者气之本，黄芪补肺固表为君；脾者肺之本，人参、甘草补脾益气和中，泻火为臣；白术燥湿强脾，当归和血养阴为佐；升麻以升阳明清气，柴胡以升少阳清气，阳升则万物生，清升则浊阴降，加陈皮者，以通利其气；生姜辛温，大枣甘温，用以和营卫，开腠理，致津液，诸虚不足，先建其中。"[①]加仙鹤草增强全方补虚之功；酒黄连、炒吴茱萸抑酸；乌药增强全方行气消胀之功；隔山撬、炒鸡内金、炒麦芽消食健胃；炒酸枣仁、合欢花养心安神；全方健脾益气，行气消食，抑酸安神，故服药后患者诸症缓解。补中益气汤是唐老治疗肿瘤的常用处方之一，唐老还原李东垣创补中益气汤的时代背景，其认为当时汴梁被困三月，城内缺粮，城中百姓皆缺衣少粮，而发热甚多，而这种发热与现代所谓营养不良导致机体免疫低下而反复感染类似，故补中益气汤是针对免疫低下伴感染而设，也符合肿瘤免疫功能低下患者。唐老将李东垣创方时的历史背景与现代肿瘤的病理特征相结合，圆机活法，发皇新意，诚乃尊古而又不拘泥于古之典范。

2. 食道癌

病案1：侯某某，女，73岁，退休，四川省广元市苍溪人。

初诊：2018年11月13日。患者因"吞咽困难2年余，伴胃脘痞闷不适半年"就诊。刻下症见：吞咽困难，自觉食道梗阻，伴胃脘痞闷，咽喉有痰，二便可，舌淡红苔薄白，脉弱。既往病史：2018年5月确诊食道癌。

诊断：噎膈。

辨证：胃虚痰阻气逆。

治法：降逆化痰，益气和胃。

方剂：旋覆代赭汤加减。

处方：旋覆花^{后下}15 g　　煅赭石^{先煎}30 g　　生姜10 g　　法半夏15 g
　　　人参15 g　　　　大枣10 g　　　　　甘草10 g　　麸炒白术15 g
　　　茯苓15 g　　　　姜厚朴15 g　　　　佛手15 g　　青皮15 g
　　　肿节风30 g　　　半枝莲30 g　　　　浙贝母15 g　马勃15 g

10剂，煎水温服，一日一剂，一日三次。

二诊：2018年11月25日。患者诉服上方后胃脘痞闷不适较前好转，喉间有痰好转，但仍感吞咽困难，食物艰涩难下，舌脉同前。上方改人参为南沙参30 g，加黄芪50 g、仙鹤草30 g，14剂，煎水温服，一日一剂，一日三次，饭后半小时服用。

---

① 周鸿飞，刘永辉点校. 医方集解[M]. 郑州：河南科学技术出版社，2017：59.

三诊：2018年12月4日。患者诉各症均有明显好转，继续原方加减，14剂，煎水温服，两日一剂，一日三次，饭后半小时温服。并嘱咐患者定期复查，必要时配合手术或者放化疗治疗。

按语：旋覆代赭汤出自《伤寒论》第一百六十一条："伤寒发汗，若吐若下，解后，心下痞硬，噫气不除者，旋覆代赭汤主之。"[1]现代学者将该方广泛应用于反流性食管炎、功能性消化不良等病，现代研究表明其具有抗炎、改善食管黏膜、促胃动力、抑制胃酸分泌、抗胃溃疡、镇吐等药理学作用。唐老临证重视气之升降出入，认为痰气交阻乃噎膈局部的病理特征，其整体病机特征乃气之升降失常，中焦清气不升，浊气不降，气机失常，水津不布，聚而为痰。食道癌属于中医噎膈范畴，首诊唐老运用旋覆代赭汤以调畅中焦气机，合四君子汤以增强其补气之力，杜绝生痰之源；加厚朴、浙贝母以增强化痰之力；加佛手、青皮行气；加肿节风、半枝莲抗肿瘤以治标。二诊患者胃脘痞闷不适、喉间有痰好转，此乃气之升降恢复之象，然仍感吞咽困难，虑其乃局部痰气互结日久，化热伤津所致，故改人参为南沙参益气养阴，同时加黄芪、仙鹤草以增强益气之效，方药切中病机，患者三诊诸症好转，故继续守方。此处有一点需要说明的是，旋覆代赭汤可以改善食道癌的临床表现，然消肿块稍显病重药轻，故必要时需配合西医手术或者放化疗。

病案2：何某，男，56岁，职员，现居住四川省成都市温江区。

初诊：2019年5月28日。患者因"呃逆伴纳差8月"就诊。刻下症见：患者呃逆时作，伴纳差，大便不成形，3～5次/天，肛门坠胀感，时有头晕，舌质淡红，苔薄白，脉细滑。既往病史：2018年9月诊断为食管中段鳞癌伴淋巴结转移，行放疗28次，化疗4个疗程后，因不能承受化疗副作用，被迫停止化疗。家族史：父亲因食道癌去世。

诊断：呃逆。

辨证：脾胃气虚证。

治法：益气健脾，燥湿化痰。

方剂：六君子汤加减。

---

[1] 张仲景. 伤寒论[M]. 2版. 王叔和, 林亿编. 杨金萍, 罗良, 何永校注. 北京：中国中医药出版社, 2021：93.

处方：炒白术 15 g　　党参 30 g　　茯苓 15 g　　甘草 10 g
　　　炒青皮 15 g　　黄芪 50 g　　薏苡仁 30 g　　炒山楂 20 g
　　　建曲 15 g　　炒麦芽 30 g　　仙鹤草 30 g　　煨葛根 30 g
　　　天麻 15 g　　马勃 15 g　　白花蛇舌草 30 g

6 剂，煎水温服，一日一剂，一日三次。

二诊：2019 年 6 月 6 日。患者诉服上方打嗝好转，纳食好转，仍感头晕，舌脉同前，继续予原方加川芎，调整处方如下。

处方：党参 30 g　　麸炒白术 15 g　　茯苓 15 g　　甘草 10 g
　　　麸炒青皮 15 g　　黄芪 50 g　　薏苡仁 30 g　　炒山楂 20 g
　　　建曲 15 g　　炒麦芽 30 g　　仙鹤草 30 g　　白花蛇舌草 30 g
　　　煨葛根 30 g　　天麻 15 g　　酒川芎 15 g

6 剂，煎水温服，一日一剂，一日三次。

三诊：2019 年 6 月 15 日。患者未诉明显呃逆，纳食好转，大便次数减少，一日 1~2 次，但仍大便稀溏，予上方去葛根、天麻、川芎，加猪苓 20 g、盐泽泻 15 g，6 剂，煎水温服，两日一剂，一日三次，饭后半小时温服。

按语：患者因食道癌放化疗后出现呃逆，中医诊断属"呃逆"范畴。呃逆中医病机总属胃气上逆动膈，然其病因有胃火、中焦虚寒、肝郁气滞、脾胃虚弱等。患者纳差，大便次数多，不成形，结合舌脉辨证属于脾胃虚证，故予六君子汤加减。方中改陈皮为青皮，增强行气之力，使得补而不滞；加黄芪、薏苡仁增强健脾补气之效；炒山楂、建曲、炒麦芽消食；仙鹤草、白花蛇舌草抗肿瘤；煨葛根、天麻止头晕。二诊患者仍感头晕，加川芎，川芎配天麻，此乃大川芎丸，出自《宣明论方·卷二》，专治"首风"，症见"眩晕眩急"[①]。三诊患者大便不成形，加猪苓、茯苓，配合泽泻、白术即四苓汤，此乃遵东垣法"利小便，以导其湿"而实大便。此案用药特色有二：① 六君子汤+青皮、葛根+焦三仙，融"补""和""消"三法于一体治疗脾虚，较单纯甘温健脾更为有效；② 虽现代药理学称薏苡仁、仙鹤草、白花蛇舌草有抗癌之效，然此三药与半枝莲、肿节风等清热解毒、散瘀消肿的抗癌作用

---

① 刘完素. 黄帝素问宣明论方[M]. 北京：中国中医药出版社，2007：18.

不同之处在于其乃扶正抗癌，将现代药理学研究与中医辨证结合，避免中药西化。

唐老在食道癌及食道癌放化疗后经验如下：

① 针对食道癌的患者，唐老临床上常用方剂有启膈散、旋覆代赭汤、香砂六君子汤合半夏厚朴汤，常加入马勃以增强疗效。

② 放化疗损伤多表现为口干咽燥，咽下干涩疼痛，自觉胸中有灼热感等，可以滋阴清热、宽中利膈为主，药用沙参、麦冬、天冬、石斛、百合、玄参、西洋参、桔梗、木蝴蝶等。

③ 全身副反应多表现为食欲不振，身倦乏力，脘腹胀满等，可用补气养血，健脾和胃之品，选用人参、黄芪、炒白术、炒白芍、炒青皮、炒陈皮、炒鸡内金、炒二芽、炒薏苡仁、鸡矢藤等。

④ 表现为噎膈、吐痰涎，可选用代赭石、法半夏、炒白芥子、旋覆花、紫苏梗、木蝴蝶、浙贝母等。

⑤ 对于出现放射性肺炎、皮炎的患者，可益气养血、清热润肺、通经活络，药选沙参、麦冬、黄芩、全瓜蒌、地龙、天花粉、黄芩、桑白皮、桃仁、杏仁、玉竹、徐长卿等。

3. 胰腺癌

病案 1：张某某，男，74 岁，退休，四川省成都市人。

初诊：2018 年 12 月 11 日。患者因"左侧腹疼痛 1 年余"就诊。刻下症见：患者左侧腹疼痛，疼痛部位固定，无反酸、烧心，二便调，舌淡红，苔薄白，脉弦。辅助检查：腹部 MRI 检查（四川省某医院）示胰腺头颈部膨隆，异常信号团块灶。性质：考虑肿瘤占位性病变可能大。

诊断：腹痛。

辨证：肝脾不调。

治法：调和肝脾。

方剂：四逆散加减。

处方：炒白芍 15 g　　麸炒枳壳 15 g　　柴胡 15 g　　甘草 10 g

郁金 15 g　　麸炒青皮 15 g　　醋延胡索 15 g

7剂，煎水温服，一日一剂，一日三次。

二诊：2018年12月20日。服完上方，患者诉仍感左腹胀痛，且按压后疼痛缓解，改方四君子汤加减。

处方：党参30 g　　麸炒白术15 g　　茯苓15 g　　甘草10 g
　　　炒山楂20 g　　炒鸡内金15 g　　炒麦芽30 g　　百合20 g
　　　乌药20 g　　醋延胡索15 g

7剂，煎水温服，一日一剂，一日三次。

三诊：2019年1月10日。患者服上方后腹痛明显好转，继续原方加减。

处方：党参30 g　　麸炒白术15 g　　茯苓15 g　　甘草10 g
　　　炒山楂20 g　　炒鸡内金15 g　　炒麦芽30 g　　百合20 g
　　　乌药20 g　　醋延胡索15 g　　三棱10 g　　莪术10 g
　　　半枝莲30 g

7剂，煎水温服，两日一剂，一日三次。

按语：腹痛是指胃脘以下，耻骨毛际以上部位发生疼痛为主要表现的一种脾胃肠病证。如《内经·素问·举痛论》曰："寒气客于肠胃之间，膜原之下，血不得散，小络急引，故痛……热气留于小肠，肠中痛，瘅热焦渴，则坚干不得出，故痛而闭不通矣。"①腹痛的病因病机较复杂，凡外邪入侵，饮食所伤，情志失调，跌仆损伤，以及气血不足，阳气虚弱等原因，引起腹部脏腑气机不利，经脉气血阻滞，脏腑经络失养，均可发生腹痛。首诊考虑其左侧疼痛、脉弦，此乃肝郁气滞之象，予四逆散加减而无效。二诊其言疼痛按之缓解，《金匮要略·腹满寒疝宿食病脉证治》有"病者腹满，按之不痛为虚，痛者为实，可下之"②之训，故考虑其乃虚证之腹痛，改方四君子健脾益气，加炒山楂、炒鸡内金、炒麦芽消食；百合、乌药乃《时方歌括》之"百合汤"，其主治"心口痛"，加延胡索以增强其止痛之效。③三诊患者腹痛明显好转，故原方加三棱、莪术、半枝莲抗肿瘤，标本兼治。唐老治疗胰腺癌善于在辨证处方的基础上，加入抗肿瘤的中药，如半枝莲、白花蛇舌草、三

---

① 柳长华解读. 黄帝内经[M]. 北京：科学出版社，2019：189.
② 张家礼主编. 金匮要略[M]. 北京：中国中医药出版社，2004：187.
③ 陈修园. 时方歌括[M]. 福州：福建科学技术出版社，1984：83.

棱、莪术、重楼、蜂房、鳖甲、八月札、土鳖虫等以提高疗效。

病案 2：冯某某，男，43 岁，职员，四川省成都市人。

初诊：2018 年 12 月 13 日。患者因"胰腺癌术后化疗 1 月，伴乏力 6 天"就诊。刻下症见：患者乏力，纳差，打嗝，口苦，伴口干喜饮热水，舌红，苔薄白，脉细弦。既往病史：2018 年 11 月行"胰腺癌手术"，病理检查：胰腺导管腺癌，术后行西药化疗 8 疗程。

诊断：虚劳。

辨证：脾胃气虚证。

治法：益气健脾。

方剂：六君子汤加减。

处方：
党参 30 g	茯苓 15 g	麸炒白术 15 g	陈皮 15 g
法半夏 15 g	甘草 10 g	炒白芍 15 g	柴胡 15 g
郁金 15 g	半枝莲 30 g	肿节风 30 g	焦山楂 20 g
黄芪 50 g	薏苡仁 30 g	炒鸡内金 15 g	

6 剂，煎水温服，一日一剂，一日三次。

二诊：2019 年 1 月 3 日。患者诉服上方后，诸症减轻，继续予原方加减。14 剂，煎水温服，一日一剂，一日三次，饭后半小时服用。

按语：《理虚元鉴·虚症有六因》言"虚劳"之病因有"先天之因，有后天之因……有外感之因，有境遇之因，有医药之因"[1]，本案患者即是"医药之因"，手术后导致气血亏虚，加之化疗之"药毒"，损伤脾胃，故患者症见乏力，纳差，口干喜饮热水；打嗝、口苦乃脾虚后，木乘虚而犯。故予六君子汤健脾益气；加黄芪、薏苡仁增强六君子之益气健脾；加焦山楂、炒鸡内金消食健胃；加柴胡、炒白芍、郁金疏肝解郁；半枝莲、肿节风清藏伏体内之癌毒。本案特色在于黄芪配薏苡仁，唐老言，黄芪味甘性微温，补益脾肺元气运毒托毒；薏苡仁味甘而淡，性微寒，清利湿热，解毒排脓，兼能健脾扶正，二药合伍，黄芪以补气扶正为长，薏苡仁以渗利通行为主，补运托解，相辅相成，共奏益气托毒之功，尤其是在肿瘤化疗放疗期间用之，有扶

---

[1] 汪绮石. 理虚元鉴[M]. 北京：人民卫生出版社，1988：23.

正解毒、康复体力、减轻放化疗的毒副反应等功用。

4. 直、结肠癌

病案 1：刘某某，男，47 岁，四川省资阳市安岳县永清镇 6 村。

初诊：2011 年 4 月 5 日。患者因"腹痛、腹泻，伴黏液血便 2 年余"就诊。刻下症见：患者腹痛、腹泻，伴黏液血便，大便每日 5～6 次/天，肠鸣，进食油腻加重，面色无华，身倦乏力，纳少，胸闷，舌质淡，苔白厚腻，脉濡缓。辅助检查（病理活检）：肠腺癌。

诊断：肠积。

辨证：脾胃气虚兼湿浊阻滞。

治法：化湿和胃。

方剂：自拟化湿和胃饮加减。

处方：藿香 10 g   紫苏梗 10 g   炒苍术 15 g   厚朴 15 g
      炒青皮 15 g 草豆蔻 15 g   草果仁 10 g   豆蔻 10 g
      薏苡仁 30 g 白头翁 30 g   仙鹤草 30 g

7 剂，煎水温服，一日一剂，一日三次。

二诊：2011 年 4 月 15 日。患者诉服药后，无明显腹痛，食欲增加，大便次数减少，一日 3～4 次，仍伴有黏液血便，舌红苔薄白，脉缓，治宜益气健脾、化湿和中，拟参苓白术散加味。

处方：党参 30 g   土炒白术 20 g   茯苓 20 g   炒白扁豆 15 g
      莲子 20 g   山药 30 g   甘草 10 g   炒薏苡仁 30 g
      砂仁 后下 10 g   桔梗 15 g   半枝莲 30 g   肿节风 30 g
      葛根 20 g   仙鹤草 30 g   白头翁 30 g   焦山楂 30 g
      炒二芽 各 30 g   硫磺菌 20 g

10 剂，煎水温服，一日一剂，一日三次。

三诊：2011 年 5 月 3 日。患者诉未再腹泻，黏液血便基本消失，配合西药卡培他滨片，原方去炒二芽，加黄芪 40 g，煎水温服，共 10 剂，一日一剂，一日三次。嘱用硫磺菌（去皮）20 g 煮小米粥，每日早餐服用。患者前后复诊 3 月，以参苓白术散加减，2017 年春节期间于重庆某医院复查各项指标正常,面色红润,体重增加,至今仍健在。

按语:直肠癌中医以湿热、瘀毒蕴结于肠道,传导失司为基本病机,然本案首诊,四诊合参,中医辨证为"脾胃气虚兼湿浊阻滞",予自拟方"化湿和胃饮加减",服药后患者胃口好转,腹痛未再发作,湿化则脾虚之本显露,故二诊予参苓白术散加减健脾化湿以治其本。该方出自《太平惠民和剂局方》,其原书主治"脾胃虚弱,饮食不进,多困少力,中满痞噎,心忪气喘,呕吐泄泻及伤寒咳噫。此药中和不热,久服养气育神,醒脾悦色,顺正辟邪"[①]。从参苓白术散的原书主治可推断,其不仅仅可以改善消化道吸收功能低下状态,还可以"顺正辟邪",即提高机体免疫力,其功效与癌症患者机体整体状态恰合。唐老临床善用该方治疗各种肿瘤术后及放化疗后,在直肠癌的治疗上,唐老也常用本方去陈皮加白头翁、仙鹤草、黄芪、半枝莲,如出现大便干结,白术重用至 30～60 g,佐以生枳壳 20 g。

病案 2:彭某某,女,26 岁,职员,四川省成都市新都区。

初诊:2018 年 12 月 6 日。患者因"腹痛 11 月余"就诊。刻下症见:患者腹部隐痛,痛则腹泻,泻后缓解,伴纳差,大便不调,时干时溏,睡眠差,舌淡红苔薄白,脉弦。既往史:2018 年 1 月 20 日行"结肠癌手术",术后化疗 6 疗程。

诊断:腹痛。

辨证:肝郁脾虚。

治法:补脾柔肝。

方剂:痛泻要方加减。

处方:
防风 15 g	炒白芍 15 g	麸炒白术 15 g	陈皮 15 g
甘草 10 g	大枣 15 g	黄芪 50 g	茯苓 15 g
薏苡仁 30 g	炒山楂 20 g	炒稻芽 30 g	乌药 20 g
炒麦芽 30 g	三棱 10 g	醋延胡索 15 g	莪术 10 g
炒酸枣仁 20 g			

7 剂,煎水温服,一日一剂,一日三次。

[①] 宋太医局编. 太平惠民和剂局方[M]. 北京:中国中医药出版社,2020:90.

二诊：2019年1月8日。患者诉服用上方腹痛好转，继续予原方加减。

按语：患者因"结肠癌术后"出现腹痛，根据其临床表现符合中医"腹痛"诊断，结合舌脉，辨证为肝郁脾虚，选痛泻要方加减。痛泻要方出自《丹溪心法》，原书主治"痛泄"[1]，吴崑《医方考》对其病机解释道"泻责之脾，痛责之肝；肝责之实，脾责之虚。脾虚肝实，故令痛泻"[2]，方中"白术苦燥湿，甘补脾，温和中；芍药寒泻肝火，酸敛逆气，缓中止痛；防风辛能散肝，香能舒脾，风能胜湿，为理脾引经要药；陈皮辛能利气，炒香尤能燥湿醒脾，使气行则痛止，数者皆以泻木而益土也"[3]。方中加黄芪、茯苓、薏苡仁增强益气健脾之效；加乌药、延胡索行气止痛；炒山楂、炒麦芽、炒稻芽消食健脾；加三棱、莪术其效两用：一方面可消食开胃，另一方面可活血破症消积块以治癌；加酸枣仁养血安神。全方共奏疏肝健脾、行气止痛、消食安神之效，患者腹痛好转。

病案3：朱某某，女，43岁，四川省资阳市郊区村民。

初诊：2000年5月3日。患者因"腹泻伴身倦乏力2月"就诊。刻下症见：患者腹泻，大便4～5次/天，黏液便，伴身倦乏力，纳少，面色苍白，少气懒言，舌淡红，苔白微腻，脉缓，重按无力。辅助检查（病理活检）：管状绒状腺瘤伴高级别上皮内癌，局部具有黏膜内癌形成。既往病史：2000年2月于四川省人民医院行"乙状结肠癌切除术"，并行放疗及化疗。

诊断：泄泻。

辨证：脾虚湿盛。

治法：健脾益气，化浊和中。

方剂：参苓白术散加减。

处方：
党参30 g	茯苓15 g	土炒白术20 g	炒白扁豆15 g
陈皮10 g	莲子20 g	甘草10 g	山药30 g
葛根20 g	广木香15 g	仙鹤草30 g	焦山楂30 g
桔梗15 g	大枣10 g	炒薏苡仁30 g	硫磺菌20 g

---

[1] 朱震亨. 丹溪心法[M]. 上海：上海科学技术出版社，1959：65.
[2] 吴崑编著. 洪青山校注. 医方考[M]. 北京：中国中医药出版社，1998：87.
[3] 张介宾. 景岳全书[M]. 赵立勋主校. 北京：人民卫生出版社，1991：6.

砂仁^{后下} 12 g

7剂，煎水温服，一日一剂，一日三次。

二诊：2000年5月29日。患者诉服上方后各症平稳，食欲稍增，余症未减，大便次数仍4~5次/天，原方加猪苓20 g，炒二芽（各）30 g，7剂，煎水温服，一日一剂，一日三次。

三诊：2000年6月2日。患者诉服药后，食欲增加，大便次数减少，一日2~3次，患者厌食油腻，原方加黄芪50 g、红曲6 g、肿节风30 g，共10剂，煎水温服，一日一剂，一日三次。

四诊：2000年7月23日。经近3月治疗，患者诉症状有所改善，改方益气健脾，补血活血，调整处方如下。

处方：人参 20 g	黄芪 50 g	当归 10 g	炒白术 20 g
桔梗 15 g	炒薏苡仁 30 g	山药 30 g	砂仁^{后下} 10 g
莲子 20 g	丹参 20 g	阿胶^{烊化} 15 g	炒青皮 15 g
肿节风 30 g	半枝莲 30 g	龟甲胶^{烊化} 9 g	仙鹤草 30 g
甘草 10 g			

10剂，煎水温服，一日一剂，一日三次。嘱有条件可每周吃海参煲汤1~2次，每次1条海参。

五诊：2000年8月20日。患者个人自行步入诊室，面色红润，述能做一些家务，每天坚持散步，且月经来潮，但3天即干净，量少，色淡红。原方加垂盆草30 g、鸡血藤30 g、半枝莲30 g，以上三倍剂量，人参、阿胶、龟甲胶不入煎，将上药浸泡1小时，煎水2小时去渣，人参单独煎水取汁入药汤内，再入阿胶、龟甲胶和麦芽糖250 g煎半小时收膏，每次1汤勺，温开水兑服，一日三次。

六诊：2000年10月31日。膏方基本服完，症状缓解，再用原方加菟丝子20 g、石斛20 g、硫磺菌20 g，按8月20日方加重剂于5倍，做成膏方，每次一汤勺，温开水兑服，一日三次。随访3年正常，从事农活及家务，至今健在。

按语：唐老认为癌症术后必瘀、必虚，放化疗后必虚。《内经·素问·阴阳应象大论》云："形不足者，温之以气，精不足者，补之以味。"①首诊以参苓白术散健脾祛湿，加山楂消食健胃；硫磺菌补益气血；葛根、木香、仙鹤草升清阳之气以止泻。二诊加猪苓，助茯苓、白术利水止泻，所为"利小便，实大便"是也，加炒二芽增强消食健胃之效。三诊厌食油腻，加红曲消食健胃，黄芪补脾肺之气，肿节风以抗肿瘤。四诊湿邪去其十之八九，以虚瘀为主要矛盾，故改方以益气健脾，补血活血为治法。纵观整个治疗过程，可见唐老临床善于随证施治，标本缓急有序，不被西医病名所局限。该案用药特色之处在于"葛根、木香、仙鹤草"三药的配伍，葛根发散而升，可升脾的清阳之气；木香行气，与葛根配伍一升一降，调畅中焦气机；仙鹤草微甘，补虚，入肺肝脾经，既能补气，又能补血，又因味苦则燥湿，入大肠经，除大肠湿热而止痢，三药合用对慢性腹泻疗效甚佳。

（三）肝胆癌性疾病

1. 肝癌术后

病案1：甘某某，女，50岁，职员，四川省成都市双流区人。

初诊：2019年3月4日。患者因"右侧胁痛1年余"就诊。刻下症见：患者右侧胁痛，大便不成形，便前腹痛，夜尿1次，眠可，肩膀、背部酸痛。舌淡暗苔薄白，脉沉弦。病理检查：肝脏低分化癌。既往史：2018年3月行"肝内胆管癌手术"。家族史：父亲患肝脏癌症。

诊断：胁痛。

辨证：肝郁脾虚证。

治法：疏肝健脾。

方剂：柴芍六君子汤加减。

处方：柴胡15 g　　　炒白芍15 g　　　党参30 g　　　麸炒白术15 g
　　　茯苓15 g　　　麸炒陈皮15 g　　甘草10 g　　　法半夏15 g
　　　郁金15 g　　　醋延胡索15 g　　垂盆草30 g　　炒川楝子15 g
　　　丹参20 g　　　制黄精20 g　　　煅牡蛎30 g　　醋鳖甲20 g

---

① 柳长华解读. 黄帝内经[M]. 北京：科学出版社，2019：51.

10剂，煎水温服，一日一剂，一日三次。

二诊：2019年3月20日。患者诉服上方后，各症均有明显好转，舌脉同前，继续原方服用。

按语：患者以右侧胁肋疼痛为主要临床表现，符合中医"胁痛"诊断。《景岳全书·胁痛》对其病机论述道："胁痛有内伤、外感之辨，凡寒邪在少阳经，乃病为胁痛，耳聋而呕，然必有寒热表证者，方是外感；如无表证，悉属内伤。但内伤胁痛者十居八九，外感胁痛则间有之耳。"[①]可见胁痛其病位主要在肝胆。结合患者舌脉，中医辨证肝郁脾虚，选方柴芍六君子汤加减，方中柴胡、白芍疏肝，六君子汤补脾；加郁金、延胡索、川楝子以增强行气止痛之效；加垂盆草、黄精护肝；丹参活血化瘀，现代药理学研究证实其有抗肝纤维化之效；煅牡蛎、鳖甲软坚散结；全方共奏疏肝健脾、散结行气之功。

病案2：陈某某，女，17岁，学生，四川省资阳市安岳县人。

初诊：2007年5月13日。患者春节前在本院做体检，有乙肝，彩超示右肝占位，前往华西医院诊治，上腹CT（增强）示右肝占位，甲胎蛋白（AFP）>350 ng/mL。先后3次予"羟基喜树碱10 mg+表柔比星30 mg+奈达铂60 mg+格拉司琼6 mg+进口碘油1支"肝动脉灌注。1月后复查肝肿瘤标记物AFP 27.3 ng/mL。2月后复查AFP 105.3 ng/mL，癌胚抗原（CEA）157 ng/mL。3月查肝脏MRI示：肝脏TACE术后。肝右叶下肝穿刺，病理结果示：右肝中分化肝细胞癌。5月为行TACE术再次入院，查肿瘤类AFP 11.31 ng/mL，凝血类D-二聚体（D-Dimer）2467.0 μg/mL。CEA 17.3 mg/mL。肺血管造影（CTA）、双下肢彩超未见明显异常。因考虑患者高凝状态，暂缓手术。出院后门诊中医治疗。患者行肝癌化疗后，身目微黄，色泽不鲜，恶心欲吐，痞满食少，腹胀便溏，舌质淡红，苔黄白相兼，脉细小数。

诊断：虚黄。

辨证：肝郁脾虚，湿浊内滞。

治法：补益脾气，升阳降浊。

[①] 张介宾著. 赵立勋主校. 景岳全书[M]. 北京：人民卫生出版社，1991：558.

方剂：自拟方加减。

处方：党参 30 g　　炒白术 15 g　　茯苓 15 g　　猪苓 20 g
　　　黄芪 40 g　　垂盆草 30 g　　田基黄 15 g　　茵陈 20 g
　　　土茯苓 20 g　　炒青皮 15 g　　薏苡仁 30 g　　茜草 15 g
　　　紫苏叶 10 g　　炒鸡内金 15 g　　炒扁豆 15 g　　守宫 15 g
　　　半枝莲 20 g　　土鳖虫 10 g　　五味子 10 g　　炒二芽 30 g

10 剂，煎水温服，一日一剂，一日三次。配合服用复方红豆杉胶囊 0.6 g/次，一日三次，嘱连服 21 天。

二诊：2007 年 5 月 14 日。患者食欲较前好转，面色稍见红润，恶心呕吐已停，症见午后低热，口干口苦，手足心发热，此时当补阴以顾气，调整处方如下。

处方：党参 30 g　　土炒白术 15 g　　茯苓 15 g　　猪苓 15 g
　　　女贞子 20 g　　墨旱莲 30 g　　炒青皮 15 g　　炙鳖甲 20 g
　　　制田精 10 g　　垂盆草 30 g　　五味子 15 g　　云芝 15 g
　　　焦山楂 30 g　　丹参 20 g　　守宫 15 g

10 剂，煎水温服，一日一剂，一日三次。

三诊：2007 年 6 月 2 日。患者诉各症均有好转，因患者患病后不能再上学，心情不畅，出现心烦不寐，午后低热，口干少饮，噩梦纷纭，舌脉同前。嘱其保持心情愉快，适当活动，坚持力所能及的锻炼。调整处方如下。

处方：太子参 30 g　　土炒白术 15 g　　茯苓 15 g　　猪苓 15 g
　　　五味子 15 g　　炒青皮 15 g　　青蒿 15 g　　炙鳖甲 30 g
　　　郁金 15 g　　垂盆草 30 g　　炒酸枣仁 15 g　　合欢皮 15 g
　　　云芝 15 g　　八月札 20 g

10 剂，煎水温服，一日一剂，一日三次。嘱每天坚持散步，并购海参 1 条煲汤，每周服两条。

四诊：2007 年 7 月 2 日。经治疗后患者各症明显好转，前方加制田精 20 g，黄芪 30 g，并在门诊静脉输液[5%葡萄糖注射液（GS）250 mL+康艾注射液 40 mL]1 日 1 次，连续 30 日。（康艾注射液由人参、黄芪、苦参组成。）

五诊：2007 年 8 月 7 日。患者自觉各症状好转，饮食尚可，睡眠尚佳，患者及家属要求处方较长时间服用，以资巩固疗效。

处方：黄芪 40 g　　人参 15 g　　土炒白术 15 g　　茯苓 15 g
　　　山药 20 g　　炒薏苡仁 30 g　垂盆草 30 g　　五味子 15 g
　　　熟地黄 20 g　丹参 15 g　　　山茱肉 20 g　　猪苓 15 g
　　　焦山楂 30 g　煅牡蛎 30 g　　炙鳖甲 20 g　　牡丹皮 15 g
　　　八月札 20 g　龟甲胶^{烊化} 9 g　甘草 10 g

煎水温服，一日一剂，一日三次。嘱其连服3个月以上，服药中途如有不适，及时到医院诊治。

患者除服中药外，还坚持服用恩替卡韦5年，坚持服海参5年余（每周2支），服中药汤剂吞服复方红豆杉胶囊1个疗程（21天）。随访5年，健在，并参加工作，结婚生子。

按语： 患者母亲、哥哥均患慢性乙型肝炎，都长期口服恩替卡韦。其母亲和哥哥未发病。因患者肝细胞癌术后经中西医治疗，加之家中经济条件颇丰，在治疗期间带上处方先后在北京、上海等医院，请名家诊断，未拿出更好的方案，并说中药处方辨证精准，恢复很好。多次复查凝血类、肿瘤类、肝肾功能等未见明显异常，影像学亦未见明显复发及转移征象。肝癌的患者恶性程度较高，未经治疗的病人平均生存率只有1～6个月，治疗首选是手术切除，小细胞肝癌发病率可达40%～75%，大细胞肝癌发病率只有4.2%～16.5%。从20世纪80年代末期以后，手术及接受放化疗的病人由20%提高到70%，放疗后1、3、5年生存率分别达到70%、35%和12%。肝癌手术后或放化疗后不能提高生存率的重要原因是肝功能受损，放疗后肝功能损害明显加重，很快发展到肝功能衰竭而死亡。在治疗病情好转后，饮食不节、操劳过度、抽烟饮酒等也是重要诱发加重原因之一。在治疗中结合中医辨证论治，很多中药有保肝、护肝、改善局部微循环，降低血液黏滞度，维护细胞正常代谢的作用。本例患者年轻，有家族遗传乙肝病史，术后经中西医结合治疗，效果非常好。方用党参、黄芪、白术、山药、制田精等提高免疫功能，云芝、垂盆草、鳖甲、五味子、炒青皮、薏苡仁等保护肝功能，使肝功能日趋正常，熟地黄、山茱肉、龟甲胶滋阴补血，青皮、柴胡、郁金、丹参、猪苓等疏肝活血运脾。唐老运用中西医结合治疗肝癌的思路和方法有以下几点：

① 术前一周或半月用扶正固本、益气健脾的方药，如黄芪、人参、党参、太子参、炒白术、炒青皮、炒黄柏、苦参、川黄连、焦栀子、制田精等，可提高患者的手术耐受性，术后可以长期服用益气养血、健脾和中之剂，以巩固疗效，保护肝脾，提高生存率。② 化疗期间服用益气养阴、健脾护肝之剂，佐以活血化瘀之品，可减轻放射线的副作用，保护肝功能，保护骨髓造血功能，增强机体免疫力，达到提高疗效的效果。常选用黄芪、人参、沙参、太子参、西洋参、制田精、女贞子、土炒白术、当归、炒青皮、山药、墨旱莲、芡实、枸杞、猪苓、薏苡仁等，如出现黄疸，可加用茵陈、垂盆草、虎杖、郁金、赤芍、赶黄草、金钱草等。③ 单纯性全身化疗有效率较低，结合中药则能提高疗效，中药以扶正补虚为主。扶正药常选人参、黄芪、当归、白术、鸡血藤、熟地黄、枸杞子、女贞子、菟丝子、薏苡仁等，在临床中佐以丹参、郁金、鳖甲、八月札、土鳖虫等，如果一味使用活血化瘀、软坚散结之品，如蟾皮胶囊、鳖甲煎丸、平消胶囊等中成药或用蜈蚣、全蝎、水蛭、守宫等中药煎剂，效果较差。此外，服中药疏肝理气和中之品，可减轻化疗所致的胃肠道反应，如柴胡、炒白芍、炒鸡内金、炒二芽、隔山撬、竹茹等，可提高化疗完成率。

2. 胆囊癌

伍某某，男，51岁，务农，四川省资阳市安岳县李家镇人。

初诊：2014年3月11日。患者2年余前觉右上腹胀痛，厌油，少食，到县医院检查，彩超提示：① 胆囊壁毛糙，查见1~2粒1.0×1.7 cm结石；② 胆囊息肉0.8 cm；③ 肝囊肿。当时查血常规、肝肾功无异常。自买消炎利胆片连服半月效果不明显。近2月余来右上腹持续疼痛，纳差、少食、厌油，进食油腻之品则右上腹疼痛加剧，痛引肩背，小便黄，皮肤及巩膜出现黄疸，前往重医附院诊治，病理活检示：胆囊癌Ⅳ期及胆囊壁全层并周围淋巴结转移。予手术切除胆囊，术后化疗4次，回家调养。刻下症见：患者身目俱黄，口苦而干，右胁下隐痛，厌食，每日下午发热，测得体温最高38.6 ℃，舌红，苔黄腻，脉濡数。

诊断：黄疸。

辨证：湿热阻滞。

治法：清利湿热。

方剂：甘露消毒丹加减。

处方：藿香 15 g　　川木通 10 g　　茵陈 30 g　　黄芩 20 g
　　　连翘 20 g　　浙贝母 20 g　　薄荷 10 g　　射干 15 g
　　　建曲 15 g　　石菖蒲 15 g　　炒青皮 15 g　郁金 15 g
　　　赤芍 20 g　　虎杖 20 g　　豆蔻^{后下} 15 g　滑石^{包煎} 30 g

7 剂，煎水温服，一日一剂，一天三次。

二诊：2014 年 3 月 18 日，患者诉服上药后热退，黄疸基本消退，饮食稍进，小便微黄，舌红，苔黄，脉缓，但仍口苦而干，不能进食油腻之品。调整处方如下。

处方：柴胡 15 g　　黄芩 20 g　　法半夏 15 g　　党参 30 g
　　　茵陈 30 g　　青皮 15 g　　郁金 15 g　　薏苡仁 30 g
　　　半枝莲 30 g　肿节风 30 g　猪苓 20 g　　焦山楂 30 g
　　　炒鸡内金 15 g　炒麦芽 30 g　甘草 10 g

10 剂，煎水温服，两日一剂，一日三次。

三诊：2014 年 4 月 1 日，患者诉服上药后精神好转，食欲增加，口苦口干消失，舌脉同前，此乃肝脾气虚挟湿挟瘀之象。调整处方如下。

处方：人参 15 g　　土炒白术 15 g　茯苓 20 g　　炒青皮 15 g
　　　炒薏苡仁 30 g　山药 30 g　　莲子 20 g　　砂仁^{后下} 10 g
　　　郁金 15 g　　茵陈 30 g　　炒鸡内金 15 g　猪苓 20 g
　　　丹参 20 g　　赤芍 20 g　　甘草 10 g　　黄芪 50 g
　　　炒二芽^各 30 g

连服 15 剂，煎水温服，两日一剂，一日三次。

前后治疗 1 年余，方用六君子汤、参苓白术散加减，若少食加炒鸡内金、炒二芽，胁痛加青皮、郁金、延胡索。多次复查，各项指标均正常，至今仍健在，偶尔间断服中药。

按语：本例患者首诊身目俱黄，伴发热，午后尤甚，苔黄厚腻，此乃阳黄，遵《景岳全书·黄疸》之训："阳黄证多以脾湿不流，郁热所致，必须清火邪,利小水,火清则溺自清,溺清则黄自退。"①甘露消毒丹加味清热利湿退黄。二诊湿热去后,改用小柴胡汤加味清肝胆余热。三诊遵"缓则治本"之旨,后期予六君子汤、参苓白术散调理脾胃以治本。唐老常言,黄疸一症总不离一个"湿"字,如《金匮要略·黄疸病脉证并治》所言:"黄家所得,从湿得之。"②湿邪致病,因其具有重浊、黏滞、趋下的特性,故易郁而化热,形成湿热互结之状,故应急则治标,以清利湿热为主;又阴邪易伤阳气,困脾胃,故缓解期以调理脾胃为主,以杜绝生湿之源。

(四)妇科癌性疾病

1. 乳腺癌

吴某某,女,38岁,干部,四川省资阳市安岳县人。

初诊:2004年3月19日。患者因"左侧乳房包块,伴左胸胁及腋下胀痛1月"就诊。患者1月前因左侧乳房上方生长一包块来我院就诊,彩超示:① 左乳腺包块3.0×2.7 cm;② 乳腺Ca待排;③ 右乳腺囊肿。其为明显诊断,于重庆某医院就诊,查CT提示:左乳腺CA?建议手术治疗,右乳腺囊肿,腋下淋巴结显示。治疗上予手术切除,术后病理活检示:乳腺癌Ⅱ期(腺癌)。术后行化疗4个疗程,回家调养,休息治疗。刻下症见:患者左胸胁及腋下胀痛,形体消瘦,面色无华,身倦乏力,纳差少食,月经5月未来潮,舌红少津,苔薄白,脉细数,重按无力。

诊断:乳岩/胁痛。

辨证:气阴两虚挟瘀。

治法:益气养血活血。

方剂:一贯煎加减。

处方:

北沙参 30 g	麦冬 20 g	熟地黄 20 g	枸杞子 15 g
当归 15 g	炒白芍 15 g	炒青皮 15 g	女贞子 20 g
延胡索 15 g	威灵仙 30 g	炒麦芽 30 g	墨旱莲 30 g

---

① 张介宾著. 赵立勋主校. 景岳全书[M]. 北京:人民卫生出版社,1991:692.
② 张家礼主编. 金匮要略[M]. 北京:中国中医药出版社,2004:316.

半枝莲 30 g　　　炒川楝子 15 g

7 剂，煎水温服，一日一剂，一日三次。

二诊：2004 年 4 月 3 日，患者面色红润，食欲尚可，左胸胁胀痛好转，但隐痛，腰酸且痛，舌脉同前，原方加黄芪、续断，再服 10 剂，煎水温服，一日一剂，一日三次。前后服药 1 年余回单位上班，随访数年仍健在。

按语：本例辨证属肝阴不足，肾气亏虚，故拟方一贯煎加味。方中北沙参、麦冬养阴，熟地黄、枸杞子补肝肾，川楝子、延胡索行气止痛，白芍、当归养阴血，威灵仙通行经络，炒麦芽消食，女贞子、墨旱莲养阴，半枝莲抗肿瘤。二诊患者病情好转，继续守方治疗，因其腰酸痛，加黄芪、续断补气补肾。乳腺癌是妇女的一种常见病，中西医结合治疗是最好的方式。乳腺癌手术后或放化疗前后均服用中药，既可以增加人体免疫力，又可以减轻放化疗的毒副作用，不易复发和转移。乳腺癌中医辨证一般可分为肝气郁结、肝郁脾虚、气滞血瘀、肝肾亏虚等类型进行辨治。对于消肿块，临床上一般多选柴胡舒肝散加减，血瘀者合血府逐瘀汤加减，常加入瓜蒌、王不留行、丝瓜络、生麦芽、山慈菇、甲珠粉，其中山慈菇用量不宜太大，服用时间不宜太长，易引起白细胞减少。若肝郁化热，不论是乳腺癌，或是乳痈、乳腺增生、乳腺囊肿等均可以加入蒲公英、夏枯草、半枝莲、白花蛇舌草、半边莲、浙贝母，尤其是威灵仙乃治疗乳腺癌的必用之品，在辨证的基础上均可以加入使用。

2. 卵巢囊腺瘤术后

李某某，女，35 岁，四川省资阳市安岳县人。

初诊：2010 年 7 月 30 日。患者因"少腹痛 1 月余"就诊。1 月前患者因少腹疼痛，月经淋漓不尽，色紫暗，前往重庆某医院，查腹部彩超示：近右侧盆腔探及大小约 10.2×6.0 cm 低回声团，近左侧盆腔探及大小约 6.3×5.1 cm 混合型团。肿瘤标志物：CA 125 为 689.91 U/mL，CA 199 为 53.51 U/mL。治疗上行"子宫全切术+双附件切除术+大网膜切除术+盆腔清扫术"，术后病理活检（左右卵巢）：交界性浆液性乳头囊腺瘤癌变。于该院化疗 5 次。刻下症见：患者少腹疼痛，形体消瘦，神疲乏力，食少，动则出汗，潮热，多梦纷纭，舌红，苔薄白，脉细弱。

诊断：腹痛。

辨证：脾虚气滞，肝血亏虚。

治法：疏肝健脾。

方剂：柴芍六君子汤加减。

处方：柴胡 15 g　　炒白芍 20 g　　党参 30 g　　炒白术 15 g
　　　茯苓 15 g　　法半夏 15 g　　山药 30 g　　炒青皮 15 g
　　　三棱 10 g　　莪术 10 g　　　大枣 20 g　　炒酸枣仁 20 g
　　　合欢皮 15 g　炙甘草 10 g

7 剂，煎水温服，一日一剂，一日三次。

二诊：2010 年 8 月 14 日。患者诉服上方后各症状稍好转，仍汗多，多梦纷纭，潮热盗汗，腰酸，舌质淡红，少苔，脉细数。原方加半枝莲 30 g、炙鳖甲 20 g、女贞子 15 g、墨旱莲 30 g、重楼 15 g、守宫（碾粉冲服）10 g，连服 10 剂，煎水温服，一日一剂，一日三次。

三诊：2010 年 9 月 5 日。患者诉服上方后食欲增加，盗汗稍减，能做家务和早晚散步，但动则汗出，进食油腻之品则脘腹胀，大便时干时稀，仍失眠多梦，舌脉同前，改用张锡纯十全育真汤加减，调整处方如下。

处方：人参 15 g　　　黄芪 30 g　　　山药 30 g　　玄参 15 g
　　　龙骨^{先煎} 30 g　牡蛎^{先煎} 30 g　制三棱 10 g　制莪术 10 g
　　　山萸肉 20 g　　炒鸡内金 20 g　炒二芽^各 30 g　茯苓 15 g
　　　甘草 10 g

10 剂，煎水温服，两日一剂，一日三次。

四诊：2010 年 9 月 26 日。患者诉药后精神好转，食欲大增，汗止，每晚入睡约 6 小时，中午休息 1 小时左右，心情愉悦，诊脉弦细，舌红有津，原方加制黄精 15 g、土鳖虫（碾粉吞服）10 g，再进 10 剂，煎水温服，两日一剂，一日三次。

五诊：2010 年 10 月 31 日。再次到重医附院复查，各项指标均正常，原方再服，略有加减，前后服药 1 年余，停药后随访 2 年，健在，并上班。

按语：患者发现卵巢肿瘤，遂予手术及化疗，经中医药治疗效果显著，出院时来诊表现为肝血不足，脾虚气滞血瘀，拟方柴芍六君子汤加三棱、莪术，效果不明显，原方加黄芪、半枝莲、重楼、守宫后有一定的效果，后用张锡纯十全育真汤加减取效。十全育真汤药物组成：人参12 g、黄芪15 g、山药12 g、知母12 g、玄参12 g、龙骨12 g、牡蛎12 g、三棱9 g、莪术9 g。其临床主治：虚劳，脉数而微，肌肤甲错，形体羸瘦，饮食不壮筋力，或自汗，或喘逆，或寒热不时，或多梦纷纭，精气不固；随症加减：气虚则去三棱、莪术，加鸡内金，喘者倍山药加炒牛蒡子，汗多者加白术易黄芪，倍龙骨、牡蛎、山萸肉各2两，二剂汗止，汗止后再进原方。唐老临床治妇科肿瘤（宫颈癌、卵巢癌、附件囊肿、子宫肌瘤等）时辨证属气阴亏虚、气滞血瘀之证者，善用三棱、莪术，可活血不破血，散块，行气健胃，对妇科包块用之有效。卵巢癌相当于中医的"肠覃""癥瘕"范畴，一旦明确诊断，则采用手术切除，再行放化疗，放化疗前服中药可增加人体抵抗力，减少副作用，如果患者手术后坚持不做放化疗，服中药治疗仍然有很好的效果，但必须按中医辨证施治，如属肝郁气滞，拟方逍遥散加薏苡仁、青皮、丹参、三棱、莪术；瘀滞型，五味消毒饮加土茯苓、半枝莲、白花蛇舌草、莪术、三棱、赤芍、蜂房等；肝肾阴虚者，十全育真汤加石斛、山萸肉、炒酸枣仁等；肝肾阳虚者，用桂附理中汤加薏苡仁、炒青皮、黄芪、三棱、莪术等。

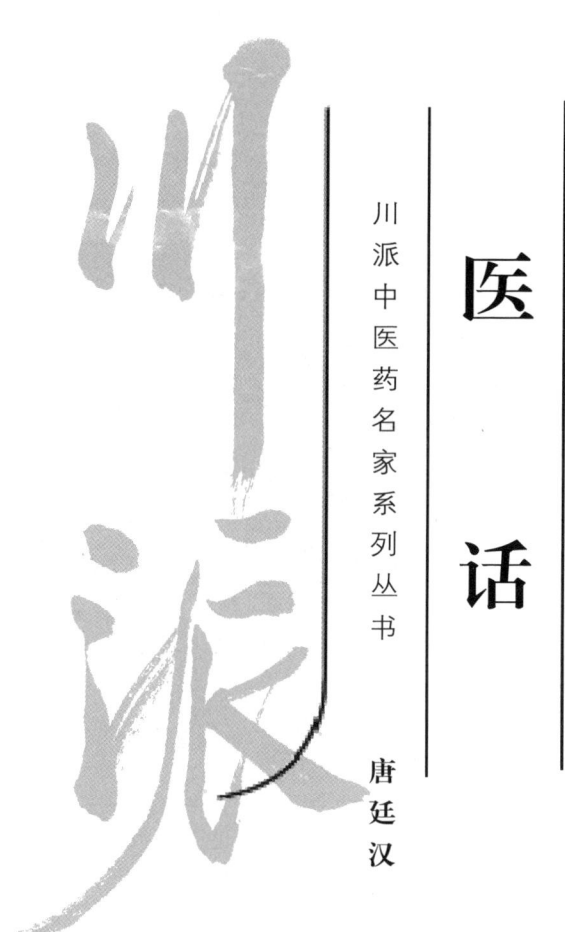

川派中医药名家系列丛书

医 话

唐廷汉

一、从燥痰理论论治慢性阻塞性肺病

(一)"燥痰"理论的历史源流

最早关于燥痰致病的论述见于《丹溪心法·咳逆三十一》,其载:"痰碍气而呃逆,用蜜水吐,此乃燥痰不出。"[1]朱丹溪首次提及燥痰这一致病因素,并提出燥以蜜治的润燥治法。明代李梴所著《医学入门·卷五·痰》言:"升于肺,多毛焦面白如枯骨,咽干口燥,咳嗽喘促,名曰燥痰,久为老痰、郁痰。"[2]提出燥痰致病多见于肺,描述了燥痰咳嗽以"干、燥、喘促"为特点的经典症状,并提出燥痰的病理进展趋势为老痰、郁痰,以及提出治法"燥痰润之",多用"贝母、海粉"此类咸润之品,明确了基本的病位—症状—治法—药物的"燥痰"诊疗思路。同时,明代秦景明更是在前人先哲的基础上创新性地提出了痰证的分类以及外感内伤的辨证要点,所著《症因脉治·卷二·痰症论》言:"痰之为病,变化百出……有风痰、湿痰、燥痰、郁痰、食积五条。夫湿痰、燥痰,有外感,有内伤。"[3]秦景明继承朱丹溪所言,指出痰分五类,而燥痰有外感、内伤两证。

受清代温病学派的盛行和西方医学的影响,燥痰致病也开始与多种理论融汇,在症状、病因、病位上又有进一步的发展和定义。清代医家记载的燥痰致病的症状几乎一致,其特点总结为:发作时咳嗽或喘促连连,痰质稠黏涩滞难出或咯出如米粒,色黄或白,面色多发白,表情悲愁,脉涩。对于燥痰病因的阐释,大多数医家都认为肺为燥金,受外邪侵袭则易化火,火灼肺金,炼液成痰。对于"燥痰"所累病位的认识,大多数清代医家认识趋同,《望诊遵经·诊痰望法提纲》言"燥痰属肺"[4],《张氏医通·卷三》言:"在肺经者,名曰燥痰。"[5]《医学心悟·痰饮》言:"燥痰涩而难出,多生于肺。"

---

[1] 朱震亨. 丹溪心法[M]. 上海:上海科学技术出版社,1959:136.
[2] 李梴著. 金嫣莉等校注. 医学入门[M]. 北京:北京中医药出版社,1995:340.
[3] 秦景明纂著. 秦皇士辑 金嫣莉等校注. 症因脉治[M]. 上海:上海科学技术出版社,1958:77.
[4] 汪宏辑注. 望诊遵经[M]. 上海:上海科学技术出版社,1959:107.
[5] 张璐. 张氏医通[M]. 太原:山西科学技术出版社,2010:67.

①均认为燥痰之病多在肺中。但王清任探赜钩深，指出："古人误以咳嗽、喘急、哮吼等症为肺病者，因见其症自胸中来……以为肺病无疑。不知左气门、右气门两管……气足火旺，将津液煎稠，稠者名曰痰……痰饮在管，总以管中之气上攻。"他首次提出痰的产生是由"管中"气足火旺、煎灼津液所致，指出痰饮致病的病位在肺中气管，与现代医学痰液的形成部位几乎一致。由此可见，"燥痰"的病证概念随着历代医家的完善已逐渐成形。

（二）"燥痰"理论的中西医内涵

唐老认为"燥痰"不仅仅是燥邪与有形之痰的结合，更是包含了燥—痰互为因果的内在病理过程。"燥痰"既是病理产物，又是致病因素。燥邪是中医学中非常重要的致病因素，反映了人体津液亏损、干燥枯涩的病理状态。而"痰"是津液代谢障碍的病理产物，同样水湿也是由于水液的敷布失常，不能变为津液而来。可见湿与痰均是津液代谢失常所产生的水液性质的病理产物，两者在病邪性质上高度相似。而石寿棠在《医原·百病提纲》中记载"往往始也病湿，继则湿又化燥……往往始也病燥，继则燥又夹湿"②，反映了燥与湿在疾病的发展中相互转化，也暗示了燥与痰在疾病发展中会出现相互转化、相互致病的病理特点。同时燥与痰湿也会在人体中并存，出现内燥外湿或外燥内湿的病理区域化表现，提示"燥痰"并非单纯燥邪性质的痰，更是具有多病位层次复合病机的特点。"燥痰"既是病理产物，又是致病因素，故作为病理产物时应归纳其病因。"燥痰"应分外感、内伤。外感主要是外感燥邪、热邪、湿热、瘟疫、疫戾之气等温热性质的邪气，侵犯于肺，盖因肺为水之上源，能通调水道，故火热灼金，炼液成痰，日久则痰质黏稠难咯。内伤主要是肺中火热日久，必定伤阴，久而壮火食气，导致肺阴亏虚甚至气阴两虚，久病及肾，最终又会导致肾阴亏虚，肾中阴阳失衡势必会引起肝脾的失常，脾虚则生痰湿，阴虚火旺则有虚火，故虚火炼痰成燥痰。

唐老认为，"燥痰"致病部位主要在于肺，且"燥痰"的致病特点为：喘咳，呼吸困难，痰质稠黏涩滞难出或咯出如米粒。其现代医学内涵是气道黏

---

① 程国彭. 医学心悟[M]. 北京：中国中医药出版社，2019：185.
② 石寿棠撰. 王校华点注. 医原[M]. 南京：江苏科学技术出版社，1983：31-32.

液高分泌和纤毛清除系统受累。唐老认为"燥痰"的主要病位在肺，正如王清任所言，痰之病位在气管。现代医学认为，"痰"主要由呼吸道分泌黏液、气管毛细血管壁渗出液、炎症因子、吸入的尘埃以及病原体等成分组成。目前临床根据呼吸系统疾病发生部位的不同还将"痰"大致分为鼻源性痰（如鼻窦炎）、咽源性痰（慢性咽炎），故从宏观上讲，"痰"产生的病位在整个呼吸系统中。另外，气道上皮细胞和黏膜下腺产生的高度糖基化的黏蛋白是形成气道表面黏液层以及形成痰液的重要组成成分，同时纤毛周围层可促进纤毛摆动促进排痰，而这些细胞组织均属于气管黏膜层，故"痰"产生的微观病位主要在气管黏膜层。同时人体呼吸道感染后，气道炎症反应剧烈，毛细血管通透性增加，大量炎症细胞的核破坏而产生的 DNA 使黏膜中 pH 值减小，酸度增高，同时刺激气道表面杯状细胞和黏膜下层腺体分泌黏蛋白，使痰液的黏稠度显著提高，症状上表现为痰黏干涩难咯。另外，慢性咳嗽或慢性阻塞性肺疾病患者，其气道的慢性炎症会导致黏膜纤毛清除率受损，从而影响纤毛的摆动使得痰难以排除，此又恰合中医"燥"的特点。

（三）"燥痰"理论与慢性阻塞性肺病

慢性阻塞性肺疾病（COPD）是呼吸系统疾病中的常见病，在我国 40 岁以上人群发病率高达 13.7%，病死率高，医疗负担大，是急需全力控制的重大疾病。COPD 伴黏痰是其主要临床症状，也是限制 COPD 治疗效果的重要瓶颈。但目前临床缺乏有效药物，西医多以黏液溶解剂治疗，但总体效果难以满意，目前中医医家多采用清热燥湿化痰治疗，亦是疗效参半。

唐老认为"燥痰"是 COPD 伴黏痰的核心病机。"燥痰"包括了"燥邪"和"痰"二者的病理机制。燥则干涩，故气道失润则挛急紧张，探其理与《金匮要略》"痉病"类似，书中指出无论外感内伤，导致津液亏损就会出现颈项背部强直，向后反仰，时时牙关紧急，口张不开这类筋脉挛急的表现，故燥性干涩则伤津液，气管舒张不利则喘咳连连。此与现代医学认识异曲同工，慢性炎症刺激气道上皮细胞释放生长因子，促进气道周围平滑肌和成纤维细胞增生，导致小气道重塑，失去原本弹性。《医学入门·卷五·痰》言："升于肺，多毛焦面白如枯骨，咽干口燥，咳嗽喘促，名曰燥痰。"[①]燥伤肺金，而肺主皮毛，故燥盛则伤毛，中医学中的毛不仅指皮毛，更是泛指机体一切具有导热、屏障、保护作用的结构，同理气道黏膜纤毛也可归于其中，现代医学认为干燥等理化因素以及感染能够使纤毛运动异常，导致黏液清除速率显著下降，出现气道黏液淤积。而痰则是肺系疾病的常见产物，核心病机为燥邪侵袭肺金从而炼液成痰，西医学也认为气道的慢性炎症会诱导上皮细胞杯状化生和气道黏液高分泌，且其中黏蛋白以及酸度明显上升，形成痰液淤积。黏液淤积是导致细菌定植的关键，故又会使气道局部感染风险大大增加，进而加重对黏液纤毛清除系统的破坏，形成恶性循环，也证明了"燥痰"理论中燥与痰相互转化、彼此影响的病邪特性。

唐老基于"燥痰"乃COPD伴黏痰的中医病机认识，提出其"润燥、燥湿化痰、理气"的三位一体治法，将"润燥"与"燥湿化痰"有机融合，并遵"治痰先治气"之理，针对COPD急性期和缓解期不同证候，分别立方。针对急性期创立蒌贝化痰汤，方中川贝母清热润肺，化痰止咳，开痰气之郁结，瓜蒌子清热润燥，理气涤痰，天花粉清热化痰，且可生津润燥，三药共为君药。臣以半夏、胆南星、陈皮、茯苓化痰，其中胆南星为苦性凉，清热化痰；半夏燥湿化痰，陈皮理气宽中，尤可燥湿化痰，茯苓健脾渗湿，四药合用，既生之痰，又杜绝生痰之源。佐桔梗宣利肺气，令肺金宣降权；前胡降气消痰，与桔梗一宣一降，令化痰之药以为用，此乃"治痰先治气"之用。加岩白菜，其味苦、涩，性平，祛痰镇咳，使得全方共奏润燥化痰，理气宣肺之效。针对缓解期设参精汤，方中人参大补元气，复脉固脱，补脾益肺，生津，灵芝益心气，保神益寿，疗虚弱，与人参共为君药，臣以黄精益气养阴，健脾润肺，一方面可以佐制人参之温燥，一方面可以增强人参益气之功效，可谓一药两用。佐以桑叶清肺润噪，同时可以佐制人参的温燥和黄精的滋腻，防止补虚上火，共奏益气养阴之效。

[①] 李梴著.金嫣莉等校注.医学入门[M].北京：北京中医药出版社，1995：340

二、基于仲景思想治疗咳喘病经验

唐老临床上擅长治疗呼吸系统疾病，对咳喘病的治疗具有非常丰富的经验，他认为仲景在咳喘的辨证、立法和方药运用一直为后世所尊奉，值得总结学习，于是基于仲景治疗咳喘病思想总结为宣降并用、表里同治、温药化饮、祛邪为要四个要点：

（一）宣降并用

肺主气而司呼吸，主宣发与肃降，《内经·灵枢·决气》云"上焦开发，宣五谷味，熏肤、充身、泽毛，若雾露之溉，是谓气"[1]，肺居胸中，为五脏六腑之华盖，其气以清肃下降为顺，论治肺病宣肺必以肃降，降肺必以宣发。外邪袭肺或邪从内生，可扰乱肺的宣降功能，出现咳嗽、喘息、胸闷胀满等症。遵仲景之法，当以宣降并用。

1. 风寒束表

条文参见《伤寒论》第三十五条、三十六条、二百三十五条。寒主收引、卫阳闭遏、营阴郁滞可见恶寒、发热、无汗、头身骨节疼痛，脉浮紧等症。内袭于肺，肺卫失宣，肺气闭郁，故咳嗽气喘；辛温发汗以平喘，喘平则胸满自消，可用麻黄汤；邪热壅肺，肺失宣肃，可加石膏，条文参见《伤寒论》第六十三条、一百六十二条，本方原治太阳病发汗未愈，风寒入里化热，汗出而喘者，后世用于风寒化热、风寒入里化热或风热伤津，但见肺中热盛、身热喘息、口渴，无论有汗无汗，均可用本方加减，若肺胃热甚加重石膏用量，若风温夹风寒所致，当酌加荆芥、炒牛蒡子、淡豆豉之类，如肺热偏重可加桑白皮、芦根、知母、黄芩之属，所以临床用本方不必拘泥于汗出而喘，但细审无汗之故或加清热生津或加辛散解表之品，自然药证相当应手而效。

---

[1] 柳长华解读. 黄帝内经[M]. 北京：科学出版社，2019：414.

2. 引发宿疾

条文参见《伤寒论》第十八条，原文断句有两种，一者为"喘家作，桂枝加厚朴杏子佳"，一者为"喘家，作桂枝加厚朴杏子，佳"，结合《伤寒论》第四十三条："太阳病，下之微喘者，表未解也，桂枝加厚朴杏子汤主之"①，可知本方缓解咳喘症状具有良好的效果，唐老根据桂枝汤"外可解肌合营卫、内可化气调阴阳"的思路，将本方运用于咳喘病缓解期的治疗，特别是预防和治疗慢阻肺急性发作，也取得良好的效果。

（二）表里同治

《内经·素问·咳论》提出咳嗽存在"内外合邪"的基本病机，肺主皮毛、司呼吸，主一身之气，肺脏受病则影响气机和水液代谢，产生痰浊水饮，出现"表里同病、表寒里饮"的情况，饮邪日久还可能化热、影响气机运转等。遵仲景之法，当以表里同治。

1. 外寒里饮

参见《伤寒论》第四十条、四十一条②和《金匮要略·痰饮咳嗽病脉证并治》，此证乃素有水饮内伏之人，今又复感风寒，皮毛闭塞、输转不利、水饮蓄积、上犯迫肺，出现的恶寒发热、无汗、不渴、喘咳、痰多胸闷、身体疼重之证，甚者出现水饮溢于肌肤而为浮肿，治法为解表散寒，温肺蠲饮，可用小青龙汤；饮逆痰鸣，喉中如水鸡声，可用射干麻黄汤，条文可参考《金匮要略·肺痿肺痈咳嗽上气病脉证并治》。

2. 郁而化热

当表证未解，且在里之痰饮郁久化热，或痰饮内阻又感温热邪气而变生痰热，治疗应解表化饮同时兼清热。仲景以寒热并用为法，权衡表寒、里饮、郁热的轻重而辨证选方。外寒里饮兼有热壅气逆用小青龙加石膏汤；饮热郁

---

① 张仲景. 伤寒论[M]. 2版. 王叔和，林亿编. 杨金萍，罗良，何永校注. 北京：中国中医药出版社，2021：55.
② 张仲景. 伤寒论[M]. 2版. 王叔和，林亿编. 杨金萍，罗良，何永校注. 北京：中国中医药出版社，2021：55.

肺、热重于饮用越婢加半夏汤证；外寒内饮兼郁热的溢饮用大青龙汤；外邪里饮化热且表证仍在者，用厚朴麻黄汤；饮邪化热，（支饮）上逆迫肺且正气虚用木防己汤证。

3. 饮邪化燥

饮邪日久化燥伤津，可出现阴虚、痰浊兼见的情况，麦门冬汤主治火逆上气、咽喉不利，虚火伤津肺燥者，咽喉不利，即由于肺胃之津液大伤所致，所谓不利，为咽喉中有一种似痛非痛、似堵非堵之感。痰浊阻滞、水道不调、津液枯竭、虚火上炎是其核心病机，临床实际是重用沙参、麦冬，因胃为肺经之原，肺胃可以同治，可用于肺燥咳喘、慢性咽炎、喉结核等有"燥"象征者，亦可加减运用于慢阻肺后期气阴两虚证，类似处方有二冬二母散、瓜蒌贝母散等。

（三）温药化饮

寒邪闭肺，上不能开发上焦，布散精微，下不能通调水道，下输膀胱，水津聚而成饮，终致郁肺，为患为害。根据病机特点，此类方剂主要由温阳与利湿药如桂枝、附子、细辛、茯苓、白术、泽泻等配伍而成。如涉及阳虚内寒、脾虚不运及饮停气阻等，常配伍温阳祛寒、健脾益气、化痰逐饮等药，如干姜、生姜、白术、甘草等。

1. 肺中虚冷

条文参见《金匮要略·肺痿肺痈咳嗽上气病脉证并治》第五条："肺痿，吐涎沫而不咳者，其人不渴，必遗尿，小便数，所以然者，以上虚不能制下故也。此为肺中冷，必眩，多涎唾，甘草干姜汤以温之。"①肺为水之上源，肺中虚冷则不能化气，气虚不能摄津，肺虚则不能通调水道，下输膀胱，使水饮停聚而成涎沫。此方也被唐老作为鼻鼽（过敏性鼻炎）的基本方，往往在其他医生的处方上加此小方，反而收到意想不到的效果。

---

① 张家礼主编. 金匮要略[M]. 北京：中国中医药出版社，2004：141

2. 肺脾阳虚

条文参见《金匮要略·痰饮咳嗽病脉证并治》第三十七条："冲气即低，而反更咳，胸满者，用桂苓五味甘草汤去桂加干姜、细辛，以治其咳满。"[1] 肺脾阳虚，温化无力，水湿内停，聚饮阻肺，饮停胸膈，故咳嗽痰多，清稀色白，胸膈不快，为寒痰水饮之征。可用温肺化饮的苓甘五味姜辛汤。此方中茯苓用量最大，甘淡渗利、健脾祛湿，既可消已成之饮，又可杜生痰之源，"短气有微饮者，当从小便以去之"[2]，是给邪以出路；干姜辛热，可温脾暖肺，扶阳祛寒；细辛辛热温散，能温脏腑、布津液、散寒邪，合干姜温化痰饮；五味子酸而微温，既可敛肺止咳，又敛阴生津，与姜、辛相伍，散收并行，使饮去而不伤正。

3. 脾虚成饮

条文参见《伤寒论》第六十七条"伤寒，若吐若下后，心下逆满，气上冲胸，起则头眩，脉沉紧……苓桂术甘汤主之"[3]，《金匮要略·痰饮咳嗽病脉证并治》第十六条"心下有痰饮，胸胁支满，目眩，苓桂术甘汤主之；夫短气有微饮，当从小便去之，苓桂术甘汤主之"[4]。本证原为伤寒，先吐后下为误治，使脾土受损、脾阳不健、水津不化、失于转输，故聚而成饮、饮停中州、阻碍气机之升降，浊阴在上则清窍不爽，清阳在下则生䐜胀。方后注有"小便则利"即服后小便当增多，乃饮邪从小便而去之兆。

（四）祛邪为务

痰饮久留、阻遏气机，不仅可形成气滞痰阻的病机格局，使肺气不利，引起咳喘；肺气不利又使脾气壅滞，运化不及，内生痰饮，导致血行瘀滞、痰瘀交结的病变，遵仲景法，当以通阳宣痹、祛痰散结，祛邪为务。

---

[1] 张家礼主编. 金匮要略[M]. 北京：中国中医药出版社，2004：235.
[2] 张家礼主编. 金匮要略[M]. 北京：中国中医药出版社，2004：236.
[3] 张仲景. 伤寒论[M]. 2版. 王叔和，林亿编. 杨金萍，罗良，何永校注. 北京：中国中医药出版社，2021：60.
[4] 张家礼主编. 金匮要略[M]. 北京：中国中医药出版社，2004：237.

1. 胸痹痰阻

条文参见《金匮要略·胸痹心痛短气病脉证并治》第三条"胸痹之病，喘息咳唾，胸背痛，短气，寸口脉沉而迟，关上小紧数，栝蒌薤白白酒汤主之"[1]。诸阳受气于胸中大气而转行于背，胸阳不振、阳不化阴，津液不得输布，凝聚为痰，阻滞气机，故胸中闷痛，甚至胸痛彻背；痰浊中阻，肺失宣降，则见咳唾喘息短气。瓜蒌擅涤痰散结，宽胸利膈，薤白辛温，宣通胸阳，散寒化痰，两药相合，散胸中凝滞之阴寒，化上焦结聚之痰浊，宣胸中阳气以宽胸，乃治疗胸痹之要药。兼以辛散温通之白酒，行气活血，以增薤白行气通阳之功，现在煎药时可让患者加入少许低度白酒，煎熬过程中，酒精基本挥发殆尽，即使对酒精过敏者亦可用之。药仅三味，配伍精当，胸阳振、痰浊化、阴寒消、气机畅，则胸痛喘急诸症可除；痰浊壅盛可以加半夏汤，治疗"胸痹不得卧，心痛彻背"之证，此方也被唐老作为冠心病、肺心病、心衰的基础方。

2. 邪郁酿痈

条文《金匮要略·肺痿肺痈咳嗽上气病脉证并治》第十一条曰："咳而胸满，振寒脉数，咽干不渴，时出浊唾腥臭，久久吐脓如米粥者，为肺痈，桔梗汤主之。"[2]此为风热郁肺，蕴酿为痈，血败化脓之证。服药后吐出脓血，是有效的征象，以桔梗能开之、托之，肺中已成之脓血从上就近而出，亦因势利导之法也。要提前与患者做好沟通交代，加减金荞麦、鱼腥草等，可以有效提高疗效。

3. 痰热结胸

条文参见《伤寒论》第一百三十八条"结胸病，正在心下，按之则痛，脉浮滑者，小陷胸汤主之"[3]。原方治伤寒在表，误用攻下，致邪热内陷，灼液为痰，而成痰热互结心下之小结胸病。瓜蒌甘寒滑润、清热涤痰、宽胸

---

[1] 张家礼主编. 金匮要略[M]. 北京：中国中医药出版社，2004：167.
[2] 张家礼主编. 金匮要略[M]. 北京：中国中医药出版社，2004：141.
[3] 张仲景. 伤寒论[M]. 2版. 王叔和，林亿编. 杨金萍，罗良，何永校注. 北京：中国中医药出版社，2021：84.

散结，可散痰火而畅气机，黄连味苦性寒、泻热降火、清心除烦，可助瓜蒌泻热降浊；半夏苦辛温，化痰降逆、开结消痞、涤痰宽胸，与黄连并用，辛开苦降，通畅气机。

4. 饮邪迫肺

条文参见《金匮要略·肺痿肺痈咳嗽上气病脉证并治》第十条"肺痈，喘不得卧"，又附方曰："肺痈胸满胀，一身面目浮肿，鼻塞清涕出，不闻香臭酸辛，咳逆上气，喘鸣迫塞，葶苈大枣泻肺汤主之。"①《金匮要略·痰饮咳嗽病脉证并治》第十六条"支饮不得息，葶苈大枣泻肺汤主之。"葶苈子泻肺降逆、利水消痰，行皮间水气而消肿，因其味辛，降泻之中有辛散宣达之力，故善治疗肺中热蕴之咳嗽；大枣培土而生金，既能助葶苈子泻肺不伤正气，又能使其驱邪之时能兼中气培补而充盛。

5. 痰壅气闭

条文参见《金匮要略·肺痿肺痈咳嗽上气病脉证并治》第六条"咳逆上气，时时吐浊，但坐不得卧，皂荚丸主之"②。皂荚辛咸温，辛能通利气道，咸能软化胶结之痰，利窍涤痰，则痰壅气闭之势必除；但虑其药力峻猛，劫夺正气，故用酥炙蜜丸、枣膏调服，以缓其峻烈之性，并兼顾脾胃，有生津润肺之效，涤痰破结而不伤正。

6. 水饮停聚

条文参见《伤寒论》第一百五十二条"太阳中风、下利、呕逆，表解者，乃可攻之。其人汗出，发作有时，头痛、心下痞、硬满，引胁下痛，干呕短气，汗出不恶寒者，此表解里未和也，十枣汤主之"③。水饮射肺，发为咳嗽，先见脉弦，水饮停聚，有咳嗽而并发心烦，胸中痛等症，这是水饮停积、上犯于心、阻碍气道、心肺俱病，转为慢性咳喘则迁延日久不愈。后世对十

---

① 张家礼主编. 金匮要略[M]. 北京：中国中医药出版社，2004：141.
② 张家礼主编. 金匮要略[M]. 北京：中国中医药出版社，2004：235.
③ 张仲景. 伤寒论[M]. 2版. 王叔和，林亿编. 杨金萍，罗良，何永校注. 北京：中国中医药出版社，2021：126.

枣汤的应用,不止于"咳家",由于十枣汤功效,长于泻胸腹水,但因其药物性烈、小毒,口服者较少,临床唐老常用十枣汤加减外用治疗各种胸腹水。

因痰饮总属阴盛阳虚、本虚标实之候,故治疗当以温化为原则。《金匮要略·痰饮咳嗽病脉证并治》篇提出"病痰饮者,当以温药和之"[1],还当分标本缓急,痰饮壅实者分别治以攻逐、利水、发汗等法,因势利导以祛邪,为治标的权宜之法;待邪渐去,继则温补脾肾,扶正固本,以杜水饮生成之源;阳虚饮微者治以健脾温肾为主,阳气通则饮自化。而根据表里虚实的不同,采取相应的处理,在表者宜温散发汗,在里者宜温化利水,正虚者宜补,邪实者当攻,如属邪实正虚,治当消补兼施,饮热相杂者又当温凉并用。因痰饮停积,影响气机升降,郁久又可化热,故本病有夹气滞、夹热的不同,又饮邪内蓄,复感外邪,易诱发而使病情加剧。故治疗时,应注意辨明有无兼夹。痰饮也可有凌心、射肺、犯脾及伤肾的转归,且病程日久,常有寒热虚实之间的相互转化,应注意对本病的早期预防治疗。

(五)用药体会

麻黄:用量10~15g,少则无效,先煎去上沫,否则令人头昏,有汗者不忌,喘齁病人常自汗出,喘平汗自止,鼻衄或痰中带血者可予止血药同用。中药房有生麻黄、麻黄绒、蜜麻黄、蜜麻黄绒等规格供医生选择。

桂枝:仲景方中有桂枝加厚朴杏子汤,大小青龙汤,均有桂枝,其实桂枝并无平喘作用,是协助麻黄解表,有增强麻黄的作用。

地龙:有平喘作用,略炒去其腥气,用量在10~15g,可与麻黄、杏仁、紫苏子等配合使用,以增强疗效。

半夏:配伍贝母或瓜蒌,半夏温燥,贝母凉润同用温凉燥润相济,化痰散结,半夏配全瓜蒌又可开结散痰除痞,治胸痹(如瓜蒌薤白半夏汤)及结胸(如小陷胸汤)。

半夏配胆南星,治风化痰,主治风痰壅盛如导痰汤;半夏与陈皮或橘红温燥化痰,和中止呕,主治痰湿咳嗽,如二陈汤,以及呕吐,如黄连橘皮竹

---

[1] 张家礼主编. 金匮要略[M]. 北京:中国中医药出版社,2004:235.

茹半夏汤。

半夏配旋覆花和竹茹降气化痰止呕，主治痰饮，呕吐，如旋覆代赭石汤。

半夏配厚朴或紫苏叶，半夏化痰开结，厚朴及紫苏叶理气解郁，主治痰气交阻之梅核气，如半夏厚朴汤。

半夏配干姜或生姜，生姜能助半夏止呕，且可解其毒，合用温中止呕化痰，主治胃寒呕吐，如小半夏汤，即由二药组成。畏寒甚与干姜配伍同用，如干姜人参半夏丸，可以治疗寒痰咳嗽，如和胃二陈汤，即二陈汤加干姜、砂仁；理中化痰丸，即理中汤加半夏、茯苓。

半夏配石膏和黄连，石膏及黄连清热，半夏化痰止呕，合而治胃热，如镇逆白虎汤、黄连半夏竹茹汤；半夏配黄连，辛开苦降，治疗寒热互结，痞满及吐泻，如半夏泻心汤。

半夏配黄芩，合用治疗肺热咳嗽，如清气化痰丸，由半夏、黄芩、胆南星、瓜蒌仁、枳实、杏仁、陈皮等组成。

半夏配白矾去风痰而主治风痰癫痫如半夏丸，即由此二药组成。

总之半夏临床应用广泛，可与人参、白术、茯苓、陈皮、麦冬、天麻、薤白等相配伍。

皂角：皂角配细辛，通关开窍，研细末用搐鼻，主治神昏闭窍，如通关散即此二药组成。

皂角配白矾，痰多壅盛，主治风痰，如有风痰所致的癫痫和急救，稀涎散即由此二药组成，又称皂矾丸。

患咳、喘、哮（齁）病症又常继发于气候变化，多数患者在深秋和冬季易反复发作。三伏贴遵从"冬病夏治、春夏养阳"的原则，以达到预防咳喘病发作、"治未病"的目的。

咳喘哮病典型病例：王某某，男，71岁，退休职工。于2013年3月1日就诊，诊断为慢性支气管炎、肺气肿伴感染入院，症状表现为发热恶寒、头昏胸闷、气紧咳嗽、痰浓黏腻、不能平卧、纳差食少，苔黄白相间而腻，脉滑数。查血常规：WBC 15.7×10^9/L，NEUT% 13.8%，NEUT 8.77×10^9/L。胸部 DR 示：双肺呈桶状胸，双肺纹理增多，增粗，双下肺致密阴影。提示支气管炎，肺气肿伴感染。予静注抗生素，雾化吸氧，前后用药5天，喘咳、痰多有所好转，但仍胸闷、气急、咽痒、咳吐痰多而黏、少食，伴恶寒发热、身疼痛。患者要求中医治疗，主管医生处方如下。

处方：麻黄 15 g　　　石膏 50 g　　　杏仁 15 g　　　鱼腥草 30 g
　　　全瓜蒌 30 g　　黄芩 20 g　　　浙贝母 15 g　　地龙 15 g
　　　炒苏子 15 g　　甘草 10 g　　　桑白皮 15 g

煎水温服，一日一剂，一日三次，连服三剂。服完三剂后患者出现恶心呕吐，大便清稀，身倦乏力，厌食，喘不能卧，恶寒发热加重。故请唐老会诊，望闻问切后调整处方如下。

处方：麻黄绒 10 g　　桂枝 12 g　　　干姜 12 g　　　炒白芍 15 g
　　　五味子 10 g　　北细辛 6 g　　　厚朴 15 g　　　法半夏 15 g
　　　茯苓 15 g　　　杏仁 12 g　　　甘草 10 g

煎水温服，一日一剂，一日三次，共三剂。服一剂后患者病情好转，三剂服完，患者恶寒发热消失，喘息基本平息，食欲尚可，痰多、咳嗽大减，改方六君子汤合桂枝加厚朴杏子汤以继续调养。

这个病例是先经主管医生采取西医结合中医药治疗，但效果不佳，另请唐老会诊的，唐老用药思路则完全不一样，前者以清肃肺气、祛痰平喘为主，方以麻杏石甘汤加味，然效果不佳；而唐老却考虑患者已经大量使用抗生素，再用清热肃肺之品，此时阳气被遏，不可再行清泻，故用小青龙汤加杏仁、厚朴、茯苓，服三剂则明显好转。这个病例说明，中西医结合应该按照中医理论，望、闻、问、切，四诊合参进行辨证施治，西医认为炎症应予以抗炎治疗，中医就用清热解毒，这种低端的"中西医结合"，多数收不到很好的疗效，一定要按中医理论辨证施治，方能收到事半功倍的效果。

三、论治新型冠状病毒性肺炎

（一）总　论

新型冠状病毒（COVID-19）的发生与传播速度很快，由于对疾病缺乏全面的认识，早期并没有规范化的治疗措施，因此中医对于疾病的辨证治疗显得尤其重要。在疾病发生发展的过程中，中医的辨证规律也在不断地发生变化，入院早期症状以发热、咳嗽、乏力为主，辨证为邪犯肺卫，但由于早期中药供应问题，这一阶段患者大多未予以及时的中医治疗。随着病程的发展，患者症状表现为咳嗽、咯痰、胸闷、气紧为主症，辨证考虑湿邪阻肺，治疗上大多以清肺排毒汤为主，经过治疗一部分患者呼吸道的症状得到明显缓解。但与此同时，患者也增加了口干、口苦、食欲不振、恶心、呕吐、腹胀、腹泻、便秘、自汗、眠差等症状。这部分患者分为两种情况，一种为病程的继续发展，患者辨证情况变化为邪犯少阳、湿邪中阻，此时选取小柴胡汤为主方，并且根据患者的具体情况进行辨证分析治疗，以达和解少阳、祛湿化痰之功。经过治疗患者口干、口苦及消化道症状改善也比较明显。另一种则是早期发热导致津液耗损，辨证情况变化为气阴两虚证，治疗上选取炙甘草汤为主方进行加减，以期达到益气滋阴、通阳复脉的效果。经过中医辨证治疗，大多数患者症状得到明显好转，少数患者出院时仍有咳嗽、乏力、口干、口苦、腹胀、胸闷、气紧等症状。

（二）治疗方案

根据患者中医辨证规律，早期患者以发热、咳嗽、乏力为主，但由于中医介入的时机相对较迟，故中医首诊时症状主要以咳嗽、咯痰、胸闷、气紧为主，辨证为湿邪阻肺，治疗上以清肺排毒汤为主，该时期病位主要在肺，治疗上也采用麻杏石甘汤辅以射干麻黄汤为主，方中麻黄、杏仁、射干都是轻宣肺气的作用，直接作用于肺，以起到止咳化痰的功效。而与之相配的是同样为仲景经典方的五苓散，表面看起来不是呼吸道疾病的常用方剂，但此次疫情的早期辨证为湿邪阻肺，故湿邪为疫情发生发展的温床，在辨证论治时，除了针对肺的疾病进行处方，加入了五苓散，以求祛湿而不伤阳，以达温阳利水之功。而小柴胡汤的搭配使用，主要在于避免邪气入里，驱半表半里之邪外出，四方合用共奏清热平喘、祛湿化痰之功。随着疾病的发展，一部分患者有口干、口苦的症状，同时伴有食欲不振、恶心、呕吐、腹胀、腹泻、便秘等一系列消化道反应，我们对疾病的辨证思路也发生了改变，转变为辨证乃邪犯少阳、湿邪中阻，治疗上以小柴胡汤为主。方中柴胡、黄芩为主药，祛除患者肝胆之火，改善患者的口苦等症状，人参、大枣在清肺排毒汤中没有使用，而在该时期使用，主要用以健化脾胃，增其气血。脾胃为后天之本，脾胃的强健能够使患者与病邪进一步抗争，同时半夏能起到燥湿化痰、降逆止呕的作用，对患者咳嗽、咯痰、恶心、呕吐的症状都有一定的改善。少部分患者由于早期的发热，热邪灼肺导致耗损津液，出现口干、自汗、大便干结、眠差等症状，辨证转为气阴两虚。治疗上以炙甘草汤加减为主方，考虑疫病由湿邪起，湿邪为阴邪，其致病特点为易遏制气机、损伤阳气，炙甘草汤在《伤寒论》中用以治疗伤寒汗、吐、下后导致的阴血不足、阳气不振，故在此时应用非常适宜。方中生地滋阴养血，对于疾病后期的恢复很有益处，炙甘草、人参、大枣补益脾气，滋养气血，并根据患者症状进行加减配伍，以求益气养阴、通阳复脉之功。在治疗过程中，还有一小部分患者的病情并没有完全遵循疾病的发展规律，需要医者根据实际情况，辨证论治进行处方用药。

（三）病案统计

1. 研究对象

选择 2020 年 1 月 25 日至 3 月 19 日就诊于武汉红十字医院发热八病区接受中西医结合治疗的新型冠状病毒肺炎患者。

2. 诊断标准

根据国家卫健委新型冠状病毒感染的肺炎诊疗方案（试行第五版）进行诊断。

3. 一般资料

共纳入 45 例患者，其中男性 21 例，女性 24 例，年龄 42~76 岁，平均年龄为 61.56 岁。其中 23 例患者无基础疾病，6 例有糖尿病，12 例有高血压，1 例冠心病，3 例腔隙性脑梗死。入院时发病病程 3~46 天，平均 15.44 天。

4. 入院时患者临床症状情况

患者入院后予采集临床症状,其中 29 例患者入院时表现发热症状,体温在 37.3~39.0 ℃ 之间,发热患者比例占总患者比例的 64.44%。34 例患者出现咳嗽症状,占比 75.56%,其中 22 例患者伴随咳痰,12 例为干咳。入院患者中有 25 例自诉乏力症状,占总患者比例的 55.56%。23 例患者入院时出现气紧症状,占总患者比例的 51.11%。20 例患者自诉胸闷症状,占比 44.44%。其余也有少数患者入院时伴随口干、口苦、食欲不振、腹泻、恶寒、肌肉酸痛等症状。

5. 中医初诊时患者临床症状情况

入院后经过早期西医治疗,大多是发热患者趋于好转,故中医初诊时发热患者仅 2 例,占比 4.44%。同时得到明显改善的症状还包括鼻塞、恶寒、肌肉酸痛、胸闷、乏力等。经过早期西医治疗,有一定好转但较为缓慢的症状主要是咳嗽、气紧等呼吸道症状,中医初诊时,以咳嗽为主要症状的患者有 28 例,占比 62.22%,其中 18 例咯痰患者中 16 例患者咯白色痰,2 例患者出现黄色痰,咯痰患者占总患者比例的 40.00%。通过早期的西医治疗,患者口干口苦的症状明显增加,其中口干患者 27 例,占比 60.00%,口苦患者 22 例,占比 48.89%。同时食欲不振、恶心、呕吐、腹胀、腹泻、便秘等消化道症状也较入院时有所增加,在治疗期间患者睡眠欠佳的情况也有所增加。

6. 患者实验室指标情况

入院予以采集实验室指标,重点观察患者的血常规、C 反应蛋白及肝功能指标,并与出院进行对比。入院时患者的白细胞指标大多数为正常,而其中中性粒的比例异常主要体现在升高为主,淋巴细胞比例的异常主要体现在降低为主,这个改变并不与普通病毒感染的血象特点相符合,可能与接诊患者入院时发病病程平均已达 15.44 天有一定的关系,发病时间延长,导致本来的病毒感染合并了一定程度的细菌感染。而 C 反应蛋白是反映感染情况的重要指标,在入院时的检查提示 C 反应蛋白升高的病例高达 37 例,占总病例数的 82.22%,故提示入院时患者的感染比例很高,程度也相对较重。而肝功能指标作为本次新冠肺炎的诊断指标之一，也成为常规检查项目，入院时的肝功能指标中的谷丙转氨酶升高者 10 例，占比 22.22%，谷草转氨酶升高者 5 例，占比 11.11%。

7. 患者影像学检查情况

入院时 45 例患者均予以胸部 CT 检查，检查提示感染共累计波及 203 叶肺。其中累及 5 叶肺患者 35 例，占比 77.78%；累及 4 叶肺患者 4 例，占比 8.89%；累及 3 叶肺患者 3 例，占比 6.67%；局限 2 叶肺的患者 2 例，占比 4.44%，局限 1 叶患者 1 例，占比 2.22%；出现磨玻璃影患者 40 例，占比 88.89%；伴随实变的患者 6 例，占比 13.33%；伴随纤维条索影 15 例，占比 33.33%；伴随胸水 5 例，占比 11.11%。

（四）治疗方法

1. 西医治疗方法

患者入院早期主要使用西医治疗方法，主要以抗病毒和抗生素为主，配合消炎、止咳、平喘等对症药物治疗，具体总结如下：

抗病毒药物是本次疫情指南中推荐使用的重点药物，主要分为传统抗病毒药物和特殊抗病毒药物两种，传统抗病毒药物主要包括奥司他韦、更昔洛韦、阿昔洛韦、干扰素等，在疫情发生的早期使用率较高，但效果不明显。疫情发生的后期，特殊抗病毒药物使用更加广泛，洛匹那韦、利托那韦使用例数高达 33 例，占比 73.33%，阿比多尔使用例数 25 例，占比 55.56%，两种药物分别单独使用或者两种药物联合使用对于疾病改善效果甚佳。

在入院早期抗生素的使用频率很高，主要以一联用药为主，3 例患者因感染较重，使用两联抗生素抗感染，其中喹诺酮类药物（莫西沙星/左氧氟沙星）使用最为广泛，使用病例数 22 例，占比 48.89%，β-内酰胺类/头孢类药物次之，使用患者 21 例，占比 46.67%，碳青霉烯类药物（美罗培南/亚胺培南）使用 3 例，占比 6.67%，氨基糖苷类药物（依米替星）使用 2 例，占比 4.44%。

除了抗病毒药物及抗生素的广泛使用之外，也有一些对症治疗药物在入院早期应用于临床，改善早期患者的气紧、咳痰等相关症状。其中乙酰半胱氨酸使用频率最高，23例患者使用该药用以改善咳嗽咳痰症状，使用率51.11%。糖皮质激素在新冠肺炎患者早期也得到一定的应用，18例患者入院后使用甲强龙冲击疗法抗炎治疗，收到较好的疗效。茶碱类药物及氨溴索类药物也被临床少量应用于改善支气管痉挛及帮助痰液的排出。中成药在新冠肺炎的治疗中应用也很广泛，22例患者使用连花清瘟颗粒改善症状，20例患者使用喜炎平注射液或者血必净注射液等清热解毒类中成药静脉滴注以改善症状。

2. 中医治疗方法

由于武汉红十字医院为西医医院，故早期入院患者只给予单纯西医治疗，后期中药供应问题解决之后才开始全面开展中西医结合治疗。故45例患者从入院到接受中医初诊的时间为0～25天不等，平均时间7.26天，而患者从发病到接受中医初诊的时间则更长，大概6～47天不等，平均天数22.7天，故中医初诊时中医证候特点也在不断地发生变化，总结临床观察该疾病的辨证发展规律及用药特点如下：

（1）邪犯肺卫、湿邪阻肺

中医初诊时患者主要症状呼吸系统以咳嗽、咯痰、气紧为主，消化系统以食欲不振、恶心、呕吐、腹胀、腹泻、便秘为主，同时一半以上的患者伴随口干、口苦症状，眠差患者也较之前增多。故在中医辨证论治时，患者主要辨证为邪犯肺卫、湿邪阻肺，辨证使用清肺排毒汤为主方，清肺排毒汤为本次新冠肺炎的特殊方剂，主要是由麻杏石甘汤为主方，清泄肺热、宣肺平喘，辅以射干麻黄汤温肺化饮、下气祛痰，小柴胡汤和解少阳、驱邪外出，五苓散利水渗湿，四方合用共奏清热平喘、祛湿化痰之功。

（2）邪犯少阳、湿邪中阻

经过早期的西医治疗，部分患者出现了口干、口苦的症状，同时伴有食欲不振、恶心、呕吐、腹胀、腹泻、便秘等一系列消化道反应（主要考虑与抗病毒药物有关），舌象以舌淡苔腻为主，脉象因多层手套未取不知。中医辨证论治考虑，随着疾病的发展，辨证情况变化为邪犯少阳、湿邪中阻，在治疗方面，根据患者症状、舌象，主要选择小柴胡汤为主方，以和解少阳、驱邪外出。如患者出现咽部异物感、胸闷的症状，则辅以半夏厚朴汤行理气散结、降气化痰之功；如患者出现痰多难咯、心烦不眠的情况，则辅以温胆汤以理气化痰、和胃利胆；如患者出现胸闷、呕吐、心下痞满等症状，则辅以半夏泻心汤予以调和肝脾、消痞散结之用。

（3）气阴两虚

经过早期的西医治疗，疾病早期发热症状改善明显，但是热邪灼肺可能会导致耗损津液，患者出现口干、自汗、大便干结、眠差等症状，舌象以舌干苔少为主，中医辨证论治考虑，随着病程发展，患者辨证情况变化为气阴两虚。在治疗方面选择炙甘草汤为主方进行加减，以达益气滋阴、通阳复脉之功。如患者伴随干咳无痰的症状，则辅以桑杏汤加减以清宣温燥、润肺止咳。如患者伴随心悸、气短症状，则辅以生脉饮以求益气复脉、养阴生津之效。如患者出现胸胁胀闷不适，则辅以一贯煎以滋阴疏肝。

（4）其他辨证情况

疾病发展过程中，也有少部分患者仍然出现表证未解，症状以畏寒、咳喘、痰多为主，舌淡苔白滑，考虑辨证为外寒里饮证，治疗上选用小青龙汤加减以解表散寒、温肺化饮。部分患者夜间虚烦不眠，辅以酸枣仁汤除烦安神。有 1 例患者伴随黄疸，故予以茵陈五苓散以温阳化气、利湿退黄。有 1 例患者伴随咽喉肿痛、口舌生疮的症状，故予以甘露饮加减以滋阴清热、行气利湿。

（五）治疗结果

1. 出院时患者临床症状情况

在发热八病区接受中西医结合的 45 例患者中，大多数患者预后良好，1 例患者死亡，1 例患者因后期出现精神异常转精神病专科治疗，其余 43 例患者症状基本好转后出院，平均住院时间 25.4 天，少数患者出院时仍有咳嗽、乏力、口干、口苦、腹胀、胸闷、气紧等症状。

2. 出院时实验室指标情况

患者出院时血常规中的白细胞指标基本趋于正常，但中性粒细胞的比例并没有完全恢复正常，其中 3 例患者仍旧处于升高的状态，3 例患者该指标变为降低，淋巴细胞比例同样没有得到完全的改善，其中 4 例出现升高，3 例仍旧处于降低的状态。出入院指标对比变化最明显的是 C 反应蛋白的数值，出院时 C 反应蛋白的数值明显降低，提示感染明显好转。肝功能指标中的谷草转氨酶指标得到完全改善，谷丙转氨酶指标仍有 5 例提示升高，总的来讲出院患者的肝功能明显得到改善。

3. 出院时影像学检查情况

出院时患者再次予以胸部 CT 检查，1 例患者死亡，1 例患者因出现精神异常转精神病专科医院继续治疗，其余 43 例患者肺部感染病灶均出现吸收改善，好转率占 95.56%。

4. 新冠肺炎论治新思路

（1）肺与大肠相表里论治新冠肺炎

新冠肺炎属于中医"温疫"的范畴，《温病条辨·上焦篇》曰："温疫者，厉气流行，多兼秽浊，家家如是，若役使然也。"[1]《温热论》曰："温邪上受，首先犯肺。"[2]《温病条辨》谓："温病由口鼻而入，自上而下，鼻通于肺，始手太阴。"[3]可见其病位在肺，病机为外邪（当前即指新型冠状病毒）侵袭，肺之宣发肃降失调，肺气上逆，发为咳嗽；正邪相争，于是发热；邪气伤肺，正气奋起抗邪、不能充养肢体，故乏力。但是为何部分患者以泄泻为主要表现，这要从肺与大肠的关系来思考。《内经·灵枢·本输》曰："肺合大肠，大肠者，传道之腑。"[4]可见肺与大肠在生理上有互为表里的密切联系，在病理上又相互影响，前贤又将二者的关系总结为"肺与大肠相表里"。

---

[1] 吴瑭著. 图娅点校. 温病条辨[M]. 沈阳：辽宁科学技术出版社，1997：5.
[2] 叶天士，薛白生著. 王心远总主编. 李顺保，褚玄仁校注. 温热论·湿热论[M]. 北京：学苑出版社，2013：52.
[3] 吴瑭著. 图娅点校. 温病条辨[M]. 沈阳：辽宁科学技术出版社，1997：20.
[4] 柳长华解读. 黄帝内经[M]. 北京：科学出版社，2019：299.

肺主气，主宣发肃降，肺为水之上源，主通调水道。《内经·素问·经脉别论》曰："饮入于胃，游溢精气，上输于脾，脾气散精，上归于肺，通调水道，下输膀胱，水精四布，五经并行。合于四时，五脏阴阳，揆度以为常也。"[1]可见脾胃的升降与肺气宣发肃降密切相关，肺失清肃，脾胃的升清降浊功能失调，影响水谷精气的输布，导致清气不升，不能上归于肺，反而与水谷糟粕下注肠道，发为泄泻。新冠肺炎为外邪犯肺所致，外邪侵犯于肺，肺之宣肃功能失职，清气不升，下迫大肠故见泄泻。

肺与大肠通过经络络属具有表里关系，《内经·灵枢·经脉》曰："肺手太阴之脉，起于中焦，下络大肠，还循胃口，上膈属肺。"又曰："大肠手阳明之脉，起于大指次指之端……下入缺盆，络肺，下膈，属大肠。"[2]邪气袭肺，并循经下迫大肠，故见泄泻，正如喻嘉言在《医门法律·附答内经十问》中曰："而秋月之伤肺，伤于肺之燥也，与秋伤于燥，冬生咳嗽，同是一病。但在肺则为咳嗽，在大肠则为飧泄，所谓肺移热于大肠，久为肠澼者，即此病也。"[3]《医学从众录·泄泻》亦云："又有感秋金燥气，始则咳嗽，久则往来寒热，泄泻无度，服温补药更甚，或完谷不化，有似虚寒，而不知肺中之热，无处可宣，急奔大肠，食入则不待传化而直出，食不入则肠中之垢，亦随气奔而出，是以泻利无休也。"[4]新冠肺炎暴发季节为暖冬之际，本应寒反大热，燥热犯肺，肺热壅塞，下移于大肠，大肠传导失常，故见泄泻。

多数新冠肺炎患者伴有泄泻，但究其病因仍为外邪犯肺，肺的功能失调影响大肠的传导功能所致，根据中医治病必求于本的原则，此类患者的治疗仍以治肺为主。若泄泻是由痰热移于大肠所致，则治以清肺化痰之法；若泄泻是由燥热下迫大肠所致，则治以清燥润肺之法。正如《医学从众录·泄泻》提出的燥热犯肺引起的泄泻治法："宜以黄芩、地骨皮、甘草、杏仁、阿胶润肺之药，兼润其肠，则源流俱清。寒热咳嗽泄泻，一齐俱止矣。"[5]"湿盛则濡泻"，故治疗泄泻常用健脾止泻之法。而新冠肺炎伴见的泄泻由燥热、痰热

---

[1] 柳长华解读. 黄帝内经[M]. 北京：科学出版社，2019：128.
[2] 柳长华解读. 黄帝内经[M]. 北京：科学出版社，2019.
[3] 喻嘉言. 医门法律[M]. 韩飞等点校. 太原：山西科学技术出版社，2006.
[4] 陈念祖. 医学从众录[M]. 金香兰校注. 北京：中国中医药出版社，1996：143.
[5] 陈念祖. 医学从众录[M]. 金香兰校注. 北京：中国中医药出版社，1996：146

所致，健脾之药多属甘温、淡渗之品，温药易助热，淡渗之药易伤阴，故不宜使用健脾止泻法。因此，我们针对新冠肺炎中肺病及痰热或燥热下迫大肠所致之泄泻，提出了清肺化痰、清燥润肺的治法，并取得了满意的疗效。

《医学入门·卷四·外感·泄泻》曰："痰泻，或泻或不泻，或多或少。此因痰留肺中，以致大肠不固。"①《症因脉治·泄泻论》曰："又有痰积在肺，肺移于大肠，清肺经之痰，则大肠之泻自止，用节斋化痰丸。"②痰泄病位在肠，但病本亦在肺，痰邪郁阻于肺，使肺宣降失职，影响大肠之气不固，则虚而作泻。此次新型冠状病毒肺炎主要的发病地点为湖北武汉，该地湿热壅盛，外邪夹湿热侵袭于肺，易化痰化热，治以清肺化痰，使痰浊自去，肺气宣，则大肠得固而泻止。

《医学传灯·泄泻》曰："又有肺燥作泻者，人所不知。秋伤于燥，内热咳嗽，肺中之火无处可宣，传于大肠，故令作泻。宜用清金润燥汤，润肺兼润其肠，则泄泻自止。若误认脾虚而用温补，非徒无益，又害其肺也。"③

综上，在当时的新冠肺炎疫情下，我们可从"肺与大肠相表里"理论出发论治咳嗽伴见泄泻的临床症状。其病机辨证为痰热或燥热犯肺，并下迫大肠，施以清肺化痰、清燥润肺之法，可明显改善咳嗽与泄泻症状。这表明从肺论治新冠肺炎出现的咳嗽伴泄泻是有效的。

（2）从肝论治新冠病毒肺炎

"五脏六腑，皆令人咳，非独肺也"，在新型冠状病毒肺炎的发展演变过程中，我们发现"肝"产生了巨大的影响，所以有必要梳理肝与肺的生理、病理关系，重视"从肝论治"本病的意义。

现在一般认为新型冠状病毒肺炎病位在肺，肺在五行属金，根据五行生克乘侮理论，金本克木，根据《内经·素问·五运行大论》："气有余，则制己所胜而侮所不胜，其不及，则己所不胜侮而乘之，己所胜轻而侮之。"④金木关系存在两个方面的问题，一是肝气过盛而侮肺，二是肺气不足而肝侮。

---

① 李梴著. 金嫣莉等校注. 医学入门[M]. 北京：北京中医药出版社，1995：368.
② 秦景明纂著. 秦皇士辑. 症因脉治[M]. 上海：上海科学技术出版社，1958：48.
③ 陈岐之，吴少祯总主编. 黄斌校注. 医学传灯[M]. 北京：中国中医药科学技术出版社，2021：66.
④ 柳长华解读. 黄帝内经[M]. 北京：科学出版社，2019：217.

肝气郁结,气有余便为火,导致肝火旺盛,上逆犯肺,肺失肃降发为咳嗽,肝火灼津,肺失濡养,故以干咳为主,肝气郁结,肝火上炎,故见胸胁胀闷不适、口干口苦等症状。对于疾病根据五行的规律传变的论述在《内经》中早有记载,《内经·素问·玉机真藏论》提到:"五藏受气于其所生,传之于其所胜,气舍于其所生,死于其所不胜……肝受气于心,传之于脾,气舍于肾,至肺而死。"①由此可见肝气在传导过程中如果因为五行生克关系的异常,而导致其传于其所不胜之脏腑,则可能导致严重的疾病,也与目前疾病的发生发展规律所相符。

肝和肺在五脏之中都是属于影响气机循环的主要脏腑,而肝气归属于春,主生发,肺气归属于秋,主肃降,《内经·素问·刺禁论》也指出:"肝生于左,肺藏于右。"②结合另一篇《内经·素问·五运行大论》中的说法"上者右行,下者左行"③,所谓"上者右行",言天气右旋,自动而西以降于地;所谓"下者左行",言地气左转,自西而东以升于天,揭示了自然界天气右行下降,地气左行上升的规律,由此跟肝、肺本身的方位、归属相对应,可以看出肝气和肺气的升降规律为肝左行上升,肺右行下降,升降得宜,则气机舒展,肝和肺在生理状态下相互影响、相互制约,共同配合气机的循环运行,而一旦其中一个脏腑受到损伤,就会导致气机平衡的改变,故在气机的循环规律中一直都有肝气不升则肺气不降的说法。而在新型冠状病毒肺炎患者的诊疗过程中,大多患者都伴随咳嗽气紧,肺的宣发肃降失调,就会导致咳嗽的发生,而肝气郁结,导致肝气无法正常生发,也会在一定程度上加重肺气的肃降,导致咳嗽频繁地发生,故《内经·素问·咳论》中早就提出了"五脏六腑皆令人咳"的观点。

肝和肺的功能在五行运行规律上和气机的循环上都是息息相关的,从经络上来看它们分属足厥阴肝经和手太阴肺经。十二经络是人体气血运行的枢纽和途径,在十二经络运行中,手太阴肺经是十二正经之首,也是气血循行的起点,经络的循行都是周而复始的,每一条经络都有其上接之经脉,手太阴肺经虽然起于中焦,但是同样也是上接十二正经的最后一条经络足厥阴肝

---

① 柳长华解读. 黄帝内经[M]. 北京:科学出版社,2019:183.
② 柳长华解读. 黄帝内经[M]. 北京:科学出版社,2019:219.
③ 柳长华解读. 黄帝内经[M]. 北京:科学出版社,2019:219.

经的,在足厥阴肝经的循行原文中将它们二者的关系阐述得很明确,《内经·灵枢·经脉》中云:"肝足厥阴之脉……其支者,复从肝别,贯膈,上注肺。"

中医诊疗疾病不仅需要辨证论治,还应该讲求天人相应的原则,而本次新型冠状病毒肺炎的突然暴发也与异常的气候有着一定的关系,《内经·素问·金匮真言论》云"夫精者,生之本也。故藏于精者,春不病温"①,而冬主封藏,封藏精气以待来年,2019年的冬天气温并没有特别冷,不利于万物的蛰伏封藏,因此导致了春季的温病,因此也印证了"冬不藏精,春必病温"的说法。《温病条辨·上焦篇》中云:"冬温者,冬应寒而反温,阳不潜藏,民病温也。"②冬季的封藏不利也影响了肺金的肃降,因此导致了肺系疾病的发生。而春属木,通肝气,本身就容易引起肝气的郁滞,从而导致本该生发的肝气运行失调,进一步加重了肺气的上逆,引发一系列的症状。从五运六气的观点来看,2020年初正处于庚子年初之气的时节,主运为金运太过,主气为厥阴风木,客气为太阳寒水,故应加以疏肝理气之法来加快气机的运行,抑制肺气的上逆。

《内经·素问·上古天真论》曰:"恬淡虚无,真气从之,精神内守,病安从来"③,《内经·素问·奇病论》曰:"肝者中之将也,取决于胆,咽为之使,此人者,数谋虑不决,故胆虚气上溢,而口为之苦。"④这两句强调了脏腑功能和情绪之间相互影响的关系,并解释了"口苦"之证的发病机理。中医对于疾病的治疗需要因人制宜,新型冠状病毒肺炎在短时间之内传播迅速,各地均进入紧急响应状态,大多数患者都有恐惧和焦虑的情绪,肝为风木之脏,主疏泄而藏血,其气升发,喜条达而恶抑郁,人的情绪与肝气的疏达与否有着密切的关系。因此在与患者交流时应更多地注意他们情绪的疏导,从肝论治或者辨证论治的基础上加以疏肝理气的药物,取得较好的疗效。

中医强调天人相应,注重三因制宜,坚持辨证论治,在诊疗过程中需要思路灵活、审证严格,方可取得较好的临床疗效。

---

① 柳长华解读.黄帝内经[M].北京:科学出版社,2019:46.
② 吴瑭著.图娅点校.温病条辨[M].沈阳:辽宁科学技术出版社,1997:5.
③ 柳长华解读.黄帝内经[M].北京:科学出版社,2019:33.
④ 柳长华解读.黄帝内经[M].北京:科学出版社,2019:206.

四、肺结节的中医辨证论治

中医无肺结节之病名的记载，它是随着现代科技的发展、检查技术的提高而被发现的肺部病灶，现代医学认为肺结节是肺内直径小于或等于 3 cm 的类圆形或不规则形病灶，影像学表现为密度增高的阴影，可单发或多发，边界清晰或不清晰的病灶。影像学检查结果可视为中医望诊的延伸。根据肺结节的特点，中医可初步归属"肺积"范畴论治。唐老认为肺结节是一种以局部病变为主要特征的全身性疾病，对于非手术处理的结节，中医治疗是重要方法之一。下面把唐老针对肺结节的学术思想及典型病案介绍如下：

（一）肺结节的常见病因

外因：烟尘、废气、汽车尾气、室内污染、炎症等外邪反复侵扰，正不抗邪，致阴阳失调，气血失和，脏腑功能紊乱，运化失常，痰瘀内生，肺络不畅，而生结节。

内因：平素情志不畅、忧思焦虑、工作压力大者，易致气机不畅，气血不和，气滞血瘀，而生结块；另外素体脾虚，脾胃怯弱者，脾脏运化失健，水谷不能运化，痰湿内生，日久化热化瘀，或气血亏虚，易可导致结节积聚而成。

（二）肺结节的病因病机

肺结节归属于中医"肺积"范畴。《难经·五十六难》中记载"肺之积，名曰息贲"[1]，指邪气留滞凝结于肺。结节是机体整体性疾病的局部表现。唐老提出肺结节的主要病机为"郁"，肺结节以郁为核心，包括"气郁、血郁、痰郁、湿郁、寒郁"。"郁"有积滞、蕴结、滞而不通之意。

现代的人们生活压力很大、欲求增多，欲而不达，久而成郁，木郁不达，上犯于肺，气阻痰滞，肝郁脾虚，运化失司则聚湿生痰，痰气郁久则易形成

---

[1] 刘渊，吴潜智主编. 难经[M]. 成都：四川科学技术出版社，2008：199.

有形之积。此外，随着生活水平的提高，膏粱厚味的食用已成日常，加之从事脑力劳动者日渐增多，痰湿体质的人群日渐增多，进一步为气血痰湿郁提供了温床。

（三）肺结节的中医治疗

唐老主张：治法上多补肺益气治其本，理气、化痰、散结、祛瘀等治其标。执简驭繁，以自制"鳖甲方"加减治疗。具体方药为：醋鳖甲、南沙参、黄芪、法半夏、芦根、皂角刺、茯苓、炙甘草、半枝莲、白花蛇舌草等。根据分证加减各有侧重。

（四）典型案例

病案 1：王某，男，41 岁，四川省南充市人。

初诊：2021 年 5 月 3 日。感染新冠后咳嗽明显，在我院门诊查胸部 CT 示右肺上叶混合磨玻璃结节，大小约 1.2 cm×0.5 cm，经规范抗感染治疗 2 周，1 个月后复查胸部 CT 示：右肺上叶混合磨玻璃结节偏实性，较前比较未见缩小；期间复查肺癌相关肿瘤标志物均正常。刻下症见：干咳为主，乏力，口黏，胸闷，痞满，舌暗红，苔腻，脉弦濡。

诊断：肺积。

辨证：痰湿郁肺，肺气虚损。

治法：化痰祛湿，益气消结。

方剂：鳖甲方加减。

处方：醋鳖甲 20 g　　南沙参 15 g　　黄芪 30 g　　法半夏 10 g
　　　芦根 30 g　　　皂角刺 10 g　　茯苓 15 g　　炙甘草 10 g
　　　半枝莲 30 g　　白花蛇舌草 30 g　烫水蛭 10 g　全瓜蒌 15 g
　　　猫爪草 10 g　　浙贝母 20 g

14 剂，煎水温服，一日一剂，一日三次，并嘱清淡饮食。

二诊：2021 年 5 月 18 日。患者咳嗽好转，乏力、痞满减轻，稍胸闷，舌稍暗，苔腻，脉弦。上方减全瓜蒌、浙贝母，其余不变，续开 14 剂，煎水温服，一日一剂，一日三次。嘱服药后好转，可停药14天后复诊。

三诊：2021年6月19日。患者稍胸闷、咳嗽、乏力、痞满等症状基本消失，在二诊方基础上，加桔梗15 g，制成蜜丸 5 g/丸，每次一丸，每日三服，1月量。如无特殊不适，可于8月中旬复查胸部CT了解肺结节变化情况。

四诊：2021年8月21日。患者无特殊不适，复查胸部CT提示右肺上叶混合磨玻璃结节，大小约 0.2 cm×0.3 cm，较前明显缩小。三诊方减桔梗，制蜜丸同前继服1月。

2021年12月26日电话联系患者于当地医院复查胸部CT提示胸部CT未见特殊异常。

按语：患者平素嗜食肥甘厚味，运化失司则聚湿生痰，痰湿气郁而形成有形之积，加之感染新冠后余毒留恋，肺气损伤，气虚加重痰湿气郁而成肺结节。选用鳖甲方加减以燥湿化痰、补气散结。理法方药切合，疗效显著。

病案2：李某某，女45岁，四川省西昌市人。

初诊：2022年12月7日。平素工作压力大，与其丈夫关系不和谐，烦躁易怒，多愁善感，年底单位组织体检，发现左甲状腺叶见囊性结节，大小0.2×0.3 cm，乳腺增生性结节（0.4×0.6 cm），右肺中叶磨玻璃结节 0.4×0.6 cm。初诊症见：烦躁易怒，两胁胀痛，善叹息，呃逆嗳气，舌质淡，苔薄白，脉弦。

诊断：肺积。

辨证：肝气郁结证。

治法：疏肝解郁，化痰消结。

方剂：鳖甲方合柴胡疏肝散加减。

处方：柴胡24 g　　黄芩9 g　　川芎12 g　　白芍20 g
　　　醋鳖甲20 g　南沙参15 g　黄芪30 g　　法半夏10 g
　　　芦根30 g　　皂角刺10 g　茯苓15 g　　炙甘草10 g
　　　猫爪草10 g　浙贝母20 g　海藻15 g

7剂，煎水温服，一日一剂，一日三次。

二诊：2022年12月15日。患者烦躁易怒、善叹息、嗳气均好转，两胁稍胀痛，呃逆症消失，上方柴胡减为15 g，余药不变，制蜜丸5 g/丸，每次一丸,每日三服,1月量。

三诊:2023年1月20日。患者遇不顺心事时稍烦躁,余诸症均明显好转,上方制成蜜丸继服1月。

四诊:2023年4月5日,患者复查甲状腺彩超、乳腺彩超、胸部CT均未见明显异常。

按语:患者平素情志不畅、忧思焦虑、工作压力大者,易致气机不畅,气血不和,气滞血瘀,而生结块。患者甲状腺结节、乳腺结节、肺结节均为肝经循行位,肝气郁结之象明显,选用鳖甲方为主加减化痰散结基础上配合疏肝理气之法,使肝气调达,经络通畅,气血调和,郁结自消。

病案3:刘某,女,67岁,四川省绵阳市人。

初诊:2023年1月6日。素食主义者,平素易感冒,体检查胸部CT(2022年11月)发现右肺中叶靠胸膜下亚实性结节0.5×0.4 cm。患者外院使用抗生素治疗20余天,口服中药治疗(以活血通络、消癥散结为主)30余天,治疗后患者诉乏力、疲倦加重,食欲下降,故停用一切药物治疗。今日慕名来请唐老诊疗。初诊刻下症见:气短声低,倦怠乏力,食少便溏,自汗恶风,易感冒,舌淡,边有齿痕,苔白,脉细缓。

诊断:肺积。

辨证:肺脾气虚证。

治法:补肺健脾,益气消结。

方剂:鳖甲方合四君子汤加减。

处方: 醋鳖甲20 g　　南沙参15 g　　黄芪30 g　　法半夏10 g
　　　　　芦根30 g　　　皂角刺10 g　　茯苓15 g　　炙甘草10 g
　　　　　半枝莲30 g　　白花蛇舌草30 g　党参30 g　　炒白术15 g

7剂,煎水温服,一日一剂,一日三次。

二诊:2023年1月14日。患者气短声低,倦怠乏力好转,食少便溏减轻,仍自汗恶风。上方加防风10 g,制蜜丸,5 g/丸,每次一丸,每日三次,1月量。

三诊:2023年2月17日。患者语音洪亮,稍乏力,饮食量明显增加,轻度自汗,稍恶风,上方制成蜜丸继服1月。

四诊：2023 年 4 月 20 日。患者稍乏力，偶有汗出，余无特殊不适，患者要求食疗，嘱鱼肉蛋奶蔬菜合理搭配饮食。患者于 2023 年 6 月于当地医院复查胸部 CT 未查见结节，来电表示感谢。

按语：患者为素食主义者，平素易感冒。素食导致患者气虚不足，"气为血之帅"，气虚日久则运化不足；痰湿内生，气虚推动无力，久则血瘀自成，痰瘀胶着，结节自生。患者以肺结节就诊，多数中医师受西医影响，不辨证论治，以痰瘀血结统治，本例患者为气虚致郁，气虚为主，若妄加大量活血化瘀、消癥散结药物致气更虚，犯了虚虚之戒。唐老打破结节痰瘀互结的固定思维，抓住主证，辨证为肺脾气虚证，在益气扶正的基础上配合少量消癥散结药物，理法得当，效如桴鼓。

病案 4：朱某，男，53 岁，四川省成都市人。

初诊：2023 年 3 月 2 日。平素喜食肥甘厚味，长期饮酒、吸烟。起居不慎感冒后出现咳嗽、咯痰，伴发热，于当地医院就诊治疗，查胸部 CT 提示右肺感染性病变，给予头孢菌素抗感染治疗 12 天，复查胸部 CT 提示右炎症大部分吸收，右肺可见大小约 0.7 cm 混合磨玻璃结节，住院期间查肿瘤标志物未见异常。初诊刻下症见：咳嗽痰多，胸闷气憋，胸痛如针刺有定处，舌质暗红有瘀斑，脉涩或弦。

诊断：肺积。

辨证：痰瘀交阻证。

治法：行气化痰、逐瘀散结。

方剂：鳖甲方合血府逐瘀汤加减。

处方：
醋鳖甲 20 g	南沙参 15 g	黄芪 30 g	法半夏 10 g
芦根 30 g	皂角刺 10 g	茯苓 15 g	炙甘草 10 g
半枝莲 30 g	白花蛇舌草 30 g	桃仁 15 g	赤芍 15 g
柴胡 15 g	川芎 15 g	桔梗 15 g	

7 剂，煎水温服，一日一剂，一日三次，并嘱清淡饮食。

二诊：2023 年 3 月 10 日。患者咳嗽、咯痰好转，胸闷气憋症状减轻，胸痛如针刺有定处，程度较前缓解。效不更方，上方制水丸每次 5 g，每日三次，1 月量。

三诊：2023 年 4 月 23 日。患者轻度胸闷，活动后稍气憋，胸痛如针刺有定处，程度较前明显缓解，咳嗽、咯痰症消失。初诊方减芦根、桔梗，加薤白10 g，制水丸，每次5 g，一日三次，一月量。

四诊：2023年6月17日。患者无特殊不适，为复查胸部CT而就诊。复查胸部CT：右肺中叶、下叶见少许索条改变，未见结节等。

按语：患者平素膏粱厚味、吸烟饮酒已成日常，多食肥甘厚味致痰湿内生，久则气机失常，血瘀内停，痰瘀互结致肺络闭阻而结节自生。如《景岳全书·风痹》中所讲："痹者为闭也，以血气为邪所闭。"[1]以行气化痰、逐瘀散结为法，方选鳖甲方合血府逐瘀汤加减治疗，方证切合，痰消瘀散，结节自消。

五、对恶性肿瘤的认识以及辨治

恶性肿瘤参考中医学的"岩""积聚""癥瘕""臌胀"等病症，中医学认为，"积聚"是以腹内结块、或痛或胀为主的一种病症，其中积为有形，固定不变，痛有定处，甚则疼痛不休，多属血分，聚则无形，时聚时散，痛有休止，而痛无定处，多属气分。如《金匮要略·五脏风寒积聚病脉证并治》说："积者，脏病也，终不移，聚者，腑病也，发作有时，辗转痛移。"[2]积的形成时间较长，病情较重，始轻而逐渐加重，治疗较难，时间上要缓解亦慢。聚之为病，病较轻浅，时间亦较短，病情较轻，治疗较易。

古代医籍中，认为与积聚同类性质的名称，还有"癥瘕""癖块""包块"等，《诸病源候论·积聚病诸候》说："盘牢不移动者是癥也，言其形状可征验也。""瘕，痛随气移动是也，言其虚假不牢，故谓之为瘕也。"[3]由此可知癥即积，瘕为聚，名异而实同，癖块则是指位于两胁的积块，如《圣济总录·积聚门》说"癖者，僻侧肋胁"[4]。

---

① 张介宾著.赵立勋主校.景岳全书[M].北京：人民卫生出版社，1991：248.
② 张家礼主编.金匮要略[M].北京：中国中医药出版社，2004：210.
③ 孙理军.诸病源候论[M].北京：中国中医药出版社，2018：324.
④ 赵佶敕编.王振国，杨金萍主校.圣济总录（第5册）[M].北京：中国中医药出版社，2018：1655.

（一）病　名

古医家对积聚分类的病名很复杂，有的用语让新学中医和"西学中"者，不知所措。《难经·五十六难》中说，五积，是指肝积为"肥气"，脾积为"痞气"，心积为"伏梁"，肺积为"息贲"，肾积为"奔豚"[①]；《中藏经·积聚癥瘕杂虫论》中说，六聚，是指病在六腑，"聚有大肠、小肠、胆、胃、膀胱、三焦之六名也"[②]；七癥，是指形状似蛟龙、鱼、鳖、肉、发、虱、米等七种表现；八瘕，指的是病状的病色、病因、病状，如青瘕、黄瘕、燥瘕、血瘕、脂瘕、狐瘕、蛇瘕、龟瘕八种类型而言。

另有妇科门中积在肠外，状如怀子，月事以时而下者称为"肠覃"，积于胞中，状如怀子，月事不以时下，或不下者称为"石瘕"。女子乳房包块，称为"乳岩"。

再说臌胀，以腹大如臌，皮肤苍黄，腹皮下脉络显露为特征的疾病。《内经·灵枢·水胀》载："黄帝曰：鼓胀何如？岐伯曰：腹胀身皆大，大与肤胀等也，色苍黄，腹筋起，此其候也。"[③]祖国医学文献里记载，称为单腹胀、气臌、水臌、血臌等。臌胀与蛊胀，名称非常类似，临床表现相似，但其病位、病性及治疗有所不同，明代李中梓在《医宗必读·水肿胀满》中说："在病名有鼓胀和虫胀之殊……蛊胀者，中实有物，腹形乏大，非虫即血也。"[④]据《说文解字》对"蛊"字的解释，"蛊，腹中虫也，从虫从血"，可以认为当时明确指出蛊胀的病因是水中有虫为患。"蛊胀"指血吸虫病，新中国成立以后和肺结核一样，由疾控中心专病专治，故中医医生对这两种病接触较少。但在疾病后期，有部分患者出现气血双亏、肺脾气虚、心脾两虚、脾肾两虚等证候，也会选择中医治疗，也有较好的效果。"膨胀"相当于现代医学所说的肝癌、肝硬化腹水，以及其他肿瘤中、晚期出现的腹水范畴。

---

① 刘渊，吴潜智主编. 难经[M]. 成都：四川科学技术出版社，2008：199.
② 华佗撰. 农汉才点校. 中藏经[M]. 北京：学苑出版社，2007：20.
③ 柳长华解读. 黄帝内经[M]. 北京：科学出版社，2019：484.
④ 李中梓著. 王卫等点校. 医宗必读[M]. 天津：天津科学技术出版社，1999：247.

（二）病因病机认识

积聚、臌胀的起因，多由于长期饮食不节，情志所伤，以及患黄疸、痰饮、血瘀等症的后期，经久不愈，不能坚持治疗或有病乱投医，逐渐伤及脏腑，其病在于肺、脾、肝、肾以及六腑受伤，导致气血、痰湿、水饮结于腹中，形成积聚及臌胀。

1. 饮食不节

嗜食烟酒、辛辣，肥甘厚味，饮食自倍，脾胃受伤，食积气滞，升降失常，清浊交混，即可发生胀泻；脾失升清，胃失和降，水谷不化，加速积聚的形成。《内经·素问·阴阳应象大论》说："浊气在上，则生䐜胀。"[1]若久食辛辣之品，服之过度，酒入中土，则生湿热，"酒气独归胆也"，必伤及于肺、胃、肝、胆，俱为湿热困阻，不能消化水谷，以益气血，肝失所养，克伐脾胃，更加重胀满。所以《温病条辨·中焦篇》说："厥阴气至，发为䐜胀，盖木克土也。"[2]气滞血瘀，水积日久，三焦决渎失职，肾门不开，水无出路，加之痰瘀相凝，逐渐成为积聚、臌胀。多属现代医学肝癌、胃癌、食道癌、大肠癌的范畴。

2. 情志郁结，肝脾失调

肝为藏血之脏，脾为气血生化之源，若情志不畅，抑郁焦虑过度，最易影响肝脾气血的运行；若遇事不顺或大怒气逆，肝失疏泄条达之职，则气滞血瘀。如《杂病源流犀烛·肿胀源流》说："臌胀由于怒气伤肝，渐蚀其脾，脾虚之极，故阴阳不交，清浊相混，隧道不通，郁而为热，热留为湿，湿热相生，故其腹大也。"[3]若忧郁思虑过度伤及脾胃，使不能为胃行其津液，以及散其津液，以散精于肺，浸淫于脉，血不得藏于肝，肝气横逆，而乘脾（胃）则运化停滞，水湿停留，成为气血、水湿、痰浊互结，肺、肝、脾、肾俱伤，而导致积聚、臌胀。

---

[1] 柳长华解读. 黄帝内经[M]. 北京：科学出版社，2019：51.
[2] 吴瑭著. 图娅点校. 温病条辨[M]. 沈阳：辽宁科学技术出版社，1997：29.
[3] 沈金鳌撰. 李占永，李晓林校注. 杂病源流犀烛[M]. 北京：中国中医药出版社，1994：67.

3. 黄疸、积聚

黄疸积聚，迁延日久，黄疸之为病，本系湿热，满结肝（胆）脾（胃），脾胃运化输布失常、血伤湿热随经深入藏血之脏，肝郁失其疏泄条达，胆汁外溢，肝胆脾（胃）肾为湿热所困，致使气滞血瘀，痰热相互郁结而起，发为胀满而痛，如清代喻昌所著《医门法律·胀病论》记载道："凡有癥瘕积块痞块，即是胀病之根。"[1]

4. 积聚、臌胀

积聚、臌胀的形成多因外邪、内伤而致，或烟酒过度，嗜食辛燥、肥甘厚味，加身体之虚，起因虽殊，后果则同，不外伤肺、伤肝（胆）、伤脾（胃）以及伤脾肾（膀胱）导致气滞血瘀水结，痰湿互结而胀满。形成该病有主次之分，即非单独为病，有先病气滞而血结者，有先血结而气滞，有先水肿后血结者，有先血结而后蓄水者。虽错综复杂，互为因果，总不外肺、脾、肝、肾气血俱伤，久则累及三焦膀胱导致化气行水功能发生障碍，导致肺（大肠）、肝（胆）、脾胃（胰）、肾（膀胱）等诸多脏腑功能失常，形成气、血、水、饮、痰、湿结于肠内。嗜食烟者每天抽 1~2 包以上，多发肺癌，其家人同事不能排除吸二手烟（被动吸烟），亦能导致肺癌。饮酒过度，不论白酒、红酒、啤酒以及药酒，饮食辛燥、肥甘、腌腊制品过多过度（特别是乙肝病人饮酒过度），易患肝癌、胃癌、食道癌、大肠癌等；情志不畅，忧郁过度，易患乳腺癌、肝癌及肝硬化。各种恶性肿瘤和家族史有一定的联系，不能排除有一定的遗传因素。

（三）恶性肿瘤的治法

古医家在当时的条件下，对肿瘤的论述，有理、法、方、药的记载：治疗上急则治其标，缓则治其本，或标本兼治。积在血分，在脏不在腑，聚则时聚时散。在临床实践中，积者在皮肤、头部、咽部、食道、鼻咽部、前列腺、输尿管、口腔以及女子胞等均有表现，部位不同，其治疗有相同和不同

---

[1] 喻嘉言著. 韩飞等点校. 医门法律[M]. 太原：山西科学技术出版社，2006：284.

之处，治疗时间长，难度大。

1. 西医对恶性肿瘤的治法

现代医学认为肿瘤的转移是一个十分复杂的多步骤的连续的过程，包括癌细胞从原发肿瘤脱落，侵袭邻近组织，进入循环系统，穿透基底膜，浸润周边组织，在继发部位生长形成转移瘤，其中，运动因子及其受体、基质降解酶、转移的信息传导、癌基因缺陷、转移相关基因和转移抑制基因（NM23等）都涉及转移过程，而针对转移不同环节制定各种治疗方法，包括抗迁移机制、抑制细胞外基质的降解、抗黏附、阻断信息传递抑制血管生成素等已取得成效。

肿瘤转移机制固然复杂，但可以认为转移克隆形成是肿瘤宿主间一系列相互作用的复杂结果，既包括了肿瘤因素，如恶性肿瘤细胞的生物学特征，也包括了宿主因素，如器官细胞的生长所具备的条件以及器官组织所产生的调节作用。分析血液和淋巴循环中不利于肿瘤细胞生存的条件（微循环结构、功能、凝血、抗凝因素等），寻找宿主血液循环中可借助的抗转移因素，如免疫活性细胞（NK细胞、巨噬细胞、杀伤性T细胞等），开拓和应用患者自身存在的免疫系统，在当今抗肿瘤转移治疗策略中具有良好、广泛的应用前景，也为中医药的抗肿瘤转移治疗提供了思路与线索。

2. 中西医结合治疗恶性肿瘤

目前，中西医结合是治疗恶性肿瘤的最佳方案和手段，运用现代医学的检查（血、CT、核磁、病理活检）明确诊断，分析治疗方法（手术、放/化疗）。在恶性肿瘤患者术后、放/化疗期间和口服靶向药物治疗过程中，完全可以应用中医药治疗，可以减少放/化疗和靶向药的毒副作用，提高疗效，提高生存率，增加人体免疫功能，服用中药安全、可靠，而且有远期疗效。对部分癌症患者，如年龄偏大，恶性肿瘤晚期，出现多器官转移，无法手术，只能放/化疗；有的患者手术后，对放/化疗极度反感，个别患者做1~2次治疗后副反应特别重，抑或对放/化疗不敏感，再或基因检测后口服靶向药物一定时间后出现恶心、呕吐、头晕、少食、身倦乏力、皮肤过敏红疹者，均可以采用中医治疗。很多患者查出患严重晚期恶性肿瘤，家属希望避免患者知道后产生不良的心理负担，选择保密病情，一般医生会给予配合，在临床实践中不少此类患者在仅服中药的情况下，生活质量明显提高和生存时间明显延长，可见中医药的治疗可以带来很多好处。

大部分癌症患者通过手术治疗，术后根据情况进行必要的放/化疗，再结合中医药治疗，能广谱、多靶点、多途径达到抗肿瘤的作用，直接杀灭肿瘤细胞，促进肿瘤细胞的凋亡和沉睡，抑制肿瘤血管增生，保护骨髓的造血功能和免疫系统的调节。如滋补类药中的人参（党参、太子参）、黄芪、白术、薏苡仁、山药、石斛、天冬、西洋参、冬虫夏草、阿胶、龟甲胶等，佐以如半枝莲、白花蛇舌草、重楼、蒲公英、苦参、肿节风以及配服西黄丸、复方红豆杉胶囊等，可以增加人体巨噬细胞、CIK 细胞、NK 细胞的活性，诱导干扰素，具有抑制癌细胞蛋白质的合成，促进骨髓造血干细胞的成熟的作用，从而使红细胞升高。

说明中医药结合西医放/化疗，有协同作用，能促进病程缩短，能提高放/化疗患者的生存率，减少放/化疗带来的毒副作用，为治疗中晚期癌症的有效方法之一。化疗是针对中、晚期肿瘤的主要手段，它能改善患者的部分症状，提高患者的生活质量，提高生存率。化疗一般是 4~6 个疗程，但化疗进行到 2~3 个疗程后，大部分病人表现出情绪低落、表情痛苦、心烦不安，为让患者身心愉快，医者不必勉为其难，可顺其自然，用中医治疗。中药不仅能抑制肿瘤生长，而且可以提高患者的生活质量，缓解痛苦，且安全性好，对于一些自身状况较差不适合进行联合化疗、失去手术指征、多种原因不能行常规化放疗的患者，不失为一种好的选择，值得临床中医、西医进一步研究、应用以及推广。

3. 中医对恶性肿瘤的治法

应用中医药治疗各种癌症，绝不是单一的传统煎服剂，随着科技的发展和进步，从古代的膏、丹、丸、散、汤、针、灸等，到目前的各种中药成药剂型，如片剂、散剂、口服液、胶囊剂、注射剂等，既有古方的剂型，亦有现代药理研究的剂型。

1) 中医药制剂治疗

注射剂类：① 康艾注射液（主要成分：人参、黄芪、苦参）；② 艾迪注射液（主要成分：人参、黄芪、南五加皮、斑蝥）；③ 参芪注射液（主要成分：人参、黄芪、麦冬、五味子）。

以上三种用5%葡萄糖注射液250 mL加其中的一种静脉滴注，有糖尿病患者用0.9%氯化钠注射液250 mL加以上中的其一种静脉滴注。

还有两种针剂具有软坚散结、化瘀消癥的功效，能在一定程度上控制肿瘤生长，分别是鸦胆子油乳注射液、肿节风注射液（肌注），但在使用过程中经常会出现胃肠反应，注射时间过长会出现头晕、恶心、呕吐、腹胀等。

口服药类：黄芪颗粒、参芪颗粒、百令胶囊、回春口服液、红豆杉胶囊（复方）、地榆升白片、破壁灵芝孢子粉（胶囊）等。以上的注射剂及口服剂，均是以扶正祛邪为主，能提高人体免疫功能。

其他类型中成药（包含古名方）：西黄丸、鳖甲煎口服液、复方斑蝥胶囊、黄葵胶囊（片）、平消胶囊、小金丹、华蟾素胶囊、三七血竭胶囊、鳖甲煎丸（《金匮要略》）、化癥回生丹（《温病条辨》）、阿魏丸（《景岳全书》）、大黄䗪虫丸（《金匮要略》）等，以上的中药制剂，以祛邪为主，正气不足者不可以久服。

唐老常说：治疗癌症的中成药有很多类型，但其中大部分都是西医医生在使用，其使用原则也是基于药理研究结果而非基于中医理论的辨证论治，随意性太大，疗效不稳定，也建议国家控制西医医生开中成药的处方权利，必须经过对中医的系统学习，基本掌握中医望、闻、问、切四诊，对阴阳、气血、虚实、寒热有一定了解，具有辨证施治观念，"西学中"考试合格方可进行中成药处方，如若不能切实提高疗效，反而增加了患者的经济负担和医保的压力，影响了老百姓对中成药以及中医药的良好印象。

2) 中医药治疗癌症的思路和对策

转移和扩散是癌症治疗的重要障碍，控制转移是决定癌症患者预后的关键因素，近年来国外在肿瘤转移和扩散的某些具体环节和机理，研制出预防转移的药物，但至今尚无一种广泛用于临床的药物。因此，积极探索中医药的预防肿瘤转移治疗的思路和方法，努力开发防止转移的中药具有十分重要的意义。

中医学对肿瘤转移的病因病机的认识见于《内经·灵枢·百病始生篇》："留而不去，传舍于肠胃之外，募原之间，留着于脉，稽留而不去，息而成积。"[①]留者痛也，这也许是祖国医学对肿瘤转移的最早的记载，历代医学对转移的病机认识，主要是通过气滞、血瘀、痰凝、毒聚和正气内虚等方面进行辨证。现代医学主张中西结合对肿瘤转移、扩散、复发的病因病理进行研究，目前有了一定的认识。如上海中医药大学附属龙华医院肿瘤科徐振华等认为免疫功能低是恶性肿瘤复发、转移的关键，中药扶正之品，如人参、黄芪、白术、山药、海参等品，则可提高癌症患者免疫功能和减少肿瘤表面活性物质。上海中医药大学附属龙华医院邱佳信等认为消化道肿瘤脾虚状态特别多，健脾益气则可控制肿瘤的转移复发。北京中医院郁仁存认为肿瘤的转移复发与人体脏腑功能减退，气血阴阳失调，正气亏虚，以致机体抗病力降低等内环境失去平衡有关，并认为瘀血内停（类似现代医学的血液高凝状态）是癌症复发和转移的重要因素。活血化瘀药物对防止复发转移具有重要意义。《内经·素问·刺法论》所谓"正气内存，邪不可干""邪之所凑，其气必虚"[②]，故在临床上将扶正祛邪、扶正固本作为治疗肿瘤的主要治疗法则，与祛邪攻毒、化痰散瘀、疏肝理气、解郁散结、健脾益胃有机结合，将更为有效地控制癌的复发和转移。

3）抗肿瘤转移的中医治法

扶正培本法：癌症患者免疫功能低下，使免疫活性细胞难以识别、杀灭存在血液微循环中具有转移能力的癌细胞，导致转移的形成。扶正固本的方药能有效调节机体免疫功能，提高机体各种抗癌细胞因子活性，提高 NK 细胞、LAK 细胞活性，从而提高机体各种抗癌细胞及因子对血液中癌细胞的攻击能力，尽可能多杀灭癌细胞。扶正固本的方药还具有改善骨髓造血功能，提高内分泌体液的调节功能，调节细胞内 cAMP 含量及 cAMP/cGMP 的比值

---

① 柳长华解读.黄帝内经[M].北京：科学出版社，2019：512.
② 柳长华解读.黄帝内经[M].北京：科学出版社，2019：214.

的作用，从而影响肿瘤细胞生长所必须的条件。因此，扶正固本是中医药抗肿瘤转移最重要的方法，此法可以贯穿于肿瘤治疗的全过程，本法则包括益气健脾、肺脾双补、益气补血、养阴益肾、健脾补肾、温阳补肾、养血柔肝等，但其重点在于益气健脾。临床上治疗肺、胃、大肠（直结肠）等癌症，拟方参苓白术散[《太平惠民和剂局方》(后简称为《局方》)人参、白术、茯苓、炒白扁豆、山药、薏苡仁、砂仁、桔梗、大枣、甘草]，常加入黄芪、黄精、冬虫夏草、红曲、树舌等，就有很好的效果。

活血化瘀法：有关肿瘤血瘀证的研究证实肿瘤患者存在血液黏稠度高、血液高凝状态，使微血管内容易形成包括癌细胞在内的微血栓；在转移过程中瘤细胞与毛细血管内皮的黏连、转移灶内新生血管的形成也和高凝状态。血小板在血栓形成中占有至关重要的地位，血小板的聚集对癌转移的发生有促进作用。活血化瘀可以改变血流变性、降低血黏度、抗凝、抑制血小板活性、促纤溶、抗血栓、消除微循环障碍的作用。可使癌细胞处于抗癌药物及机体免疫功能监控之下，因此，活血化瘀法亦是抗转移的重要方法之一。活血化瘀的方药，应根据病人的体质，恰当选择适合患者的药物以及中成药，如丹参、赤芍、红花、桃仁、红曲、三七，或西黄丸、鳖甲煎丸等。

化湿利水法：研究发现，水肿是肿瘤侵袭转移的常见现象，一方面是瘤体组织水肿，癌细胞间聚合力下降，有利于癌细胞脱离母体进入转移过程，另一方面健康组织水肿，可使纤维成分分开，组织间距加宽，组织结构抵抗力减弱，有利于转移的瘤细胞侵袭和占据，应该在治疗上应用健脾化湿、利水消肿的方药，能减少组织水肿，可能为抗肿瘤转移、水湿排泄提供有效途径，有部分癌症患者在发展过程中往往会出现胸水、腹水，个别患者会出现大量的胸腹水，现代医学采用抽胸腹水，或保留引流管，或静脉滴注血白蛋白效果也不令人满意，因此化湿利水法在抗肿瘤方面值得深入研究。"诸湿肿满，皆属于脾"，唐老自拟化湿和胃饮，针对各种癌症，在治疗过程中由于饮食不调、情志不疏、气候的变化皆可出现"湿阻"，对此应化湿和胃、化湿健脾、化湿疏肝，转化气机、利水消肿，这也是一种权宜之计，这类药物有藿香、紫苏梗、茯苓、薏苡仁、猪苓、泽泻、厚朴、豆蔻、草果仁、草豆蔻、红豆蔻等。

清热解毒，软坚散结：清热解毒，其作用机理主要是直接抑制杀伤癌细胞，应用这类型的方药可使肿瘤细胞在转移中直接凋亡和杀灭，但有些中药能激活巨噬细胞，促进吞噬功能以减少转移的机会。清热解毒类药，如白花蛇舌草、半枝莲、蒲公英、冬凌草、半边莲、白英等对各种肿瘤的早中期均有明显的治疗效果和杀灭癌细胞的作用。软坚散结，以毒攻毒的中药有直接抑制肿瘤细胞的功效，早在20世纪80—90年代，临床中医师常用如蜈蚣、全蝎、土鳖虫、守宫、斑蝥、干蟾皮、蛰虫等中药，但不宜长期服用，久服伤胃出现恶心呕吐、少食，甚则消化道少量或大量出血，目前是在扶正固本的基础上，佐以1~3味即可，改变了以前治疗肿瘤的祛邪扶正的法则。

4）扶正祛邪对恶性肿瘤的治疗

（1）肺癌

拟方：参苓白术散。

处方：人参 15 g　　白术 20 g　　茯苓 15 g　　桔梗 15 g
　　　炒白扁豆 15 g　炒薏苡仁 30 g　山药 30 g　莲子 20 g
　　　大枣 15 g　　甘草 10 g　　砂仁^{后下} 10 g

临床上习惯加半枝莲 30 g、肿节风 30 g、红曲 1 袋（6 g）、树舌 20 g。

用法：煎水温服，一日一剂，一日三次。

加减：咳嗽重加枇杷叶 15 g、紫菀 20 g、浙贝母 20 g；咯血加白及 20 g、阿胶 10 g、藕节炭 30 g、茜草炭 30 g；痰多加胆南星 10 g、海浮石 30 g；气虚加黄芪 50 g；胸水加赤小豆 30 g、石韦 30 g、茯苓 30 g、葶苈子 15 g、大枣 20 g。可配服西黄丸每次 3 g，每日两次，或复方红豆杉胶囊每次两粒，每日三次，用中药汤吞服，有条件者每日可嚼服冬虫夏草 2 根（洗净生吃）。

个别患者，肺上包块巨大，或属晚期多处转移不能做手术者，能做放/化疗的，亦可按疗程放/化疗，中药拟方膈下逐瘀汤加减。

处方：当归 15 g　　川芎 15 g　　赤芍 15 g　　桃仁 15 g
　　　红花 15 g　　生牡蛎^{生煎} 30 g　丹参 20 g　乌药 20 g
　　　延胡索 15 g　炒枳壳 15 g　香附 15 g　鳖甲 30 g
　　　人参 20 g　　黄芪 50 g　　树舌 20 g　红曲 6 g

甘草 10 g

煎水温服，一日一剂，一日三次。

个别中青年肺癌患者，包块巨大，可以服用本方使包块缩小，具备手术条件，术后仍然可服中药综合治疗。

（2）胃癌

拟方：参苓白术散。

处方：人参 20 g　　炒白术 20 g　　茯苓 20 g　　炒白扁豆 15 g
　　　砂仁 10 g　　山药 30 g　　　莲子 20 g　　薏苡仁 30 g
　　　青皮 15 g　　桔梗 15 g　　　甘草 10 g

加减：临床上常加黄芪 50 g、硫黄菌 15 g、生牡蛎 30 g、炒鸡内金 15 g、炒麦芽 30 g、生熟蒲黄各 15 g、羌活鱼 15 g；胃脘痛加延胡索 15 g、檀香 10 g、丹参 15 g；出现腹水加泽泻 20 g、猪苓 20 g；纳差加炒鸡内金 15 g、炒二芽各 30 g。

中药配合放/化疗，可以起到减毒、增效的作用，预防或减少放/化疗以及口服靶向药的毒副作用，常用方药有：① 养阴益胃汤：北沙参 30 g、石斛 15 g、麦冬 15 g、百合 15 g、乌药 15 g、干地黄 15 g、紫苏叶 15 g、黄连 10 g 等，以益气养阴。② 升血汤：黄芪 50 g、太子参 30 g、北沙参 30 g、鸡血藤 30 g、女贞子 20 g、当归 10 g、大枣 15 g、仙鹤草 30 g，配合老中医龟甲胶粉 3 g 吞服。

化疗配合中药治疗可用于以下方面：

胃肠道反应明显，治宜理气和胃，可用陈皮、竹茹、法半夏、旋覆花、代赭石；

骨髓抑制，治宜益气养血、温补肝肾，可选用黄芪、人参、熟地黄、当归、白术、薏苡仁、枸杞子、大枣等。

（3）大肠癌

拟方：参苓白术散加炒青皮、硫黄菌、儿茶、白头翁、炒地榆为基本方。

处方：人参 15 g　　　白术 20 g　　　茯苓 15 g　　　桔梗 15 g
　　　炒白扁豆 15 g　薏米 20 g　　　炒青皮 15 g　　山药 30 g
　　　儿茶 10 g　　　白头翁 30 g　　炒地榆 30 g　　硫黄菌 20 g

甘草 10 g　　　　　薏苡仁 30 g

加减：少食腹胀加鸡内金 15 g、炒麦芽 30 g、炒谷芽 30 g、隔山撬 15 g；出现贫血加黄芪 50 g、当归 10 g、阿胶 15 g；晚期肠癌失去手术指征，但是坚持化疗（按疗程）的患者可选用人参 30 g、丹参 20 g、炮山甲 6 g（每次吞服 2 g）、红藤 30 g、败酱草 30 g、白头翁 30 g、生牡蛎 30 g、八月扎 15 g、炒枳实 15 g、地榆炭 20 g、甘草 10 g，煎水温服；直结肠癌术后或放/化疗后，大便次数增多，常伴有黏液，如果辨证属"湿热中阻"，以和胃化湿健脾为法，先行治标，拟方化湿和胃散，苔化湿去再服基本方。

简易方 1：生薏苡仁 60 g、半枝莲 60 g、白头翁 60 g、甘草 30 g 煎水温服。

简易方 2：红藤 30 g、败酱草 30 g、重楼子根 30 g、马蹄草 30 g、生薏苡仁 60 g，煎水温服，对直肠癌、肠道包块有效。

简易方 3：露蜂房、蝉蜕、蛇蜕、僵蚕、薏苡仁各等分，共细末为散，练蜜为丸，每丸 10 g，每日早晚各 1 粒口服，对早期肠癌有效。

（4）肝癌

拟方：四君子汤加减。

处方：人参 30 g　　黄芪 50 g　　丹参 30 g　　青皮 15 g
　　　郁金 15 g　　八月扎 20 g　云苓 20 g　　鳖甲 20 g
　　　炒白术 20 g　茯苓 20 g　　猪苓 20 g　　垂盆草 30 g
　　　薏苡仁 30 g　桃仁 15 g　　炒山楂 30 g　甘草 10 g
　　　凌霄花 15 g

加减：出现黄疸加赶黄草 30 g、茵陈 30 g、炒栀子 15 g、车前子 15 g；肝区疼痛加延胡索 15 g、炒川楝子 15 g；腹胀加大腹皮 15 g、厚朴 15 g、枳壳 15 g；腹水加猪苓 30 g、泽泻 20 g、车前子 15 g；消化道出血加仙鹤草 30 g、地榆炭 30 g、三七粉 2 g（吞服）。

运用本方治疗肝癌有一定的疗效，在治疗中很少发生急性肝坏死和明显急性肝功能损害。

对部分住院患者，除放/化疗外，采用中药综合治疗，不管是体质较差或体质尚好，均采用扶正祛邪的治疗原则，在临床上只是在基本方的基础上加减不尽相同，如体质尚好，症状不明显，加入半枝莲、三棱、莪术、白花蛇舌草，体质较差加入黄精、龟甲胶粉 3 g 一次吞服，或配服固元胶囊（黄芪多糖、人参芦头）。

中西医结合治疗：

手术前后：采取扶正调理，健脾和胃的中药如黄芪、当归、党参、生熟地、炒鸡内金、炒青皮、炒黄柏、熟大黄、垂盆草、五味子等，可提高手术的耐药性，术后可长期服用益气养肝、健脾和胃之剂以巩固疗效，保护肝功能，提高生存质量。

放/化疗期间：服用益气养肝、健脾和胃的中药，可使放/化疗的损害减轻，保护肝功能，增强机体的免疫力，提高放/化疗的效果，临床上常常选用：人参、黄芪、当归、鸡血藤、女贞子、白术、薏苡仁、茯苓、炒二芽、龟甲胶等。辨证属肝肾阴虚的肝癌，表现胁痛，以右侧为甚，脘胀隐痛，少食，五心烦热，腰痛腿软，形体消瘦，或有肝腹水，舌红少苔、剥苔，脉弦细数。

处方：沙参 30 g　　枸杞子 20 g　　干地黄 20 g　　川楝子 15 g

丹参 20 g　　青皮 15 g　　郁金 15 g　　石斛 20 g

鳖甲 30 g　　知母 20 g　　猪苓 20 g　　车前子 20 g

赤芍 20 g　　丹参 20 g　　半枝莲 30 g　　玉竹 20 g

黄芪 50 g　　川木通 10 g

煎水温服，可选用一种类型中成药，如鳖甲煎丸、消症益肝丸、青蒿鳖甲片等。

单纯全身化疗有效率很低，结合中药治疗则能提高疗效，中药以扶正为主，多选用黄芪、人参、当归、鸡血藤、黄精、女贞子、薏苡仁、菟丝子或配服固元胶囊，效果好，但化疗全用攻下活血化瘀软坚药如蜈蚣、全蝎、守宫、土鳖虫、蛰虫等效果差，此外，补益药中加理气健脾如鸡内金、炒二芽、隔山撬、青皮可以减轻化疗所致的胃肠道反应，提高化疗的完成率。

（5）胰腺癌

拟方：香砂六君子汤加味。

处方：人参 15 g　　炒白术 20 g　　茯苓 20 g　　法半夏 15 g

木香 15 g　　薏苡仁 30 g　　川木通 10 g　　鳖甲 20 g

砂仁_{后下} 10 g　　茵陈 30 g　　垂盆草 30 g　　煅牡蛎 30 g

半枝莲 30 g　　　云芝 20 g

　　加减：气虚加黄芪 50 g；食欲不振加炒鸡内金 15 g、隔山撬 30 g、炒二芽各 30 g；疼痛明显加炒川楝子 15 g、延胡索 15 g；畏寒肢冷加桂枝 15 g、制附片 20 g（先煎一小时）；若出现阴虚，低热不退，口干咽燥、盗汗，加入麦冬 20 g、天冬 20 g、干地黄 20 g、石斛 20 g、女贞子 20 g、太子参 30 g。

　　中西医结合治疗思路及方案：

　　术前：应用中药益气健脾、疏肝和胃，可提高手术耐受或为手术创造条件，术后运用中药益气养血，可以促进创伤口愈合，提高抗病能力，巩固手术疗效，提高生存质量。

　　放/化疗中：服用中药益气养血，可提高机体的应激能力，减轻放射线对机体的损害，同时可防治放/化疗引起的组织纤维化。放/化疗过程中合理使用理气和胃、益气养血之品，不仅可减轻胃肠道反应，减轻和预防骨髓抑制，而且有增强疗效的作用。放/化疗按疗程接受后运用中药治疗，可以增强人体免疫功能，提高生存率和生活质量。

（6）胆囊癌

　　拟方 1：茵陈蒿汤合五苓散加减。

　　处方：茵陈 50 g　　栀子 15 g　　大黄 15 g　　白术 20 g
　　　　　茯苓 15 g　　泽泻 15 g　　猪苓 20 g　　虎杖 30 g
　　　　　半枝莲 30 g　金钱草 30 g　青皮 15 g　　郁金 15 g
　　　　　薏苡仁 30 g　车前草 30 g　藿香 10 g　　紫苏梗 10 g
　　　　　川木通 10 g

　　煎水温服，一日一剂，一日三次。

　　患者脾虚湿滞，目黄、身黄但光泽晦暗，右胁肋隐痛，纳差少食，身倦乏力，大便稀溏。

　　拟方 2：参苓白术散合茵陈五苓散。

　　处方：党参 30 g　　　　炒白术 20 g　　茯苓 20 g　　　桔梗 15 g
　　　　　砂仁^(后下) 12 g　 山药 30 g　　　炒白扁豆 15 g　莲子 20 g
　　　　　青皮 15 g　　　　桂枝 10 g　　　茵陈 30 g　　　泽泻 20 g
　　　　　猪苓 20 g　　　　甘草 10 g　　　赤芍 20 g　　　丹参 20 g

郁金 15 g

煎水温服，一日一剂，一日三次。

临床上可以配服中成药西黄丸 3 g bid。

晚期胆囊癌患者，手术机会丧失，化疗敏感不高，配合中药扶正固本，祛邪解毒之剂，则可改善一般状况，延长生存期；放疗的同时配服中药益气养血，健脾疏肝，活血化瘀，清热解毒，可防放疗的副作用，延长生存期，增强疗效。

（7）食道（管）癌

拟方：启膈散合补气运脾汤加减或旋覆代赭汤加减。

处方：人参 15 g　　黄芪 50 g　　沙参 30 g　　丹参 20 g
　　　茯苓 15 g　　浙贝母 15 g　郁金 15 g　　炒白术 15 g
　　　砂仁^{后下} 10 g　生姜 10 g　　代赭石 20 g　旋覆花 15 g
　　　马勃 15 g　　百合 20 g　　石斛 20 g　　莪术 15 g
　　　半枝莲 30 g　甘草 10 g

煎水温服，一日一剂，一日三次。

可以配服西黄丸 3 g bid、冬凌草片 4~6 片 tid。

（8）肾细胞癌

拟方1：肾癌方。

处方：黄芪 50 g　　白术 20 g　　制鳖甲 20 g　女贞子 20 g
　　　菟丝子 20 g　鹿角霜 20 g　三棱 10 g　　莪术 10 g
　　　杜仲 20 g　　三七粉^{吞服} 9 g　大黄 6 g

煎水温服，一日一剂，一日三次。

功效：补肾活血，益气健脾。

加减：腰部剧烈疼痛加延胡索 15 g、制乳香 10 g、制没药 10 g、土鳖虫 10 g；血尿明显加仙鹤草 30 g、白茅根 30 g、蒲黄炭 10 g；肿瘤较大且质硬加炮山甲粉 3 g 吞服；腹水明显去鳖甲加大腹皮 30 g、车前子 20 g、猪苓 30 g、石韦 30 g；肾中虚寒者去女贞子，加乌药 20 g、益智仁 20 g、补骨脂 20 g、韭子 15 g；热壅血瘀，便黄赤而痛，尿中有血块者加车前仁 20 g、猪苓 30 g、石韦 30 g、栀子 15 g、白茅根 30 g、滑石 30 g。

拟方2：肾癌术后恢复方。

处方：党参 30 g　　黄芪 60 g　　炒白术 20 g　　茯苓 15 g
　　　山茱萸 20 g　　菟丝子 20 g　　山药 30 g　　牡丹皮 15 g
　　　熟地黄 20 g　　枸杞子 20 g　　杜仲 20 g　　狗脊 20 g

煎水温服，一日一剂，一日三次。

冬虫夏草粉 0.5~1 g 吞服、三七粉 2 g 吞服、榼藤子粉 3 g 吞服。

功效：补肾益气，升阳活血。

注：榼藤子，产地广西，《本草拾遗》载其"主五痔，喉痹，以仁为粉，微熬，水服一、二匕"①。

功能与主治：益气补血，健胃消食，除热止痛，强筋健骨，用于水血不足，面色苍白，四肢无力，脘痛，纳呆食少，风湿肢体关节萎软疼痛，性冷淡。

（9）膀胱癌

拟方：四君子汤合四苓散加味。

处方：人参 15 g　　白术 15 g　　茯苓 15 g　　泽泻 20 g
　　　猪苓 20 g　　黄芪 50 g　　薏苡仁 30 g　　地榆炭 30 g
　　　海金沙 20 g　　半枝莲 30 g　　鳖甲 20 g　　甘草 10 g

煎水温服，一日一剂，一日三次。

加减：淋巴转移加黄药子 15 g；肺转移加瓜蒌皮 15 g、浙贝母 20 g、白英 30 g；宫颈转移加三棱 10 g、莪术 10 g、石燕 20 g。个别情况辨证属肾阴亏虚，呈无痛性血尿，方用知柏地黄汤（炒黄柏 15 g、知母 15 g、生地黄 20 g、山茱萸 20 g、茯苓 20 g、泽泻 20 g、山药 30 g、牡丹皮 15 g、大蓟 20 g、小蓟 20 g、炒蒲黄 20 g、半枝莲 30 g），多属膀胱癌中期，如血尿不止加三七粉 3 g 吞服，白及 30 g、荠菜花 20 g；身倦乏力、少食加党参 30 g、黄芪 50 g、炒鸡内金 20 g、炒二芽各 30 g；癌肿难消者加白英 30 g、肿节风 30 g、露蜂房 20 g、蛇莓 20 g。

注：在治疗期间忌食无鳞鱼以及各种动物的头、蹄，以免影响疗效。

（10）鼻咽癌

拟方：鼻咽癌方。

---

① 陈藏器著. 尚志钧辑校. 本草拾遗[M]. 芜湖：皖南医学院科研处，1983：145.

处方：党参 30 g　　　黄芪 50 g　　　白术 15 g　　　当归 15 g
　　　茯苓 15 g　　　菊花 15 g　　　葛根 20 g　　　辛夷 15 g
　　　薏苡仁 30 g　　地龙 15 g　　　半枝莲 30 g　　白芍 20 g
　　　丹参 20 g　　　甘草 10 g　　　知母 15 g　　　浙贝母 15 g

煎水温服，一日一剂，一日三次。

加减：失眠加酸枣仁 20 g、合欢皮 15 g；放/化疗患者口腔周围腺体被破坏，多呈现阴虚症状，如口舌干燥、舌起裂纹等，加生地黄 20 g、麦冬 15 g、天冬 20 g、玄参 15 g、女贞子 20 g、墨旱莲 30 g、北沙参 30 g、石斛 15 g、玉竹 15 g；鼻衄加白茅根 30 g、藕节炭 30 g、茜草 15 g。

（11）子宫颈癌

拟方 1：桂枝茯苓丸加减。

处方：桂枝 10 g　　　茯苓 20 g　　　牡丹皮 15 g　　桃仁 15 g
　　　党参 30 g　　　黄芪 50 g　　　三棱 10 g　　　莪术 10 g
　　　乌药 20 g　　　生牡蛎^{先煎} 30 g　　炒白术 20 g　　甘草 10 g

煎水温服，一日一剂，一日三次。

拟方 2：十全育真汤。

处方：人参 15 g　　　黄芪 30 g　　　山药 20 g　　　知母 15 g
　　　玄参 15 g　　　龙骨 30 g　　　牡蛎 30 g　　　丹参 15 g
　　　三棱 10 g　　　莪术 10 g

煎水温服，一日一剂，一日三次。

主治：虚劳、肌肤甲错，形体羸瘦，饮食不状筋骨、自汗，喘咳逆，多梦纷扰，精气不固。

功效：益气养阴，活血化瘀。

加减：气虚者去三棱、莪术，喘者倍三药，加牛蒡子；汗多加炒白术 30 g、山茱萸 20 g，减量黄芪。

拟方 3：煲汤方。

煲汤方 1：红苋菜 200 g，煎水温服，一日三次。

煲汤方 2：白英 30 g，煎水当茶饮。

煲汤方 3：鲫鱼鳞、鲤鱼鳞各 150 g，黄酒适量，将酒和鱼鳞用蜂蜜稍加水熬成膏，每次服 30 mL，温开水兑鱼鳞膏服，每日 1~2 次。

煲汤方 4：野生香菇（无毒）60 g、老鸭一只，去毛，内脏洗净加水炖，炖至鸭熟，再加少许盐、葱以调味，分次服用，有利于宫颈癌的恢复和治疗。

（12）乳腺癌（乳岩）

①术后中医药治疗控制病情。

拟方：六君子汤合当归补血汤加减。

处方：黄芪 50 g　　当归 15 g　　党参 30 g　　白术 20 g
　　　茯苓 15 g　　青皮 15 g　　陈皮 15 g　　薏苡仁 30 g
　　　法半夏 15 g　丹参 20 g　　威灵仙 30 g　浙贝母 15 g
　　　甘草 10 g

煎水温服，一日一剂，一日三次。

功效：补气养血，健脾利湿。

加减：出现下肢水肿加猪苓 20 g、泽泻 15 g、大腹皮 15 g；皮肤坏死加血余炭 10 g、紫草 15 g、儿茶 10 g；创面愈合不佳加煅龙骨 30 g、煅牡蛎 30 g、白芷 15 g；创面发热加蒲公英 30 g、瓜蒌皮 15 g、忍冬藤 30 g；上肢水肿加地龙 15 g、桃仁 15 g、红花 15 g、桑枝 20 g。

②术后在放/化疗期间增强修复手术创伤的能力。

拟方：八珍汤加味。

处方：黄芪 60 g　　当归 15 g　　太子参 30 g　炒白术 15 g
　　　茯苓 15 g　　炒白芍 20 g　女贞子 20 g　干地黄 20 g
　　　川芎 10 g　　枸杞子 15 g　墨旱莲 30 g　威灵仙 30 g
　　　鸡血藤 30 g　甘草 10 g　　青皮 15 g

加减：术后局部静脉炎加黄连 10 g、炒黄柏 15 g、生熟地黄各 10 g，煎浓汁湿敷；出现恶心呕吐，食欲不振，加黄连 10 g、紫苏叶 10 g、炒鸡内金 15 g、炒二芽 30 g；出现皮肤干燥瘙痒或充血，加连翘 20 g、紫草 15 g、牡丹皮 15 g、徐长卿 15 g、蝉蜕 10 g、桑白皮 15 g。

经验方 1：夏枯草、海藻、蜂房、石见穿、牡蛎、枸杞各 15 g，煎水服，一日一剂，一日三次。

经验方 2：威灵仙 30 g、山慈菇 15 g、青皮 15 g、青皮叶 15 g，煎水服，一日一剂，一日三次。

经验方 3：龙葵 30 g、白英 30 g、蒲公英 30 g、蛇莓果 20 g，煎水服，一日一剂，一日三次。

经验方 4：全瓜蒌一株、当归 10 g、甘草 10 g、制乳香 10 g、制没药 10 g，煎水服，一日一剂，一日三次。

经验方 5：恶性肿瘤中医在辨证施治的基础上，食道癌方中加马勃 15 ~ 20 g；甲状腺癌方中加入猫爪草 30 g、夏枯全草 30 g、山慈菇 15 g；乳腺癌加威灵仙 30 g 以上；胃癌加入炒九香虫 10 g，酒羌活鱼 15 g；肿瘤出现转移，如胆转移加全蝎 6 g、蜈蚣 6 g（冲服）；伴淋巴转移加白英 30 g、蒲公英 30 g、虎杖 30 g、白花蛇舌草 30 g、半枝莲 30 g；伴骨转移根据中医理论"肝主筋，肾主骨，脾主肌肉四肢"的理论，用四君子汤和六味地黄汤加鸡矢藤 30 g、鸡血藤 30 g、络石藤 30 g；肿瘤放/化疗中出现贫血、白细胞减少、血小板减少可加鸡血藤 30 g、当归 15 g、黄芪 50 g、女贞子 15 g、墨旱莲 30 g 或口服生血宝口服液，每次 15 mL，一日两次。一旦术后出现便秘，方中加入生白术 30 ~ 100 g、生地黄 30 g、肉苁蓉 15 g；肠癌术后或放/化疗后出现腹泻则配楂曲四苓散（焦山楂 30 g、炒神曲 15 g、炒白术 15 g、茯苓 15 g、泽泻 15 g、猪苓 15 g），湿邪偏盛，苔白厚腻可合平胃散（炒苍术 15 g、厚朴 15 g、炒陈皮 10 g、甘草 10 g），若湿邪化热者加黄连 10 g、黄芩 15 g、茵陈 30 g。

有一种恶性肿瘤名曰间质瘤，手术、放/化疗，不论采用什么手段复发率都很高，根据临床追踪观察，不管在中国或西方发达国家，对这病都没有很好的办法。运用中医治疗拟方通窍活血汤合六君子汤加减：桃仁 15 g、川芎 15 g、赤芍 20 g、人参 30 g、炒白术 15 g、茯苓 20 g、化橘红 15 g、法半夏 15 g、半枝莲 30 g、生薏苡仁 50 g、甘草 10 g，水煎温服，1 日 1 剂。

（13）白血病

① 白血病急性期：多属营血热盛或复感外邪，论治与温热病同，起病急，恶寒发热，头晕乏力，咽喉肿痛，全身关节疼痛，鼻衄、齿衄、皮下瘀斑，内脏出血，舌质红绛，苔黄脉数，进一步可出现神昏高热，烦躁不安，谵妄，抽搐。

拟方：犀角地黄汤加减。

处方：水牛角 50 g　　牡丹皮 15 g　　生地黄 20 g　　玄参 20 g
　　　茜草 15 g　　　金银花 30 g　　栀子 15 g　　　板蓝根 30 g

煎水温服，一日一剂，一日三次。

或化服安宫牛黄丸。

治法：清营解毒。

② 白血病慢性期：又分阳虚和阴虚两型。

a. 阳虚：起病缓慢，面白唇淡、头昏多汗、全身乏力、容易疲倦、食欲不振、大便稀溏、舌淡苔白，脉弱无力。

治法：温肾补脾。

拟方：右归饮加减。

处方：熟地黄 15 g　　党参 30 g　　黄芪 50 g　　山茱萸 20 g
　　　枸杞子 20 g　　制附片_{先煎一小时} 20 g　　肉桂 10 g

煎水温服，一日一剂，一日三次。

b. 阴虚：时有发热，咽喉肿痛，头晕耳鸣、口渴、全身关节疼痛、常伴有鼻衄、齿衄及皮下瘀斑，舌质红，苔少或光剥无苔，脉细数。

治法：养阴清热。

拟方：青蒿鳖甲汤加减。

处方：银柴胡 15 g　　沙参 30 g　　青蒿 15 g　　鳖甲 20
　　　生地黄 20 g　　牡丹皮 15 g　　地骨皮 20 g　　秦艽 15 g

煎水温服，一日一剂，一日三次。

加减：上述两型伴有肝脾肿大，可用活血化瘀药如桃仁、红花、丹参、赤芍、当归、土鳖虫、水蛭等，如伴有淋巴结肿大，可加化痰药如浙贝母、法半夏、海浮石、炒白芥子、夏枯草等。

验方：当归芦荟丸（当归、黄柏、龙胆草、栀子、黄芩各 1 两，青黛、芦荟、大黄各 15 g、木香 10 g），上药共细末为散，炼蜜为丸，每次口服 6 g，部分患者可能出现腹泻，曾有人用本方治疗慢性粒细胞白血病亦有效。

4. 西医治疗恶性肿瘤出现毒副反应后的中医处理

在治疗肿瘤的过程中，由于手术、放/化疗，往往容易出现某些治疗性反应，其中较为常见的有白细胞下降、贫血、胃肠道反应、膀胱炎、皮炎、放射性肺炎等。

（1）白细胞下降

① 八珍汤加黄芪、仙鹤草、鸡血藤。

② 地榆升白片，或鸡血藤片，或鸡血藤膏。

③ 针刺大椎、脾俞、足三里，每日一次，每次 10~15 分钟，手法采用补法。

（2）贫血

① 拟八珍汤合当归补血汤加阿胶、仙鹤草，若白细胞、红细胞、血红蛋白、血小板均少，可加龟甲胶 15 g、紫河车 15 g，均碾成粉用中药汤剂吞服，血红蛋白低于 60 g/L 以下，必要时输血。

② 龟鹿二仙膏口服。

（3）胃肠道反应

表现为恶心呕吐，少食，属脾胃虚寒，用香砂六君子汤加丁香 6 g、生姜 10 g、炒鸡内金 20 g、炒二芽各 30 g。如属胃热者用六君子汤加竹茹 15 g、石斛 15 g、麦冬 15 g、知母 15 g、枇杷叶 15 g，还可用黄连苏叶汤；纳差少食者加焦山楂 20 g、建曲 20 g、炒二芽各 30 g，亦可用维生素 B_{12} 针在内关、足三里穴位注射。

宫颈癌放/化疗出现胃肠道反应，用白花蛇舌草 30 g、半枝莲 30 g、白茅根 30 g、红糖一两煎水温服，一日三次，连服一周。

（4）膀胱炎

放/化疗引起的膀胱炎，拟方导赤散（生地黄 20 g、川木通 10 g、淡竹叶 10 g、甘草 10 g、仙鹤草 30 g、车前草 30 g、瞿麦 15 g、萹蓄 15 g）。

（5）皮炎

放/化疗出现皮炎，皮肤红疹，瘙痒，拟方麻黄连翘赤小豆汤加防风 15 g、荆芥 15 g、牡丹皮 15 g、赤芍 15 g、桑白皮 15 g、徐长卿 15 g、蝉蜕 10 g、白鲜皮 15 g、黄芪 30 g，痒甚加乌梢蛇 12 g、紫草 15 g。

（6）放射性肺炎

拟方麻杏石甘汤合蒌贝二陈汤加桑白皮 15 g、紫菀 15 g、兔耳风 15 g、薏苡仁 30 g、鱼腥草 30 g。

（7）消化功能紊乱

部分患者在治疗过程中，出现"湿阻"，表现为湿热阻滞，头昏，身倦，胸痞，少食，小便不畅，舌苔白厚腻，或黄白相兼而腻。湿盛者先化湿，拟方化湿和胃饮；湿热并重者，拟方甘露消毒丹；腻苔化，脉缓者，照原方服用。

六、"胃病宜和"——胃肠病的治疗思路及方案

中医治疗胃肠疾病，特别是慢性非萎缩性胃炎、慢性萎缩性胃炎、功能性消化不良、慢性腹泻效果显著。需要嘱患者养成良好的饮食习惯和手卫生习惯，以消除致病因素。

胃病宜和，"和"法作为八法之一，即调和、和解之意，在临床上应用非常广泛，和解少阳、疏肝理脾、调和肠胃、调和肝脾、调和阴阳、分清上下、开达膜原等均属"和"法的范畴，运用"和"法能使虚实夹杂的病症得以改善，脏腑的气血阴阳偏盛偏衰的各种证候得以改善，使脾胃疾病得到缓解，用之恰当效果明显使之治愈。中医治疗慢性胃肠疾病总的法则是"和"法，即"以和为贵"，很多医生临床常配合一些助消化、制酸、止痛、保护胃肠黏膜以及抗生素类等西药，以提高疗效，未尝不可。

脾胃为贵，脾胃健运，消化水谷，吸收精微物质，在整个人体生命活动中占有十分重要的地位，脾为后天之本，胃为水谷之海，

脾为后天之本，主肌肉，其功能主运化，主统血，胃为其行精液输布水谷精微，胃为水谷之海，主受纳腐熟水谷，脾主升清，胃主降浊，二者互为表里，共为气血生化之源，前人有"有胃气则生，无胃气则亡"的论述，所以在临床实践中地位十分显著。脾气以升为顺，胃气以降为和，如脾胃升降失调，则水谷精微的受纳、腐熟、转输、传导等功能势必发生紊乱，出现胃痛、呕吐、胀满、腹痛、嘈杂、泄泻、便秘、呃逆以及气虚下陷等病变。同时脾主运化，化源衰少，脏腑经络，四肢百骸，无不失于滋养。脾气不足，气不摄血，血不归经，而血症也可发生。脾不转输，水津敷布失常，水湿停聚，停热邪煎熬而生痰，得阴邪凝滞而为饮，泛滥于全身，则为水肿。脾胃

疾病的临床治疗主要以助运化，调和升降、扶助正气为主。脏腑相连，五脏相关，脾胃受病可影响他脏，其他脏腑受病亦可影响脾胃，其中尤以肝肾至为密切。脾为后天，肾为先天，转相滋养，相互为用，脾虚运化衰少，则五脏之精少，而肾失所养。肾不藏精，肾虚阳气虚弱，则脾胃失于温煦而运化失和。肝旺脾升，胆随胃降，肝木疏土，助运化之功，脾土营木，成其疏泄之用。肝瘀气滞，每可乘袭脾胃，故发生胃脘痛、腹痛、泄泻等，治疗此类疾病，又当以治疗他脏为宜。治疗上外补其不足，以助升降，调和脾胃，根据脾胃的生理特点，选方用药，应注意气机的升降，补毋太过而腻，攻毋太剧，寒毋过凉，热毋过燥，紧紧抓住脾胃调和之机，针对脾胃病证的患者所出现的多种证候和症状，中医辨证使用和法，占有相当大的比例。

（一）幽门螺杆菌感染

幽门螺杆菌（HP）阳性的各型胃炎、溃疡、糜烂，多数临床医生（含中医）首先考虑三联、四联疗法，但有些患者服西药治疗后会出现胃肠不适加重，甚至完全不能耐受的情况，另外也会出现一段时期"复阳"的情况，中药同样可以杀灭 HP，虽然过程较慢，但不易复发，具有杀灭 HP 作用的常用中药有：三七粉、黄连、延胡索、厚朴、蒲公英、干芦根、栀子、半枝莲等。

（二）反流性食管炎

反流性食管炎主要是剑突下烧灼感，或出现疼痛、反酸、吞咽受阻等症状。治疗本病一是减少胃酸对食管的损伤，二是加速胃排空，防止食物反流入食管，西药常用质子泵抑制剂，因为质子泵抑制剂治疗反流性食管炎疗效明显优于 H2 受体阻滞剂。奥美拉唑为质子泵抑制剂的代表药，一次 20 mg，分早、晚两次饭前口服，或一次 40 mg，一日一次，早餐前口服，达到充分抑酸的目的。但部分重度反流性食管炎的患者采用质子泵抑制剂不能达到胃镜下食管炎治愈的疗效，考虑和食管长期与胃酸接触有关，单纯抑制胃酸不能从根本上阻止反流。促胃肠动力药物可增强抗反流作用，减轻胃食管反流，因此，在进行抑酸治疗的同时，增加促胃肠动力药物是必要的，莫沙必利为促胃肠动力药的代表药，为全胃肠动力药，它可增强胃和肠的蠕动，增加食管下括约肌的压力，睡前加服一次，以减少反流，在临床应用有效率可达70%左右，而30%的病人无效。在这种情况下，加服中药可提高疗效。中医认为剑突下烧心、嘈杂，其病因有寒热之分，热证由肝郁化热，致肝胃失和，胃气不降，水气上泛；寒证多由于脾胃虚寒而致，吞咽受阻，多属"梅核气"或"噎膈"范畴，因其七情恼怒，或平素嗜食烟酒辛燥之物，脾胃受损，气郁结滞，本病的病机当属虚实夹杂、寒热错杂、疏泄失职、胃气不降，方用半夏泻心汤，辛开苦降，加炒吴茱萸、降香、代赭石、竹茹、木香和胃降气；减少反流，增加柴胡配合左金丸疏肝利胆；减轻腹痛，用白芍、甘草缓中止痛，党参健脾益气，其滋补力缓，健脾养胃。

处方：党参 30 g　　黄芩 20 g　　黄连 10 g　　法半夏 15 g
　　　干姜 10 g　　柴胡 15 g　　代赭石 20 g　 炒白芍 20 g
　　　木香 15 g　　竹茹 15 g　　降香 10 g　　炒吴茱萸 6 g
　　　甘草 10 g　　枳壳 15 g　　大枣 15 g

煎水温服，一日一剂，早晚各一次，每次 200 mL。

全方疏肝理气，调和胃肠，辛开苦降，用半夏泻心汤、左金丸、四逆散加味组成，若是疼痛不休，加延胡索 15 g、茵陈 20 g、炒鸡内金 15 g、炒麦芽 20 g。

（三）胃及十二指肠溃疡、糜烂性胃炎

自拟七无散：

处方：无花果 100 g　　黄连 30 g　　三七 30 g　　白及 100 g
　　　鸡内金 100 g　　黄芪 120 g　　甘草 30 g

煎水温服，一日一剂，一日三次。

共细末为散，有抑菌生肌、益气健胃之功。经临床多年实践，疗效颇佳。

（四）慢性萎缩性胃炎

萎缩性胃炎应通过纤维内镜及病理活检，见有黏膜肠化活动萎缩表现症

状,胃脘隐痛或刺痛,少食则饿痛,多食则胀痛,打嗝嗳气,一般不反酸,形体逐渐消瘦,大便不调,时干时稀,情绪抑郁,失眠多梦等,治以健脾和胃,舒肝养血,以四君子汤合四逆散加味为基础方。

处方:党参30 g　　炒白术15 g　　茯苓20 g　　柴胡15 g
　　　炒白芍20 g　　枳壳15 g　　　木瓜15 g　　炒山楂20 g
　　　薏苡仁30 g　　炒鸡内金15 g　丹参20 g　　炒麦芽30 g
　　　莪术10 g　　　大枣15 g　　　百合20 g　　乌药20 g

煎水温服,一日一剂,一日三次。

在临床上,慢性萎缩性胃炎,肝脾不和夹瘀者为最常见,胃阴不足亦有之,气虚血瘀者亦有之,实证者少见。冉品珍教授在治疗肝胃痛时常说:肝胃痛应分寒热,共同的症状胃痛引及胁肋胀闷,嗳气,呕吐郁冒,偏热者反酸嘈杂,呕吐酸苦,时觉胸中痛热,饥不欲食,消渴,舌边尖红,苔白黄相间,脉细数,治当苦辛酸甘,用方椒梅汤(《温病条辨》方),兼有卫分症状加桂枝10 g;中气虚者加炙甘草10 g、大枣15 g;兼水饮者加茯苓15 g、炒山楂20 g;口渴干姜易炮姜,加麦冬15 g、天冬15 g;纳差食少加炒麦芽30 g、炒鸡内金15 g、隔山撬10 g。偏寒者,心下支满,胃痛时痛引胸背,喜温喜按,呕吐清涎,往来寒热,苔白,脉弦缓,治以温胃散寒,方用柴胡桂枝干姜汤。胁腹胀痛者加厚朴15 g、荜茇10 g、炒青皮15 g;脘腹冷痛,加高良姜10 g、吴茱萸6 g;久病属虚,身体乏力,头昏,少食加羌活鱼10 g。证属肝胃不和,出现上述症状者,即可用之。

胃痛病症,属常见病、多发病,也属慢性病,有时也会发展为大病。它与气候、地区、饮食、工作、嗜好、遗传、精神状态都有较大关系,归纳起来应从三方面进行治疗,其他兼症分经用药。食不知饥饱,曰饮食不节,肝胃不和,脾虚弱,无外三大证型,按证进行辨证施治,有关气候变化、情志调养、饮食禁忌一定要注意,否则即使痊愈后,效果也得不到巩固,最易产生复发。中医学对胃痛的突然复发,应采取急则治其标的办法,常用汤剂和针灸同治。如果巩固除根,可用参苓白术散,研末为散剂,加粳米微炒适量或水泛为丸,或制成膏方,适量缓服,坚持服用较长时间,以资巩固,致不复发。

慢性萎缩性胃炎在辨证施治的基础上,确立基本方,加入炒鸡内金、丹参、山楂、莪术等有增强疗效、防止癌变的作用。三棱、莪术看似活血化瘀，实则有活血抗肿瘤，助运化的作用，但量不宜过大，不超过 10 g，经多年临床观察，该二药平和温顺，没有什么副作用。两药药性平和，含芳香挥发油，能直接兴奋胃肠道，有较好的活血、理气、健胃作用，止痛的作用颇佳，还可使用炒山楂（净山楂）、木瓜、白芍、乌药等，也能增强疗效。

七、顽固性便秘的中医治疗体会

便秘是大便干燥难下，燥分阴燥、阳燥，也称阴结、阳结。阳结即热结，燥是指病因，结是指症状。便秘指大便次数减少，每周少于 3 次，伴排便困难、粪便干结，多长期持续存在，影响生活质量。顽固性便秘多发于老年人，是指一种长期的、慢性功能性便秘。

但需要注意，便秘不是大便不爽，不爽是指大便不爽快、不顺利或先干后稀，其病因是湿热郁滞三焦，气机不利，或脾虚不能运化，不称之为便秘，也不能按便秘治疗。便秘的治疗，可归纳为虚实两大类型分型辨证用药。

（一）实 秘

热秘：表现为伤寒阳明热结，阳明温病及过食辛热厚味，采用辛热药物化燥生热而致。大便干燥不通，口渴腹满，心烦，小便黄，舌苔黄腻，脉滑，宜当清热通腑，方用麻子仁丸（《伤寒论》方）。处方为火麻仁 20 g、白芍 20 g、枳实 15 g、大黄 12 g、厚朴 15 g、苦杏仁 15 g。目前市面上有各个厂家生产的"麻子仁丸"这一中成药。

肺气不宣，热结大肠，喘促痰壅，大便秘结，脉右寸实大，治以宣肺泻肺、利气通腑，宜方用宣白承气汤（《温病条辨》方）。处方为生石膏 30 g、大黄 10 g、苦杏仁 10 g、全瓜蒌 20 g，煎水，先服 200 mL，不下再服。

热结肠道，肝火盛者，大便干燥，小便短赤灼热，治宜泻心通腑，方用导赤承气汤（《温病条辨》方）。药方为赤芍 10 g、生地黄 20 g、大黄 10 g（先煎半小时）、黄连 6 g、芒硝 10 g，先服一半，不下再服。

大便不通，热逼心包，致心神不安，神昏谵语，或昏愦不清，宜清心开窍、清热通腑，药用安宫牛黄丸（《温病条辨》方）（成药），化开先服一半，不下再服。

（二）冷　秘

身体虚弱或高龄年虚，阴寒内盛，留结肠胃阻遏阳气宣通，则为冷秘。表现腹隐痛，大便艰涩，口中和，小便清长，甚则四肢欠温，喜热恶冷，面色清淡，舌淡白，苔白，脉沉，治宜温开通便，轻者半硫丸，重者复亨丹。

半硫丸（《局方》方）。处方为半夏曲 15 g、硫黄 15 g，共细末为散，用熟干饭为丸，分三次服完。

复亨丸（《温病条辨》方）。处方为硫黄 3 g、鹿角片 30 g、枸杞 15 g、人参 15 g、小茴香 10 g、茯苓 15 g、肉桂 6 g、当归 12 g、草薢 15 g、川椒 6 g、龟板 15 g、益母草 15 g，共细末为散，水泛为丸，每次 5 g，一日三次。

（三）气　秘

多因劳倦、饮食不节、内伤、大病、久病或新产后，以及老年气血亏虚，手术后失血过多而致气虚便秘，表现为神疲气短，大便乏力，临厕努挣，汗出气短，便后疲乏，面色㿠白，舌淡红，苔薄，脉虚数。治宜益气润肠，方用正元丹（《时方歌括》方）。药方为人参 15 g、白术 20 g、茯苓 15 g、黄芪 30 g、山药 20 g、甘草 6 g，加百合 15 g、制黄精 15 g，煎水温服，一日一剂，一日三次。

（四）血虚便秘

大便干结难下，头眩心悸，面色少华，舌质淡红，脉细涩，阴血伤者，口干舌燥，神倦消瘦，治宜滋阴养血，方用加减复脉汤（《温病条辨》方）。处方为炙甘草 20 g、麦冬 15 g、阿胶 15 g（烊化）、火麻仁 15 g、白芍 20 g、生地黄 15 g，临床上可加冬桑叶 15 g、淡菜 20 g、海参 10 g、蜜枇杷叶 10 g

煎水温服，一日一剂，一日三次。若热伤阴血，腹满便秘，倦怠少气，舌红苔干，治宜滋阴扶正，方用新加黄龙汤（《温病条辨》方）。处方为生地15 g、麦冬15 g、玄参15 g、人参10 g、当归10 g、海参10 g、大黄10 g、芒硝10 g、甘草6 g，煎水温服，一日一剂，一日三次。

便秘是一种常见病，常见于老年、妇女产后及手术后，其他疾病也可以出现便秘，其治疗辨证应分虚、实，症状应分为大便不爽与大便干结。非大便干结，属气不足者，不能一味通便，如果强行用泻下剂，则伤正气，在临床上便秘虚寒证少见，一般多见功能性便秘、老年体虚、习惯性便秘、手术后便秘、妇女产后便秘。自拟润肠通便饮，处方为生地黄30 g、生白术50 g、桔梗15 g、枳壳15 g、炒莱菔子15 g、当归30 g，临床加减运用效果满意。方中生白术健脾燥湿，重用至少30 g，甚至可达90 g；生地黄30 g养阴生津、润肠；枳壳配桔梗，一升一降，宣畅气机；肉苁蓉补肾润肠，当归补血，重用达到既补血又润肠的作用；佐以莱菔子15~30 g消食和中润肠，全方治疗便秘确有良效。

（五）通便快速简易方

① 番泻叶10 g泡鲜开水服，治疗热秘。
② 生大黄5 g开水泡服代茶饮，治疗热秘。
③ 生无花果，洗净去皮，吃3~5个，可治疗痔疮引起的便秘。
④ 服用海参，对手术后便秘有效。

海参治疗便秘，对于手术后引起的便秘、体虚便秘、癌症便秘有良好的效果，《本草纲目遗拾》载：海参咸寒，降火滋肾，通肠润燥，除劳怯症。[1] 海参中含有海参肽，具有再生和修复能力，能抗疾病，增强营养，提高免疫力，抗肿瘤。患者每周吃海参1支，煲汤，对便秘和肿瘤病人机体的修复有良好的作用。

老年病人特别是体弱、行动不便或卧床不起者，易引起单纯性便秘，但老年患者有顽固性便秘时，须想到由结肠或直肠癌性梗阻引起。结肠直肠癌

---

[1] 赵学敏. 本草纲目拾遗[M]. 北京：人民卫生出版社，1963：435.

以年龄在 50 岁以上者为多见，但约 20%见于青壮年，所以在诊断时需要注意仔细进行脉诊，结合腹部触诊以及辅助检查。面对新生儿有顽固性便秘者，应考虑是否为先天性巨结肠或先天性肛门狭窄闭锁；从事含铅油漆与染料、蓄电池及铅字排版等工种的顽固性便秘患者应想到慢性铅中毒的可能；对于情绪紧张、焦虑、忧郁等患者，要考虑肠易激综合征引起的顽固性便秘；肿瘤患者服用止痛药如吗啡缓释片，以及使用一些止痛剂、麻醉剂、肌肉松弛剂、抗抑郁剂、抗精神病药物、抗胆碱能药物、神经节阻滞剂、降压药、制酸剂、钙通道拮抗剂、肠道吸附收敛剂都可能导致便秘发生，仔细询问病情则尤为重要。

八、浅谈复发性口腔溃疡的辨证论治

复发性口腔溃疡属于中医"口疮""口糜""口疡""口破""口疳"的范畴，其病因主要分为外因和内伤，外因包括风、火、暑、寒、湿；内伤包括七情刺激、饮食不节、劳倦过度、素体虚弱，致脏腑阴阳失调发为口疮。复发性口腔溃疡多数病程长，反复发作，清代何廉臣曰："凡伏热温热皆是伏火。"唐老认为反复发作的口疮多虚实夹杂，正虚为伏邪的基础，正气不足，遇情志不畅，饮食不节，引动伏火而致口疮发作。复发性口腔溃疡，临床常见四种类型：

（一）脾胃失和

《诸病源候论·口舌疮候》曰："手少阴，心之经也，心气通于舌，足太阴，脾之经也，脾气通于口。脏腑热盛，热乘心脾，气冲于口与舌，故令口舌生疮也。"[①]明代《普济方》载："口疮者，由心脾有热，气冲上焦，熏发口舌。故作此疮也。"[②]《口齿类要》指出口疮"上焦实热，中焦虚寒，下焦

---

① 孙理军.诸病源候论[M].北京：中国中医药出版社，2018：494.
② 朱橚编.普济方（第5册）[M].北京：人民卫生出版社，1959：3564.

阴火"①，临床多见寒热错杂，脾胃失和者，方用甘草泻心汤：甘草15 g、黄连10 g、黄芩10 g、党参20 g、法半夏10 g、炮姜10 g、大枣10 g，加炒吴茱萸、炒栀子、芦根、薏苡仁，但炒吴茱萸量不宜大，在3~5 g之间。甘草泻心汤原用于治疗狐惑病，见于《金匮要略·百合狐惑阴阳毒病脉证治第三》，曰："狐惑之为病……蚀于上部则声喝（嗄），甘草泻心汤主之。"②甘草泻心汤益气和胃、消痞止呕，方中有清上之黄连、黄芩、甘草，温下之炮姜，半夏辛开苦降，人参益气健脾，用于寒热错杂症，因胃虚不能调理上下，故出现上火之口疮，下寒之腹泻，中焦之脾胃痞满。

（二）气阴两虚

《证治准绳》中说的"中气不足，虚火上泛亦口糜"③，缘由为素体阴气不足，或病后气阴两伤，或中气不足，脾阴亏虚，虚火上炎，发为口疮。气虚则化源不继，生血物质减少，口腔黏膜失养；阴虚则虚火上炎，灼伤口腔黏膜以致溃疡发生。虚火上炎，气阴两虚者，方用甘露饮加味。

处方：麦冬15 g　　　天冬15 g　　　枇杷叶15 g　　　生地黄15 g
　　　熟地黄15 g　　　石斛15 g　　　枳壳15 g　　　　黄芩15 g
　　　茵陈20 g　　　　吴茱萸5 g　　　甘草10 g　　　　太子参30 g

宋代《太平惠民和剂局方》卷六方之甘露饮主治胃中客热，牙宣口气，齿龈肿烂，时出脓血，目赤肿痛，口舌生疮，咽喉肿痛，疮疹黄疸，肢体微肿，胸满气短，二便秘涩，或时身热。方中生地、熟地、麦冬、天冬、石斛滋阴清润，黄芩、枇杷叶清泻胃中之热，枳壳调畅气机，茵陈蒿清利湿热，吴茱萸降逆，太子参益气健脾，甘草清热解毒、调和诸药。唐老认为正气不足是根本，故在原方基础上加太子参益气健脾，使中气足，则阴液生。

---

① 薛己撰．郭君双整理．口齿类要[M]．北京：人民卫生出版社，2006：6.
② 张家礼主编．金匮要略[M]．北京：中国中医药出版社，2004：63.
③ 何清湖总主编．杂病证治准绳[M]．太原：山西科学技术出版社，2013：642.

（三）肝肾亏虚

《寿世保元》云"若肾虚发热作渴……咽喉燥痛，口舌疮裂"[①]，提出肾阴亏虚，虚热内生，心肾不交，致心火亢盛，发为口疮。肝肾阴阳相互滋生，相互制约，维持协调与充盛的生理状态，称为"肝肾同源"，肾阴不足可导致肝阴不足，称为"水不涵木"；肝阴不足，可致肾阴亏虚而相火偏亢；肝火太盛，下劫肾阴，可形成肾阴不足之证。唐老认为不论男女，更年期出现的口腔溃疡，均属于肝肾亏虚者，方用二仙汤加味。

处方：巴戟天 15 g 酒仙茅 15 g 淫羊藿 30 g 知母 15 g
　　　炒黄柏 15 g 芦根 30 g 炒吴茱萸 6 g 淮小麦 30 g
　　　大枣 30 g 甘草 10 g

二仙汤治疗更年期诸症效果均佳，不管潮热、盗汗、烦躁、失眠、口疮、身痛等系列症状，均可以取得良好效果，前提是医者可以去繁从简，一针见血地认识到其核心病机，遣方用药，切中病机，则诸症皆缓；头痛医头、脚痛医脚，见证加药，心无定见，不得其要，更无疗效。

（四）脾胃虚寒

脾胃气虚则中气下陷致使清阳不升，浊阴不降，日久气郁化火，火与元气不两立，阴火乘之熏灼上犯，从而导致口舌生疮。《医学摘粹》曰"脾胃寒湿，胆火上炎，而口舌生疮"[②]，指出了脾胃虚弱，无力运化水湿，湿浊内生，郁久化热，上凌于口发为此病。在素体阳虚，或病后体虚的基础上，贪凉饮冷，或久用寒凉，伤及脾胃，脾肾阳虚，阴寒内盛，寒湿上渍于口舌，寒凝血瘀，久致口舌生疮。阳虚为本，寒凝血瘀为标。唐老遵李东垣"脾胃气衰，元气不足，阴火内生发生口疮。当以辛甘温之剂，补其中而升其阳，甘寒以泻其火"之法，对于口疮反复不愈属于脾胃虚寒者，用参苓白术散加味，取补土伏火之义。

---

① 龚廷贤撰. 孙浴熙等点校. 寿世保元[M]. 北京：中国中医药出版社，1993：204.
② 庆云阁著. 彭静山点校. 医学摘粹[M]. 上海：上海科学技术出版社，1983：155.

处方：人参 15 g　　　白术 10 g　　　茯苓 10 g　　　炒扁豆 15 g
　　　山药 20 g　　　莲子 20 g　　　砂仁 10 g　　　薏苡仁 30 g
　　　大枣 15 g　　　炒吴茱萸 6 g　　干姜 10 g　　　甘草 10 g

此处干姜、吴茱萸为必用，很多初学者恐其温燥而弃之，殊不知中焦虚寒，阻隔上下，火炎而上，下反不温；脾得阳始运，上下交泰，口疮自愈。这样治愈后，疾病很难复发，可达到老百姓所谓的"根治"。

九、"清消温补"法治肾病

肾病起病或急或徐，临床表现多种多样，随着病情发展，后期渐出现肾功能减退、贫血、电解质紊乱等情况。根据该病的不同特征，可以归属于中医学的"阴水""虚劳""虚损"范畴。肾病是中医的优势病种，通过临床实践总结，当以温、清、补、消四字为纲。现将本病的治疗体会浅谈如下。

（一）补肾温脾以纠其偏

脾虚则运化失职，难以摄取精微；肾虚则开合不利，不能固肾摄气。阳主开，阴主藏，阳虚则不开，不开则不泄浊；阳损及阴，阴伤则不藏精，因而精气漏泄。或由寒邪直中于里，或因治不如法而误伤人体阳气，或其人素体阳虚，以致寒从中生，其病变部位在中、在下、在脾、在肾。临床总以温肾健脾为治本之法，温能使水肿消，阳气振奋。临床上常选用桂枝、制附片、干姜、肉桂、胡芦巴、淫羊藿、巴戟天、补骨脂之类，用量宜大，常用附片 30～50 g，淫羊藿 30 g 以上，但维持时间不宜长，运用时应间断使用，纠其偏而不伤正。临床应慎用壮阳药，如鹿茸、鹿胶、阳起石等。

（二）清热泄浊以治其标

风湿毒邪侵袭肾病发作的外界病因，初期宜祛风散邪除湿，如若风湿邪反复侵袭,内外相合,湿热瘀毒长期蕴结于肾,缠绵难愈,病情逐渐进展而发展为肾劳。肾病患者固然有虚证,但也多实证,多因湿热之邪久郁成毒,壅滞三焦,下注于肾所致。加之激素长期运用也是造成湿热阻滞、邪毒内蕴的重要因素。根据以上对湿热邪毒病机的认识,我们用清热利湿解毒的药物,常选用如半枝莲、白花蛇舌草、栀子、连翘、牛蒡子、蒲公英、紫花地丁草、金银花、白英等,用量宜大。甚至用雷公藤、昆明山海棠、龙葵、重楼、火把花根等清热力较强且有毒性的药物。待病情稳定,湿热渐化,逐渐减量,或去掉有毒性的药物,酌加一些扶正培本的药物。宣泄湿浊之品常选用大黄、黄连、黄芩、紫苏叶、薏苡仁、茯苓、猪苓、车前仁、泽泻、石韦、藿香、白蔻之类,渗利之品量宜大,量小不足以化湿利尿,湿化肿消以后,不必联合运用,可选一二味佐之即可。

(三)养正徐图以治其本

脾肾两虚、固摄无权,易出现蛋白尿,蛋白的流失,反过来又加剧脾肾俱虚,如此恶性循环则难以医治,治疗上应重点放在补虚上,在此基础上佐以祛邪。临床上应用健脾益气,补益肾气,立足于扶正,常选用黄芪、党参、太子参、白术、山药、芡实、杜仲、金樱子、菟丝子、覆盆子、川续断、桑寄生等平和中庸之品,其用量可大可小,应宜久服,或可配伍以祛邪活血之类,为攻补兼施,实为"养正徐图"之大法。

(四)消瘀与温、清、补结合

消者,是气、血、痰、瘀、水等积聚而成的有形之结逐渐消缓。湿热不化,邪毒不通,伤及下焦血分,则络脉瘀阻,决渎失职,收摄失度,从而大量精微物质外泄。临床上常选用丹参、益母草、川芎、赤芍、全蝎、地龙、僵蚕、蜂房、蝉蜕等活血通络之品,其中益母草、丹参用量宜大。"久病必瘀",肾病日久必有瘀滞,故活血化瘀药用治肾病有特殊疗效。肾病治疗不可能迅速消除,切不可专施扶正而不祛邪,临床上应攻补兼施,将温、清、消、补四法有机地配合运用,以达到完全缓解的效果。

肾病病势缠绵，有的患者可持续数年或数十年，现代医学认为即使临床完全缓解，肾小球内部的免疫炎症仍未完全消除，病理变化也未完全改善。因此，在治疗过程中需向病人反复说清楚，即使各种临床症状消失，实验检查正常，仍需坚持服药 1~3 年以上，防止炎症死灰复燃。

（五）辨证辨病，针对选药

肾病在治疗过程中，必须重视体内感染灶的治疗，如胃炎、肠炎、肝炎、咽炎、皮肤疾病、糖尿病等。根据不同疾病的表现症状选用不同的药物，尤其是清热解毒利湿之类，这类药物不但有抗菌抗病毒作用，也可以通过激发非特异性的免疫功能，抑制过度的炎症反应，从而改善炎症和组织损伤。它们的这种作用与激素的抗炎作用相类似，但没有激素的副作用，从而可获得较好的疗效。我们在临床上以辨证与辨病相结合探讨出一些具有针对性药物，如高血压选用菊花、杜仲、牛膝、天麻、钩藤、夏枯花、牡丹皮、赤芍等；高脂血症选用山楂、泽泻、制首乌、决明子、丹参、玉米须、三七等；氮质血症常用藿香、紫苏叶、黄连、豆蔻、大黄、薏苡仁、六月雪等；高尿糖选用知母、花粉、淫羊藿、桔梗、鸡内金等；高尿酸选用萆薢、丝瓜络、独活、防风、伸筋草、白茅根、鸡血藤等。

临床实践证明，中医药治疗慢性肾炎具有疗效确切、副作用少、复发率低的特点。如果辨证属脾肾阳虚、气虚血瘀、湿热阻滞型，则中医治疗效果好；辨病如膜增殖性、重度系膜增殖性肾炎，则难以达到完全缓解，但有延缓肾功能恶化和晚期高血压出现的作用；对肾病综合征（nephrotic syndrome，NS）在服很长时间中药后，仍难以控制蛋白尿时，中药合理与西药联合，两者能起到协同治疗作用，且可以减轻西药的副作用，获得较好的疗效。

临证时应审因论治，结合上述情况综合应用中医药治疗，症状缓解、蛋白尿持续存在，肾功能正常或肾功能不全者，根据多年来的临床实践，自拟益肾健脾散：黄芪 100 g，白术、茯苓、山药、山楂、山茱萸、芡实、沙苑子各 60 g，防风 30 g，党参、菟丝子、覆盆子、蜂房各 50 g，蜈蚣 10 条（去头足），丹参、半枝莲各 90 g。若肾阳不足，加淫羊藿 60 g、补骨脂 50 g、砂仁30 g；肾阴不足者加枸杞60 g、龟板50 g。诸药共烘干细末为散，一日三次，每次6~9 g；或粉碎过100目筛，消毒后装入零号空心胶囊，每次4~6粒，一日三次；对慢性肾炎、肾病综合征，一般服3~5料后有明显效果，且不易复发。

十、浅谈中医辨证施治

中医学是应用中医理论，阐述疾病的病因、病位、病理和病机，通过多种治疗手段进行辨证施治的一门临床学科。中医学理论是研究临床各科、各种疾病的基础，学习好中医理论，在临床实践中占有非常重要的地位。

中医学治疗疾病范围非常广泛，学好中医理论对外感六淫以及瘟疫、内伤七情等所导致的内、妇、儿、皮肤、五官、传染病以及骨伤骨病和各种疑难杂症，经辨证施治，均能收到明显的效果。正如冉品珍教授所说"学好中医理论，一通百通，内、妇、儿、外通治"。

（一）辨证论治的形成和分类

中医学的理论体系建立在辨证施治的基础上，理、法、方、药，一线贯穿。《内经》奠定了中医的理论基础，该书的内容广泛而深奥，涉及养性摄生、阴阳五行、身体结构、脏腑经络、病证诊断、疾病预后和转归等内容，其中关于脏腑辨证、虚实寒热的论述，为辨证论治之滥觞，是学习中医必读之书。

《伤寒论》成书稍晚于《内经》，其中所提及"辨六经病脉证并治"，特别是太阳病汗吐下不解"观其脉证，随证治之"，首创了"病—证—方药"一体的医籍撰写模式，基本奠定了辨证施治的思维基础。《伤寒论》中将外感疾病分为六个过程或者大类（太阳病、阳明病、少阳病、少阴病、太阴病、厥阴病），后世用于对内伤杂病的治疗方法，仍有良好的临床疗效和确切指导意义。

《金匮要略》进一步确立了以病证为指引，以脏腑为核心，以"八纲"为准绳的辨证论治临床思维模型，是学习中医的极为重要的古典医籍，大凡学中医者都应该熟读熟背。

卫气营血辨证理论源于《内经》，经过叶天士、吴鞠通等温病学家不断发展，弥补了六经辨证的不足，丰富了外感热病辨证论治的方法，如清代叶天士《外感温热篇》曰："温邪上受，首先犯肺，逆传心包，肺主气属卫，心主血属营，辨卫气营血与伤寒同，若论治法与伤寒大异也。"[①]卫气营血是温病学的范畴，但也可以对内伤、杂症在临床上进行辨治。

在脏腑辨证方面，汉代张仲景《金匮要略》中对多种病证均采用脏腑辨证进行治疗。从唐代孙思邈在《备急千金要方》中的记载可以看出，在临床上他常应用张仲景的方药治疗脏腑、生理、病理方面的疾病。明代万全《养生四要》较系统地应用仲景的方剂，并提出"小儿肝常有余，脾常不足，肾常虚，易虚易实，易化热化燥"[②]的生理、病理特征。金代张元素在脏腑辨证、标本、寒热、虚实等方面在临床上遵从原方用药，遵守"急则治其标，缓则治其本"以及"标本同治"的原则等，这标志着脏腑辨证纲领的形成，也说明脏腑辨证是治疗一切病证的基础。

经络辨证则是通过十四经络、奇经八脉，具体按经络循行部位及病程、生理来进行辨证，采用针灸、推拿、拔罐、穴位贴敷和方药应用，达到疏通经络、治疗疾病的目的。

八纲辨证，其理论源于《内经》，《伤寒论》及《金匮要略》为具体运用，经历代医家总结而成。根据四诊取得的资料，进行综合分析，以探求疾病性质、病变部位、正邪力量对比等情况，归纳为阴、阳、表、里、寒、热、虚、实八类证候，从各种辨证方法的个性中概括出的共性，在诊断疾病过程中，可起到执简驭繁、提纲挈领的作用。

（二）辨证的主要内容

1. 辨病名

根据疾病表现的不同症状特征以及舌脉，分清主要和次要的矛盾，辨认

---

① 叶天士，薛白生著. 王心远总主编. 李顺保，褚玄仁校注. 温热论·湿热论[M]. 北京：学苑出版社，2013：52.
② 万全. 养生四要[M]. 北京：中国中医药出版社，2016：63.

清楚是什么病和证，得出一个确切的病名和证候。

2. 辨病因

一般来说有外感六淫、内伤七情、饮食、劳倦、痰饮、血瘀、湿热以及气候变化，患者居处等，根据临床表现为依据，结合患者体质，反推导致疾病的原因，故有"审证求因""审因论治""辨证求因"之说。临床上很多医生会忽略患者体质对证候的影响，便会影响对病因的辨析，要予以重视。

3. 辨病位

辨清认识疾病的部位，如病证在表在里，或表里同病，或先表后里等与疾病直接相关的因素，如外感六淫，首先是表证，在肌肤卫分，在肺、在膀胱，七情内伤饮食劳倦等，是脏腑患病，多是里证。所以，辨病位就是要分清病邪在何脏、何腑、或同在脏腑，影响哪些经络、气血、津液。

4. 辨病机

通过所采集到的证候和体征，分析包括病因、病位、病性、病势、病程、转归在内的机理变化过程，以求完整、客观、动态地认识疾病，进而找到疾病的关键环节、核心治法以及预防方法。

（三）各种疾病的分类

1. 外　感

① 六淫（广义伤寒）：风、寒、暑、湿、燥、火邪气过度而致病。

② 疫病：寒疫、风温、春温、伏暑、冬温、湿温、温疫。

2. 内伤杂病

① 七情内伤：喜、怒、忧、思、悲、恐、惊引起气机逆乱而致病。

② 脏腑功能失调：心（小肠）、肝（胆）、脾（胃）、肺（大肠）、肾（膀胱）、心包（三焦）、脑、女子胞等功能失调而致病。

③ 气血、津液、虫病、杂病等。

（四）中医病证的命名依据

症状：感冒、发热、头痛、腰痛、水肿、汗证、淋证、消渴、血尿、痞证、癫痫、不寐、眩晕、胁痛、心悸、泄泻。

病机：胸痹、肺痨、肺痈、肺痿、肺胀、肝痈。

病证：现多采取病证结合的命名方式，如咳嗽（风热犯肺证）、水肿（脾肾阳虚证）等。

（五）中医的治法

中医学是一门复杂、多学科组成的内容博大精深的自然社会学科，既有生物医学的自然学科属性，又涉及社会心理等社会科学范畴，同时还与物理、化学、天文、气象等学科关系密切。从临床实践治疗人体多种疾病（含内、妇、儿、五官以及骨伤骨病、皮肤、肛肠等），一般以内治法为主，也涉及手术、手法复位、推拿正骨、外敷、针灸、刮痧、拔罐、艾灸、热疗等外治法，并有祝由、情志相胜、音乐等心理治疗等。随着科学技术的发展，药物剂型也不断发展，常见的有膏、丹、丸、散、汤剂等。改革开放后，药物革新，有针剂（可肌注，可静脉滴注）、片剂、胶囊、口服液、酊剂、栓剂等。

（六）中医药方剂著作

中医学诊治疾病的内容十分广泛，几千年来，以《内经》为理论基础，坚持《伤寒论》《金匮要略》提倡的辨证施治，历朝历代名医辈出，其医学著作颇多，从远古时期到明清民国时期，有王叔和《脉经》、葛洪《肘后备急方》、巢元方《诸病源候论》、孙思邈《千金方》《千金翼方》，皆内容丰富，记载了许多宝贵经验和医学资料。《太平圣惠方》是宋代集体编著，汇集宋以前的很多临床经验方剂，记载方剂2万余首，并把方剂进行分类，是一个伟大的医学宝库；金元四大家各有建树，明代国家组织全国各地名医编写的《普济方》，收方6万余首，在内妇儿科各科收集了丰富的临床经验用方。楼英的《医学纲目》主张阴阳五行是中医学的核心，清代吴谦等编的《医宗金鉴》从内、妇、儿、皮肤、五官、骨伤等方面，以歌诀的形式编著方剂，临床使用，收效良好，值得学习推广。清代叶天士的《温热论》创立了卫气营血辨证，阐述了温热病及其发生发展规律；吴鞠通的《温病条辨》创立了温热病三焦辨证；王清任的《医林改错》改正了古医籍中人体解剖的某些错误，肯定了灵机和记忆不在心而在脑，创立了多首活血化瘀的方剂，且用之有效。

十一、不开无源之方，不用无本之药

唐老在20世纪60年代临床实习，跟师当地名老中医不下10人，他们各有所长，其中最为著名的有李天健、杨用九、王瑞生等老先生，他们与彭履祥、冉品珍教授为同学或师兄弟，班主任李鹤老师与李孔定校长既是同学，又是学术上的老朋友，这些老专家大多早已作古，但给后人留下许多宝贵的临床经验，传承了对中医工作的热爱。唐老80年代在成都中医学院临床实习，跟师冉品珍教授，在80年代末期又拜师陈绍宏教授。据唐老回忆，冉品珍教授治疗脾胃病颇有经验，看似用药平淡，但辨证精准、疗效满意，且不只专攻脾胃，内、外、妇、儿都看，均有很好的效果，所谓中医"一通而百通"；陈绍宏教授则认为大凡学中医者，要多看、多学、多思、多悟，读中医经典著作，学先贤用药经验，多临床、多跟师，才能看好病，特别是很多疑难杂症。

（一）冉品珍教授经验

唐老在80年代曾跟随冉品珍教授学习半年，受益匪浅，冉教授临床经验颇多，非常人之能相比，以下是经唐老回忆整理而成的部分记录：

1. 咳　喘

善用小青龙汤原方，如咳喘日久，咽痒，咳吐黄黏痰，气喘，舌红少津，脉弦滑数，用小青龙汤去桂、芍、干姜，加南沙参30 g、麦冬15 g、天冬15 g、黄芩15 g、地龙15 g、苦杏仁10 g、炒紫苏子15 g，疗效显著。

2. 慢性肾盂肾炎（热淋）

女性多见，经久不愈者常用丹栀逍遥散加乌药、小通草、炒黄柏、山药，随证加减剂量。

3. 湿痰咳嗽

用二陈汤。处方：半夏 15 g、陈皮 15 g、茯苓 15 g、甘草 5 g。痰白乃湿生，湿聚又成痰，本方既为治疗痰湿之主方，亦可广泛用于其他痰证，临床上冉教授辨治湿痰，常用处方有枳桔二陈汤、瓜贝二陈汤、清金二陈汤、二陈汤合苓桂术甘汤、理中二陈汤。针对痰湿郁久化热，可用芩连二陈汤；针对外感痰湿，可用柴陈汤。冉教授常谈《医方集解》"治痰通用二陈，风痰加南星、白附、皂角、竹沥；寒痰加干姜；火痰加石膏、青黛；湿痰加苍术、白术；燥痰加瓜蒌、杏仁；食痰加山楂、麦芽、神曲；老痰加枳实、海石、芒硝；气痰加香附、枳壳；痰在皮里膜外加白芥子；四肢痰加竹沥"[1]，以上各种加减，可资临床运用时参考。

4. 风火牙痛

用升麻石膏汤。

处方：升麻 15 g　　石膏先煎 30 g　　黄芩 15 g　　牡丹皮 15 g
　　　地骨皮 30 g　　北细辛 5 g　　　防风 10 g　　白芷 10 g
　　　川芎 10 g　　　葛根 20 g　　　　青皮 15 g　　牛膝 15 g
　　　槐花 15 g　　　甘草 10 g

煎水温服，一日一剂，一日三次。

功效：清热、疏风止痛，名曰风火牙痛（本方也是李天健老师常用方）。

5. 风心病

用加味玉屏风散。

处方：黄芪 50 g　　炒白术 15 g　　防风 15 g　　赤芍 20 g
　　　桂枝 10 g　　丹参 20 g　　　酸枣仁 20 g　知母 15 g

---

[1] 周鸿飞，刘永辉点校. 医方集解[M]. 郑州：河南科学技术出版社，2017：137.

　　　　玉竹 15 g　　　　忍冬藤 30 g　　　血通 15 g　　　　炙甘草 15 g

煎水温服，一日一剂，一日三次，需要连服 60 剂。

冉教授认为风心病、心肌病，早发现、早治疗，不一定要手术。

6. 肾虚证

用补肾健脾饮。

处方：人参 20 g　　　　炒白术 20 g　　　茯苓 15 g　　　　山药 30 g
　　　杜仲 15 g　　　　菟丝子 15 g　　　海龙 15 g　　　　山茱萸 20 g
　　　淫羊藿 30 g　　　枸杞子 20 g　　　覆盆子 30 g　　　巴戟天 15 g
　　　煅牡蛎^{先煎} 30 g　　玉竹 20 g　　　　葛根 20 g　　　　炙甘草 10 g

煎水温服，两日一剂。主治男子脾肾亏虚、头晕、耳鸣、腰痛、阳痿早泄、男性不育、精少、女性性冷淡、身倦乏力。或加倍剂量炼蜜为丸，每丸 6 g，一日两次，坚持服用，必有好处。但发热、湿浊阻滞不宜。

冉教授重视痰湿后期的调养，常用异功散、六君子汤予以善后，针对肝郁脾虚气滞之证，可用柴芍六君子或当芍六君子汤；针对脾胃气虚夹食滞之证，可用楂曲六君子汤，冉教授临床用药，药少而精，注重调养，预防复发。

冉教授认为对于某一处方，如果吃透，灵活运用，往往可以取得意想不到的临床疗效。比如川芎茶调散可用于疏风止痛。

处方：川芎 15～30 g　　荆芥 15 g　　　　白芷 15 g　　　　羌活 15 g
　　　细辛 6 g　　　　　防风 15 g　　　　薄荷^{后下} 10 g
　　　甘草 10 g　　　　绿茶 5 g

绿茶可与诸药同煎，但切记不可久煎；也可作为药引，泡绿茶一杯而吞服丸药或者散剂。头痛的原因很多，本方所治为外感风寒所致，风邪外袭，循经上扰头部，阻遏诸阳之气，故头痛。《内经·素问·太阴阳明论》"伤于风者，上先受之"[①]即是此意。该方可治疗各种头痛，加减得当，用之效宏，但川芎的用量不宜过小，以 15～30 g 为宜；风热头痛用川芎茶调散加菊花

---

① 柳长华解读. 黄帝内经[M]. 北京：科学出版社，2019：159.

15 g、炒僵蚕 15 g；热盛可加栀子 15 g、黄芩 20 g；鼻渊头痛用本方合苍耳子散，主治鼻塞不通，流浊涕不止，前额头痛；口眼歪斜可用本方合牵正散为风痰阻于头面经络而设；针对顽固性头痛，本方加葛根 30 g、丹参 20 g、赤芍 15 g、蔓荆子 20 g、僵蚕 15 g、全蝎 10 g；针对脑肿瘤引起的头痛用本方加蜈蚣 2 条、全蝎 10 g、地龙 10 g、菊花 15 g、代赭石 30 g、麝香 0.1 g；恶心欲呕加紫苏叶 10 g；针对带状疱疹可用本方合龙胆泻肝汤，一般连服 3~5 剂而愈。同时也可用中药青黛适量用温开水调成糊状外敷，也可以用一种叫萝群带的草药 2 两捣烂外敷；对于带状疱疹后遗神经痛，可用本方加蜈蚣、地龙、全蝎，效果显著。从临床上来看，带状疱疹后遗症越来越多，可能与抗病毒药物内服、外用过早介入有关，也反映现代医学对病毒致病的认知还需深化和加强，中医"火郁发之""风为百病之长"等观念值得思考、推广、研究和讨论。

7. 慢性腹泻

轻者，方用人参败毒散。

处方：人参 10 g　　柴胡 15 g　　前胡 15 g　　川芎 10 g
　　　羌活 15 g　　独活 15 g　　桔梗 10 g　　甘草 10 g
　　　陈仓米^{炒焦} 15 g

此方益气解表、败毒止泻，然医者多用于外感，忽略"逆流挽舟"之法，其辨证要点在于患者腹泻之前往往有外感风寒的情况，经久不治或者治法不当导致转为慢性。中等程度者，方用参苓白术散，可加葛根、仙鹤草，腹痛者加防风、炒白芍、木香，肾虚者加补骨脂、肉豆蔻、菟丝子、五味子、吴茱萸、赤石脂（一半入煎，一半冲服）等。重证（滑泻，久而不止）者则用黄土炒白术 30 g、肉豆蔻 30 g、诃子 30 g、罂粟壳 15 g，共细末为散，每次 5 g，一日二次。腹泻有食滞或湿浊中阻者不宜。

8. 痹证（风湿、湿热、寒湿）

应根据情况选择药物，针对上肢、下肢以及全身用药，对特定的病位选择特定的药物，这也是古医家长期临床实践的总结。

（1）上肢用药

桂枝、羌活、防风、桑枝、葛根、姜黄、威灵仙、海桐皮、藁本。

（2）下肢用药

秦艽、牛膝、续断、木通、狗脊、杜仲、千年健、海风藤、石楠藤、伸筋草、大血藤、老鹳草、松节等。

（3）全身用药

当归、丹参、知母、鸡血藤、忍冬藤、蚕沙、制川乌、制草乌、制附片、薏苡仁、乌梢蛇、白花蛇、海马、海龙、三七、血竭。

9. 久病入络（一是属虚、一是血瘀）

属虚者：当归、黄芪、人参、熟地黄、枸杞、补骨脂、韭菜子、石斛、山茱萸、山药、芡实、莲子等。

属血瘀者：地龙、水蛭、蜈蚣、红花、桃仁、丹参、全蝎、土鳖虫等。

以上药物不是只针对痹症的用药，它们也可以治疗其他各种病症。

（二）陈绍宏教授经验

1. 仙方活命饮（《校注妇人良方》方）

处方：白芷 15 g　　浙贝母 15 g　　防风 15 g　　赤芍 15 g
　　　当归尾 10 g　　甘草 10 g　　皂角刺 15 g　　天花粉 20 g
　　　制乳香 10 g　　制没药 10 g　　金银花 30 g　　陈皮 10 g

煎水温服，一日一剂，一日三次。

功效：清热解毒、消肿溃坚、活血止痛。

主治：一切痈疽，运用本方时一定要掌握痈疽未溃烂者，服之效果如神。

2. 普济消毒饮（《东垣试效方》方）

处方：黄芩 15 g　　黄连 10 g　　陈皮 12 g　　甘草 12 g
　　　玄参 20 g　　柴胡 15 g　　桔梗 15 g　　连翘 20 g
　　　板蓝根 30 g　　薄荷 12 g　　僵蚕 15 g　　升麻 15 g

煎水温服，一日一剂，一日三次。

功效：疏风散邪，清热解毒。

主治：风热邪毒壅于上焦，发于头部，恶寒发热，头面红肿疼痛，目不能开，咽喉不利（急性化脓性扁桃体炎、急性咽喉炎）。

3. 活血通络饮

处方：小茴香 10 g　　延胡索 15 g　　制没药 10 g　　川芎 15 g
　　　当归 15 g　　　干姜 15 g　　　肉桂 10 g　　　赤芍 20 g
　　　蒲黄^{生熟各半} 20 g　黄芪 50 g

煎水温服，一日一剂，一日三次。

功效：益气活血，通络止痛，散结。

主治：辨证属虚寒型体质、肝脾气虚、寒阻经络，形成的乳腺包块或甲状腺包块。属肝胃郁热者，本方不宜。

4. 散结化瘀散

处方：丹参 20 g　　　郁金 15 g　　　柴胡 15 g　　　川楝子 15 g
　　　青皮 15 g　　　赤芍 20 g　　　延胡索 15 g　　地龙 15 g
　　　忍冬藤 30 g　　山慈菇 15 g　　蝉蜕 10 g　　　桔梗 10 g
　　　王不留行 15 g　浙贝母 15 g　　甘草 10 g　　　益母草 30 g

煎水温服，一日一剂，一日三次。

功效：活血化瘀，疏肝散结。

主治：乳腺小叶增生（乳房包块），属于肝郁气滞、瘀血阻滞的证型，是治疗乳腺小叶增生的常用方。

5. 益气活血散

处方：人参、丹参、川芎、三七，按 5∶3∶3∶2 的剂量，极细末为散，每次 6 g，一日两次，可以长期服用，如是糖尿病人，人参易为西洋参，剂量不变，治疗和预防心脑血管疾病（冠心病、脑动脉供血不足、脑血管硬化）辨证属气虚血瘀者，均可应用，且可长期服用。

以上是陈绍宏教授在临床上常用的小部分方剂，而且效果较为满意，另外，参苓白术散也在临床广泛应用，是陈绍宏教授临床数十年经验，并称之为"样板方",他认为"肾为先天之本""脾胃为后天之本""补肾必先健脾",脾胃健运,消化功能正常,生化有源,肾气充实,则精、气、神健壮,即所谓"正气存内,邪不可干""邪之所凑、其气必虚",故多种疾病和疑难杂症,以及恶性肿瘤的治疗,均需考虑"脾为后天之本"的重要意义。

川派中医药名家系列丛书

特色技术

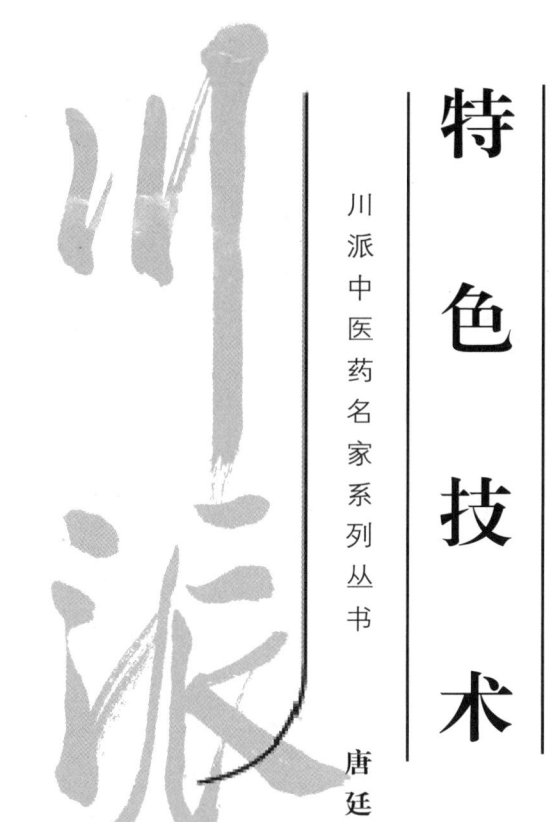

唐廷汉

一、失眠的简易方和外治法

失眠是以经常不得入睡为特征的一种疾病。古代文献称为"不寐""不得眠",其临床表现不一,有难以入眠,有睡而易醒,有时睡时醒,甚至彻夜不能入眠等,顽固者,往往伴有头晕、头痛、健忘等证。

失眠有虚证和实证,有邪者多为实,去其邪则神自安,无邪者皆虚,补其虚则眠自寐,应审其虚实之所在调治之。实证者多因食滞痰壅于胃腑,治宜消积化痰和中;虚证多因气阴不足,治宜补气益阴以扶正。在唐老多年临床治疗失眠经验中发现,除了服用常规方剂外,简易方和外治法的使用在治疗失眠一证时也有非常良好的效果。

(一)心脾血亏

此证型多见梦寐易醒,或彻夜不眠,心悸健忘,面色少华,舌淡苔薄,脉细弱,治宜补益心脾,养血宁神。方用归脾汤(《严氏济生方》方)。

归脾汤简易方:①龙眼 5 枚,打破,泡水代茶饮;②人参 100 g、枸杞 250 g、五味子 100 g、白酒 500 mL,浸泡一月,每日睡前服 5 mL。

外治法:针对神门、三阴交、至阴等穴位进行按揉,每个穴位 3~5 分钟,还可进行敷贴或艾灸。

(二)阴虚内热

此证型多见半夜易醒,醒后再难入睡,舌红苔薄,脉细弦,治法宜清热宁神,方用天王补心丹(《世医得效方》方)。

天王补心丹简易方:① 百合 15 g,泡水代茶饮;② 阿胶牛奶鸡蛋羹,鸡蛋黄 1 枚,牛奶 250 mL,放入 3 g 阿胶粉同蒸 3 分钟,关火焖 3 分钟,每日睡前服用;③ 酸枣仁炒香捣成散,每日睡前取 6 g,温开水吞服。

外治法:针对内劳宫、太溪、涌泉、照海进行按揉,每个穴位 3~5 分钟,不宜进行艾灸和敷贴。

(三)心虚胆怯

此证型多见心悸,触事易惊,心中憺憺然,恐人欲捕之,梦多纷纭,舌淡苔薄,脉弱细。治宜补益心气,安神定志,壮胆气。方用仁熟散(《医宗金鉴》方)。

仁熟散简易方:珍珠粉、人参、酸枣仁、百合,按1:1:2:2,制成散剂,每次睡前取3g,温开水吞服。

外治法:针对完骨、丘墟、足窍阴等穴位进行按揉,每个穴位3~5分钟,还可进行艾灸。

(四)湿痰壅遏

此证型多见寐不得安,呕恶胸痞,身倦神疲,舌淡胖,边有齿痕,舌苔腻,脉滑,方用二陈汤(《太平惠民和剂局方》方)或温胆汤(《三因极一病证方论》方)。

简易方:法半夏15g、秫米(高粱米代)30g,煎水温服,睡前服150mL,一日一次。

外治法:阴陵泉、丰隆、足三里等穴位进行按揉,每个穴位3~5分钟,还可以进行敷贴或者艾灸。

(五)老年失眠

针对老年性失眠患者的治疗,服用中药效果不好者,可以使用神阙穴外敷。

方法:珍珠母、丹参、合欢皮各10g共研成极细粉末,先用消毒液对神阙穴进行消毒,再取以上三味混匀药粉敷脐窝内,以填满为度,上盖一胶布固定。每晚睡前一次,第二日晨起后可去除胶布和药粉,一般7天为一疗程,即可奏效,且无不良反应。珍珠母入心肝经,主治心悸,失眠;丹参入心经、性寒,有清心凉血,除烦安神及养血作用;合欢皮养心安神,活血通络。三药合用既可用于心烦不寐,又可用于心血不足之失眠。神阙穴血管丰富，皮肤薄，敏感度高，利用局部药物吸收和生效，对老年人失眠有良好的治疗作用。

二、"三位一体"失眠综合治疗

唐老弟子余德海主任医师，总结唐老治疗失眠的经验，采用中西医结合的方法，融情志调理、中医内服、三氧治疗于一炉，结合多年临床经验，研究出"三位一体"失眠综合疗法，治疗顽固性失眠，效果显著。

三氧治疗，采用玻璃放电技术产生三氧，抽 50～150 mL 静脉全血，以 1∶1 的比例往血液中加入三氧气体，三氧气体浓度根据患者情况配制，一般不超过 45 ug/mL，血液通过与三氧气体结合迅速发生反应，诱导血液中的各种细胞成分产生细胞因子和活性代谢物，然后把经过氧化的血液回输到患者体内，触发人体系统免疫应答反应，激活神经内分泌系统，改善患者精神状态，可以极大提高传统疗法的临床效果。

"三位一体"失眠综合疗法，通过心理疏导、音乐治疗改善情志、内服汤药改善脏腑功能、配合三氧自血疗法改善血液及机体状态，三管齐下，可以明显改善睡眠，疗效确切，为治疗顽固性失眠的重要手段。

三、唐氏中医特色护理

四川省第二中医医院肺病科中医护理团队继承唐老中医外治学术思想、研究中医适宜技术，针对新型冠状病毒感染患者，出现呼吸困难和低氧血症、肺功能严重下降的情况，认为早期肺康复介入尤为重要。在唐老的具体指导下，四川省第二中医医院支援湖北的医护人员，为新冠肺炎患者开展了基于"提气补虚"原则的中医肺康复治疗。根据患者反馈和临床观察，中医肺康复治疗能够改善患者临床症状，提高患者生活质量，并完成《基于"提气补虚"原则的中医肺康复对新型冠状病毒肺炎患者实践初探》一文，发表于《四川中医》杂志。

同年，成功申报四川省中医药管理局传承项目"川派中医名家唐廷汉治疗喘病中医外治学术思想整理研究及推广示范"。本研究主要通过对唐老的培土生金（从脾治肺）理论进行深入研究，领悟唐氏中医的学术思想内涵，挖掘唐氏中医外治法，指导中医护理临床实践应用并推广。将唐老到四川省第二中医院工作以来诊治的所有应用中医外治法的病例进行整理，统计分析"唐氏按摩""穴位排痰""穴位贴敷""中药熏药"等中医适宜技术的处方时机、操作规程、频次，以及如何辨证施护等。同时通过查阅文献、专家咨询，研究对比"唐氏按摩""穴位排痰""穴位贴敷""中药熏药"与传统适宜技术按摩、排痰等的异同。参考国家中医药管理局颁布的《喘病中医护理方案》，研究制定了《唐氏中医外治法治疗喘病（慢性阻塞性肺疾病急性发作期）中医护理方案》，见下。

唐氏中医外治法治疗喘病（慢性阻塞性肺疾病急性发作期）中医护理方案

（一）常见证候要点

1. 外寒内饮证：受凉后出现头痛、身痛，发热畏寒，咳嗽，气急，喉中痰声漉漉，痰色白清稀，胸闷气憋。舌质淡，苔薄白，脉滑或弦紧。

2. 风热犯肺证：发热，恶风或恶热，头痛、肢体酸痛，咳嗽咽痛，气急，痰黄质稠。舌质红，苔薄白或黄，脉滑或脉浮数。

3. 痰浊壅肺证：咳嗽喘息，咯唾痰涎，量多色灰白，心胸憋闷，气短，不得平卧，脘痞纳少。舌质淡红，苔白腻，脉弦滑。

4. 肺气郁闭证：常因情志刺激而诱发，发时突然呼吸短促，息粗气憋，胸闷，咽中如窒，但喉中痰鸣不甚，或无痰声。平素多忧思抑郁，失眠、心悸。舌质淡暗，苔薄，脉弦。

5. 痰热郁肺证：指内为饮食不节，过食生冷、肥甘，或因嗜酒伤中，脾失健运，水谷不归正化，聚湿生痰，痰郁化热，或外感风热邪气蕴肺，蒸液成痰，痰热壅滞，致痰热郁肺，肺失宣降所表现出来的咳嗽喘息气粗，胸胁胀满，伴身热，舌质红，苔黄或黄腻，脉滑数。

6. 痰湿蕴肺证：咳嗽反复发作，咳声重浊，痰多，因痰而嗽，痰出咳平，痰黏腻或稠厚成块，色白或带灰色，每于早晨或食后则咳甚痰多，进甘甜油腻食物加重，胸闷，脘痞，呕恶，食少，体倦，大便时溏，舌质淡红，舌苔白腻，脉象濡滑。

7. 肺肾气虚证：气喘日益加重，呼吸短促难续；肾虚，则腰膝酸软；气虚，则膀胱固摄功能失调，故见小便清长；舌质淡白，苔白，脉沉细数。

(二) 常见症状/证候施护

1. 咳嗽咳痰

（1）保持病室空气新鲜、温湿度适宜，温度保持在 18～22 ℃，湿度控制在 50%～60%。减少环境的不良刺激，避免寒冷或干燥空气、烟尘、花粉及刺激性气体等。

（2）使患者保持舒适体位，咳嗽胸闷者取半卧位或半坐卧位，持续性咳嗽时，可频饮温开水，以减轻咽喉部的刺激。

（3）每日清洁口腔2次，保持口腔卫生，有助于预防口腔感染、增进食欲。

（4）密切观察咳嗽的性质、程度、持续时间、规律以及咳痰的颜色、性状、量及气味，有无喘促、发绀等伴随症状。

（5）加强气道湿化，痰液黏稠时多饮水，在心肾功能正常的情况下，每天饮水 1500 mL 以上。遵医嘱予雾化吸入，执行时采用优化方法，即患者使用解痉平喘药后立即行雾化吸入，此时气道已解痉，可减轻患者呛咳，提高依从性。

（6）协助翻身拍背，指导患者掌握有效咳嗽、咳痰、深呼吸的方法。

（7）指导患者正确留取痰标本，及时送检。

（8）遵医嘱给予止咳、祛痰药物，用药期间注意观察药物疗效及不良反应。

（9）耳穴贴压（耳穴埋豆）：遵医嘱耳穴贴压（耳穴埋豆），根据病情需要，可选择肺、气管、神门、皮质下等穴位。每天上下午各按压10分钟。

（10）穴位排痰：叩击肝俞、膈俞，然后按摩天突，促进排痰。

（11）穴位贴敷：常规穴选取定喘、风门、肺俞、脾俞、肾俞，意为清补肺气，健脾利湿并助肾纳气，达到上下相济，行气止咳之功。化痰穴选膻中、丰隆，其处方穴位配伍意义在于，膻中穴可调理胸中气机，如痰浊壅肺致使肺气不畅；丰隆穴可通调脾胃气机，使气行津布，中土得运，痰湿自化。

（12）饮食宜清淡、易消化、少食多餐，避免油腻、辛辣刺激及海腥发物。可适当食用化痰止咳的食疗方，如杏仁、梨、陈皮粥等。

2. 喘息气短

（1）保持病室安静、整洁、空气流通、温湿度适宜，避免灰尘、刺激性气味。

（2）密切观察生命体征变化，遵医嘱给予吸氧，一般给予鼻导管、低流量、低浓度持续给氧，1~2L/min，可根据血气分析结果调整吸氧的方式和浓度，以免引起二氧化碳潴留，氧疗时间每天不少于15小时。

（3）根据喘息气短的程度及伴随症状，取适宜体位，如高枕卧位、半卧位或端坐位，必要时安置床上桌，以利患者休息；鼓励患者缓慢深呼吸，以减缓呼吸困难。

（4）密切观察患者喘息气短的程度、持续时间及有无短期内突然加重的征象，评价缺氧的程度。观察有无皮肤红润、温暖多汗、球结膜充血、搏动性头痛等二氧化碳潴留的表现。

（5）指导患者进行呼吸功能锻炼，常用的锻炼方式有缩唇呼吸、腹式呼吸等。

（6）遵医嘱予以心电监护仪监测生命体征。

（7）遵医嘱予以无创呼吸机辅助呼吸。

（8）耳穴贴压（耳穴埋豆）：遵医嘱耳穴贴压（耳穴埋豆），根据病情需要，可选择交感、心、胸、肺、皮质下等穴位。每天上下午按压10分钟。

（9）穴位按摩：遵医嘱穴位按摩，根据病情需要，可选择肺俞、肾俞、尺泽、天突、定喘、大椎、丰隆、神门。依据穴位部位采用唐式按摩法即三揉一打圈，睡前每穴按摩用时1分钟。

（10）灸法：选择大椎、定喘、肺腧、脾腧等穴位，用艾条灸每个穴位灸15~20分钟。

（11）指导患者进食低碳水化合物、高脂肪、高蛋白、高维生素饮食，忌食辛辣、煎炸之品。

3. 发热

（1）保持病室整洁、安静，空气清新流通，温湿度适宜。

（2）体温 37.5 ℃ 以上者，每 6 小时测体温、脉搏、呼吸 1 次，体温 39.0 ℃ 以上者，每 4 小时测体温、脉搏、呼吸 1 次，或遵医嘱执行。

（3）采用温水擦浴、冰袋等物理降温措施，患者汗出时，及时协助擦拭和更换衣服、被服，避免汗出当风。

（4）做好口腔护理，鼓励患者经常漱口，可用金银花液等漱口，每日饮水 ≥ 2000 mL。

（5）饮食以清淡、易消化、富营养为原则。多食新鲜水果和蔬菜，进食清热生津之品，如苦瓜、冬瓜、绿豆、荸荠等，忌煎炸、肥腻、辛辣之品。

（6）遵医嘱使用发汗解表药时，密切观察体温变化、汗出情况以及药物不良反应。

（7）中药熏药：选择发汗解表扶正的药方煎成汤剂，熏大椎、风池、肺俞、脾俞等穴位。

（8）放血疗法：选择曲池、少商等穴。

4. 腹胀纳呆

（1）保持病室整洁、空气流通，避免刺激性气味，及时倾倒痰液，更换污染被褥、衣服，以利促进患者食欲。

（2）保持口腔清洁，去除口腔异味，咳痰后及时用温水或漱口液漱口。

（3）与患者有效沟通，积极开导，帮助其保持情绪稳定，避免不良情志刺激。

（4）鼓励患者多运动，以促进肠蠕动，减轻腹胀。病情较轻者鼓励下床活动，可每日散步 20~30 分钟，或打太极拳等。病情较重者指导其在床上进行翻身、四肢活动等主动运动，或予四肢被动运动，每日顺时针按摩腹部 10~20 分钟。

（5）耳穴贴压（耳穴埋豆）：遵医嘱耳穴贴压（耳穴埋豆），根据病情需要，可选择脾、胃、三焦、胰、胆等穴位。

（6）气息导引法卧位呼吸操：患者平卧，①引导患者以缓慢腹式呼吸；②引导患者拉伸起坐；③引导患者桥式运动；④引导患者空中踩车。

（7）饮食宜清淡易消化，忌肥甘厚味、甜腻之品，正餐进食量不足时，可安排少量多餐,避免在餐前和进餐时过多饮水,避免豆类、芋头、红薯等产气食物的摄入。

5. 自汗、盗汗

(1) 衣着柔软、透气,便于穿脱;汗出时及时擦干汗液、更衣,避免汗出当风。

(2) 艾灸,取交感、肺、内分泌、肾上腺等穴,用艾条灸每个穴位灸15~20分钟。

6. 便秘

(1) 观察排便次数、性状、排便费力程度及伴随症状。

(2) 指导患者保持生活规律,适当运动,定时排便,忌努挣。习惯性便秘者畅情志,克服对排便的恐惧与焦虑。

(3) 鼓励患者多饮水,心肺功能无问题者建议每天饮水量在1500 mL以上,饮食以粗纤维为主,多吃有利于通便的食物,如黑芝麻、蔬菜、瓜果等;多饮水,戒烟酒,禁食产气多刺激性的食物,如甜食、豆制品、圆葱等。

(4) 热秘患者以清热、润肠、通便饮食为佳,可食用白萝卜、蜂蜜汁;气虚便秘患者以补气血、润肠通便饮食为佳,可食用核桃仁、松子仁。芝麻粥适用于各种症状的便秘。

(5) 穴位按摩:选取胃俞、脾俞、内关、足三里、中脘、关元等穴,腹胀者加涌泉,用揉法。

(6) 腹部按摩:取平卧位,以肚脐为中心,顺时针方向按揉腹部。以腹内有热感为宜,每次20~30分钟,每日2~3次。

7. 鼻塞、流涕

(1) 观察鼻塞情况及涕液颜色、性质等。

(2) 掌握正确的擤涕方法。

(3) 穴位按摩,鼻塞时按摩迎香、鼻通等穴。

(4) 耳穴贴压,取肺、内鼻、外鼻、气管等穴。

8. 失眠

(1) 保持病房安静、整洁,通风良好。

(2) 睡前服热牛奶、温水泡脚,按摩双侧太阳穴,印堂穴,听舒缓轻音乐，不宜饮浓茶或咖啡。

（3）指导患者可多食安神助眠之品，如牛奶、香蕉、莲子、核桃等。

（4）遵医嘱应用镇静安神药物，并观察用药后反应及效果。

（5）耳穴贴压：神门、交感等。

（6）穴位按摩：选百会、风池、太阳穴、合谷、涌泉穴等，三揉一打圈，每穴按摩2分钟。

（三）中医特色治疗护理

1. 药物治疗

（1）内服中药（中药汤剂、中成药）。

（2）中药静脉给药。

2. 唐氏中医外治技术

耳穴贴压（耳穴埋豆）：

呼吸系统疾病选穴：咽喉、气管、肺、交感、对屏尖；肿瘤性疾病选穴：神门、心、肺、脾、肾、交感、内分泌；消化系统疾病选穴：脾、胃、交感、皮质下、神门、枕；泌尿系统疾病选穴：肾、膀胱、交感、神门、前列腺、内尿道。

穴位按摩（唐氏按摩）：手法为三揉一打圈，三揉可以刺激穴位，打圈可以调动穴位周围的气血，最终起到经络传导、通经活络、扶正祛邪的作用。选穴：神阙、膻中、肺俞、脾俞、肾俞。

穴位贴敷：穴位贴敷的药方由党参、白术、茯苓、山药、延胡索、紫苏子、白芥子、法半夏、制南星、莱菔子、白术组成，方取党参补气，白术燥湿，茯苓淡渗利湿，山药健脾，延胡索理气，共奏益气扶正、健脾除湿之功，白芥子除痰，紫苏子行气，法半夏、制南星燥湿化痰，莱菔子消食，白术健脾燥湿制成。选穴为常规穴加化痰穴。常规穴为定喘、风门、肺俞、脾俞、肾俞，意为清补肺气，健脾利湿并助肾纳气，达到上下相济、行气止咳之功。化痰穴为膻中、丰隆组成。其处方穴位配伍意义在于，膻中穴可调理胸中气机，如痰浊壅肺致使肺气不畅；丰隆穴可通调脾胃气机，使气行津布，中土得运，痰湿自化。敷贴时配以姜汁调和以加强解表通络之效。从方药和选穴来看，唐老均是基于"培土生金"从脾治肺的学术思想。

穴位排痰：穴位排痰是通过叩击肝俞、膈俞，起到经络传导，促进排痰的作用。患者也可以自己完成：患者站立于距离墙面20 cm左右处，两腿分开、背对墙面，身体缓慢撞击墙面，每天撞击10余次。

中药塌渍治疗：消水方由十枣汤、甘遂半夏汤合葶苈大枣泻肺汤加减而成，具有攻逐水饮、泻肺涤痰的功效，用于有胸水的患者。消水方塌渍于胸水对应的体表位置，通过皮肤将药物渗透到经络、胸腔，可直接作用于病变部位，消除胸水，且明显减少药物毒副反应。活血散塌渍于关节及疼痛处，能起到活血化瘀、通络止痛的效果，用于各种疼痛性疾病。金黄散塌渍于病变处，清热解毒、消肿止痛，用于热毒瘀滞所致的丹毒、红肿热痛等疾病。

中药熏药：酒黄连15 g、黄柏（生）15 g、酒黄芩15 g、栀子（生）15 g、板蓝根30 g、金银花15 g、连翘15 g、薄荷15 g、竹茹30 g、百合20 g、玉竹20 g，方中黄连、黄柏、黄芩清热燥湿，栀子清三焦之热，板蓝根清热解毒、利咽，金银花、连翘、薄荷疏风清热，竹茹清热化痰，百合、玉竹养阴润肺，此方基于唐老燥痰理论，起到疏风解毒、清热化痰、养阴润肺的作用。

穴位选择：大椎、定喘、肺俞、膈俞。肺其华在毛，中药熏药可使药物之气透过肌表直入脏腑，体现中医学整体观念和内病外治、内外合治的辨证论治理念。同时唐老主张理、法、方、穴、术一线贯通，提倡由证选方取穴，从而施术并注重古今医家的经验传承。

放血疗法：放血疗法具有消肿止痛、祛风止痒、开窍泄热、镇吐止泻、通经活络之功效，临床用于多种疾病，如发热：双耳尖放血；咽喉疼痛、止咳气喘：大椎、肺俞放血；疼痛性疾病：选择疼痛点即阿是穴，点刺放血。

气息导引法卧位呼吸操：增加呼吸肌的肌力和耐力，减轻呼吸困难，改善肺功能，预防呼吸疲劳及呼吸衰竭，用于慢阻肺、肺心病、呼吸衰竭等呼吸系统疾病。方法：①仰卧，两手握拳在肘关节处屈伸5～10次，平静深呼吸5～10次；②两臂交替向前上方伸出，自然呼吸5～10次；两腿交替在膝关节处屈伸5～10次；③两腿屈膝、双臂上举外展并深吸气，两臂放回体侧时呼气，做5～10次；④口哨式呼气：先用鼻吸气一大口，用唇呈吹口哨状用力呼气，做5～10次；⑤腹部呼吸，两腿屈膝，一手放在胸部，一手放在腹部，吸气时腹壁隆起，呼气时腹壁收缩，做5～10次。运用以上卧位锻炼一段时间后，也可选取坐位或站立位进行锻炼。

3.物理治疗

（1）抹胸拍肺：两手交替由一侧肩部由上至下呈斜线抹至另侧肋下角部，各重复10次。两手自两侧肺尖部开始沿胸廓自上而下拍打各10次。注意事项：拍肺力度适中。

（2）胸部叩击：患者侧卧位或在他人协助下取坐位，叩击者两手手指弯曲并拢，使掌侧呈杯状，以手腕力量，从肺底自下而上、由外向内、迅速而有节律地叩击胸壁。每一肺叶叩击1~3分钟，每分钟叩击120~180次，叩击时发出一种空而深的拍击音则表明叩击手法正确。注意事项：①叩击前听诊评估；②用单层薄布覆盖叩击部位；③叩击时避开乳房、心脏、骨突部位及衣服拉链、纽扣等处；④叩击力量应适中，宜在餐后2小时至餐前30分钟完成。

（3）有效咳嗽：指导患者尽可能采用坐位，先进行深而慢的腹式呼吸5~6次，然后深吸气至膈肌完全下降，屏气3~5秒，继而缩唇，缓慢地经口将肺内气体呼出，再深吸一口气屏气3~5秒，身体前倾，从胸腔进行2~3次短促有力的咳嗽，咳嗽时同时收缩腹肌，或用手按压上腹部，帮助痰液咳出。注意事项：①不宜在空腹、饱餐时进行，宜在饭后1~2小时进行为宜；②有效咳嗽时，可让患者怀抱枕头。

（4）振动排痰：可采用振动排痰机每日治疗2~4次，每次15~20分钟。注意事项：①不宜在饱餐时进行，宜在餐前或餐后1~2小时为宜；②叩击时应避开胃肠、心脏、脊柱等部位。③建议使用一次性纸制叩击头罩，避免交叉感染。

4.呼吸功能锻炼

（1）腹式呼吸：患者取立位、坐位或平卧位，两膝半屈或膝下垫小枕，使腹肌放松。一手放于腹部，一手放于胸部，用鼻缓慢吸气时膈肌最大幅度下降，腹肌松弛，腹部凸起，腹部手随腹部运动向上抬起，胸部手在原位不动，抑制胸廓运动；呼气时经口呼出，腹肌收缩，膈肌随腹腔内压增加而上抬，推动肺部气体排出，腹部手随腹部运动下降，稍向下用力，增加呼气潮气量。

（2）缩唇呼吸：患者闭嘴经鼻吸气，然后通过缩唇（吹口哨样）缓慢呼气，同时收缩腹部，吸气和呼气时间比为 1∶2 或 1∶3，尽量深吸慢呼，每分钟呼吸 7~8 次，每次 10~20 分钟，每日锻炼 2 次。

缩唇呼气和腹式呼吸每天训练 3~4 次，每次重复 8~10 遍。

（3）呼吸操：卧式、坐式、站式。

卧式呼吸操：平卧在床上，去枕；颈部运动，仰卧位吸气，呼气时颈部向前微屈，吸气时回位；肩胛运动，仰卧位，吸气时耸肩，呼气时回位；扩胸运动，仰卧位双手枕于耳后，吸气时双手张开，呼气时双肘关闭，吸气时扩胸，呼气时回位；转体运动，仰卧位吸气，呼气时躯干向左侧翻转，吸气时回位，呼气时躯干向左侧翻转，吸气时回位；开腿运动，仰卧位吸气，呼气时双腿打开，吸气时双腿合并回位；勾脚尖运动，仰卧位吸气，呼气时左脚尖勾起，吸气时回位，呼气时右脚尖勾起，吸气时回位，呼气时左脚尖勾起，吸气时回位；以上动作重复两次。

坐式呼吸操：坐于椅上或床边，双手握拳，肘关节屈伸 4~8 次，屈吸伸呼；平静深呼吸 4~8 次；展臂吸气，抱胸呼气 4~8 次；双膝交替屈伸 4~8 次，伸吸屈呼；双手抱单膝时吸气，压胸时呼气，左右交替 4~8 次；双手分别搭同侧肩，上身左右旋转 4~8 次，旋吸复呼。

站式呼吸操：站立位，两脚分开与肩同宽，双手叉腰呼吸 4~8 次；一手搭同肩，一手平伸旋转上身，左右交替 4~8 次，旋呼复吸；双手放于肋缘吸气，压胸时呼气 4~8 次；双手叉腰，交替单腿抬高 4~8 次，抬吸复呼；双手搭肩，旋转上身 4~8 次，旋呼复吸；展臂吸气，抱胸呼气 4~8 次；双腿交替外展 4~8 次，展呼复吸；隆腹深吸气，弯腰缩腹呼气 4~8 次。

注意事项：①呼吸功能锻炼时，全身肌肉要放松，节奏要自然轻松，动作由慢而快。②呼吸功能锻炼不可操之过急，要长期坚持锻炼。③呼吸功能锻炼不宜空腹及饱餐时进行，宜在饭后 1~2 小时进行为宜。④呼吸操一般每日练习 2~3 次，每次 5~10 分钟，根据个人病情进行，以患者不感到疲劳为宜。⑤开始训练时，要密切观察病人的面色、神态及生命体征，如有不适，不宜强行训练，锻炼量以病人自觉稍累而无呼吸困难、心率较安静时增加 <20 次/分钟，呼吸增加 <5 次/分钟为宜；如训练过程中出现心衰、呼衰情况

要及时处理，必要时停止训练。

（四）健康指导

1. 生活起居指导

（1）保持室内空气新鲜流通，温湿度适宜。指导患者戒烟，戒烟是预防慢性阻塞性肺疾病（COPD）的重要措施。室内勿放鲜花等可能引起过敏的物品，避免花粉及刺激性气体的吸入。

（2）在寒冷季节或气候转变时，及时增减衣物，勿汗出当风，在呼吸道传染病流行期间，尽量避免去人群密集的公共场所，避免感受外邪诱发或加重病情。

（3）劳逸结合，起居有常，保证充分的休息和睡眠，病情加重时减少活动量。

（4）经常做深呼吸，腹式呼吸和缩唇呼气联合应用，提高肺活量，改善呼吸功能。

（5）自我保健锻炼。

①步行：每日步行500～1500米，运动量由小到大。开始时，可用自己习惯的中速步行，以后可采用中速—快速—慢速的程序步行。

②按摩保健穴位：经常按摩睛明、迎香、颊车、合谷、内关、足三里、肾俞、三阴交等穴位。

③足底按摩：取肾、输尿管、膀胱、肺、喉、气管、肾上腺等反射区，每个反射区按摩3分钟，每日3次。

④叩齿保健：指导患者叩齿，每日早晚各一次，每次3分钟左右。叩齿时可用双手指有节律地搓双侧耳孔，提拉双耳廓直到发热为止。

⑤传统养生操：可选择呼吸操、五禽戏、太极拳或八段锦，每周进行3次以上，每次15分钟。

2. 饮食指导

（1）呼吸运动耗能增加可使热量和蛋白质消耗增加，导致营养不良。饮食以高营养、高蛋白和高维生素为宜。正餐进食量不足时，应少量多餐，避免在餐前和进餐时过多饮水。腹胀的病人应进软食。避免进食产气食物，如汽水、啤酒、豆类、马铃薯和胡萝卜等。避免易引起便秘的食物，如油煎食物、干果、坚果等。避免摄入高碳水化合物和高热量饮食，以免产生过多二氧化碳。同时忌辛辣、肥腻、过甜、过咸及煎炸之品。

（2）外寒内饮证：宜进食疏风散寒、宣肺止咳的食物，如紫苏粥、白果煲鸡等。

（3）风热犯肺证：宜进食疏风清热、宣肺化痰的食物，如金银花茶。

（4）痰浊壅肺证：宜进食清肺化痰、理气止咳的食物，如雪梨银耳百合汤等。

（5）肺气郁闭证：宜进食开郁宣肺、降气平喘的食物，如杏仁粥、萝卜生姜汁等。

（6）痰热郁肺证：宜进食清热化痰、宣肺平喘的食物，如秋梨、白莲藕等。

（7）痰湿壅肺证：宜进食燥湿化痰、理气止咳的食物，如茯苓白术无花果瘦肉汤。

（8）肺肾气虚证：宜进食补肺清肺的食物，如大枣党参炖鸡。

3. 情志调理

（1）本病缠绵难愈，患者精神负担较重，常易出现焦虑、抑郁等情绪，责任护士需多与患者沟通，了解其心理状态，及时予以心理疏导。

（2）责任护士应主动介绍疾病知识，使患者了解引起本病的原因和转归，指导排痰和呼吸功能锻炼，鼓励患者积极防治，消除消极悲观态度及焦虑情绪，克服对疾病的恐惧心理，改善其治疗依从性。

（3）鼓励病友间多沟通交流防治疾病的经验，指导患者学会自我排解烦恼及忧愁，通过适当运动、音乐欣赏、书法绘画等移情易性，保持乐观开朗情绪，避免忧思恼怒对人体的不利影响。

（4）鼓励家属多陪伴患者，给予患者情感支持，增强其治疗疾病的信心。

（五）护理难点

（1）患者对呼吸功能锻炼的配合及依从性较差。

（2）患者年龄较大，对呼吸功能锻炼的方法较难掌握；同时对锻炼效果期望过高，但实际效果并非立竿见影，故容易失去坚持锻炼的信心。

（3）辨证施膳：护士很难根据疾病的病程变化和症候变化，给予精准的饮食指导。

（4）中医护理方案临床运用效果欠佳：护士主动学习的积极性不高；科室重视度不够；学习后，不会学以致用，效果比较差。

（5）中医护理技术辨证施术是很大的难点，辨证不准确，穴位选取不精准等。

（六）解决思路

（1）向患者讲解疾病的发生、发展及转归，使患者了解呼吸功能锻炼的重要性和必要性。

（2）护士加强与患者的沟通交流，建立良好的护患关系，制定切实可行的呼吸功能锻炼方案。

（3）采用多种教育方法，理论与实践结合进行呼吸功能锻炼指导，使患者易于接受和理解。

（4）鼓励病友间沟通、交流，争取亲友等社会支持，提高患者训练的信心。

（5）加强护士中医基础理论的培训学习，在辨证施膳饮食指导过程中，根据现有季节、生活状况、难易程度，进行针对性的指导；住院期间经常观察患者的舌苔脉，了解患者症候的发展，及时给予相符的饮食指导。

（6）加强科室优势病种的方案学习，做到人人掌握，人人运用，在评估及辨证施护时，可以将方案评价表作为方案大纲灵活运用。

（7）指导护士在工作期间学会积累经验，学习中医基础理论，掌握辨证施术，通过不断地练习提高操作的娴熟性。

（七）护理效果评价

附：喘病（慢性阻塞性肺疾病急性发作期）中医护理效果评价表

喘病（慢性阻塞性肺病急性发作期）中医护理效果评价表

科室：　　　　患者姓名：　　　　入院日期：　　　　出院日期：　　　　住院天数：

纳入中医临床路径：是□　否□　　　性别：　　　年龄：　　　ID：　　　文化程度：

证候诊断：风热犯肺证□　痰浊壅肺证□　肺气郁闭证□　痰热郁肺□

　　　　　外寒内饮证□　痰湿壅肺□　肺肾气虚□　其他□

一、护理效果评价

主要症状	证候量化表	治疗前	治疗后	主要辨证施护方法	中医护理技术	护理效果
咳嗽咳痰	正常 0 分：不咳嗽咳痰 轻度 1 分：仅早晨咳嗽，痰量 10~20 mL/天 中度 2 分：全天时有咳嗽，多在日常活动时发生，痰量 21~50 mL/天 重度 3 分：咳嗽频繁，休息时易发生，痰量>51 mL/天			1. 体　位□ 2. 有效咳嗽□ 3. 翻身拍背□ 4. 气道湿化□ 5. 其他护理措施：____	1. 耳穴贴压□　应用时间___天 2. 穴位排痰□　应用时间___天 3. 穴位贴敷□　应用时间___天 4. 其他：____ 　应用次数：___次 　应用次数：___次 　应用次数：___次 　应用次数：___次	好□ 较好□ 一般□ 差□
喘息气短	正常 0 分：日常生活能力不受影响 轻度 1 分：呼吸功能 1~2 级，一般劳动时，速度较快或登楼、上坡时出现气短，喘息 中度 2 分：呼吸功能 3~4 级，慢步行走不出百步或者讲话、穿衣等轻微动作出现气短，喘息 重度 3 分：安静时也会气短，不能平卧			1. 体　位□ 2. 氧　疗□ 3. 呼吸功能锻炼□ 4. 坐式、站式卧式□ 5. 放松术□ 6. 心电监护□ 7. 无创辅助呼吸机□ 8. 其他护理措施：____	1. 耳穴贴压□　应用时间___天 2. 穴位按摩□　应用时间___天 3. 灸　法□　应用时间___天 4. 其他：____ 　应用次数：___次 　应用次数：___次 　应用次数：___次 　应用次数：___次	好□ 较好□ 一般□ 差□

症状	评分标准	护理措施	特色技术
发热 □	正常 0 分：体温正常 轻度 1 分：37.5~38.0 ℃ 中度 2 分：38~39 ℃ 重度 3 分：39.9 ℃以上	1. 皮肤护理 □ 2. 饮水指导 □ 3. 物理降温 □ 4. 饮食指导 □ 5. 用药指导 □ 4. 其他护理措施：	1. 放血疗法 □ 应用次数：___次，□好 □较好 □一般 □差 应用时间___天 2. 中药熏药 □ 应用次数：___次， 应用时间___天 3. 其他：___ 应用次数：___次
腹胀 纳呆 □	正常 0 分：无腹胀、纳呆 轻度 1 分：偶有腹胀/食欲减退，食量未减 中度 2 分：时有腹胀/无食欲，尚能进食，食量减少 1/3 重度 3 分：腹胀/无食欲，食量减少 2/3	1. 口腔清洁 □ 2. 腹部按摩 □ 3. 活动指导 □ 4. 饮食指导 □ 5. 其他护理措施：	1. 耳穴贴压 □ 应用次数：___次，□好 □较好 □一般 □差 应用时间___天 2. 气息导引呼吸操 □ 应用次数：___次， 应用时间___天 3. 其他：___ 应用次数：___次
自汗 盗汗 □	正常 0 分：无自汗、盗汗 轻度 1 分：偶有自汗，醒则汗止，汗量不多，出为干燥状态，每日更换一次衣服或垫巾 中度 2 分：时有自汗，醒则汗止，汗量较多，为湿润状态，每日更换二次衣服或垫巾 重度 3 分：自汗多，寐中汗出，醒则汗止，汗量极多，湿透衣被，每日跟换三次或以上衣服或垫巾	1. 皮肤护理 □ 2. 用药指导 □ 3. 其他护理措施：	1. 艾灸 □ 应用次数：___次，□好 □较好 □一般 □差 应用时间___天 2. 其他：___ 应用次数：___次 应用时间___天

症状	评分	护理措施	中医护理技术应用
便秘 □	正常 0 分：无便秘 轻度 1 分：大便干结，每日一行 中度 2 分：大便秘结，两日一行 重度 3 分：大便难解，数日一行	1. 饮　食 □ 2. 腹部按摩 □ 3. 排便指导 □ 4. 其他护理措施：_____	1. 穴位按摩 □ 　应用时间：___天 　应用次数：___次，应 　用效果：好 □ 较好 □ 一般 □ 差 □ 2. 其他：_____ 　应用时间：___天
鼻塞 □	正常 0 分：无鼻塞感 轻度 1 分：偶有，不影响用鼻及睡眠 中度 2 分：日间常有鼻塞，影响睡眠 重度 3 分：鼻塞明显，需用口呼吸，不能入睡	1. 湿热敷 □ 2. 其他护理措施：_____	1. 穴位按摩 □ 　应用时间：___天 2. 耳穴贴压 □ 　应用时间：___天 3. 其他：_____ 　应用时间：___天 　应用次数：___次，应用效果：好 □ 较好 □ 一般 □ 差 □
流涕 □	正常 0 分：不流 轻度 1 分：偶流清涕 中度 2 分：早晚均流涕，量不多 重度 3 分：流清浊涕，持续量多	1. 鼻部皮肤护理 □ 2. 其他护理措施：_____	1. 穴位按摩 □ 　应用时间：___天 2. 耳穴贴压 □ 　应用时间：___天 3. 其他：_____ 　应用时间：___天 　应用次数：___次，应用效果：好 □ 较好 □ 一般 □ 差 □
失眠 □	正常 0 分：正常睡眠，深度睡眠时间 6~8 小时 轻度 1 分：睡眠时间只有平时的 60%~70%，易醒 中度 2 分：睡眠时间只有平时的 50%~60%，难入睡 重度 3 分：睡眠时间只有平时的 40%~50%，彻夜不寐	1. 情志护理 □ 2. 饮食指导 □ 3. 安全指导 □ 4. 其他护理措施：_____	1. 穴位按摩 □ 　应用时间：___天 2. 耳穴贴压 □ 　应用时间：___天 3. 其他：_____ 　应用时间：___天 　应用次数：___次，应用效果：好 □ 较好 □ 一般 □ 差 □

二、护理依从性及满意度评价

评价项目		患者对护理的依从性			患者对护理的满意度			
		依从 (>80%)	部分依从 (80%~30%)	不依从 (<30%)	非常满意	满意	不满意	非常不满意
中医护理技术	耳穴贴压							
	穴位排液							
	穴位按摩							
	穴位贴敷							
	灸法							
	放血疗法							
	中药熏药							
	气息导引呼吸操							
	其他：	/	/	/				
健康指导								
签名		责任护士签名：			上级护士或护士长签名：			

中医护理技术的依从性：以实际实施护理技术的天数/总需实施护理技术的天数×100%，求得依从性。

依从：患者积极主动配合中医护理技术操作，健康教育内容（>80%）。

部分依从：需要医护人员加强沟通或偶有拒绝行为（80%~30%）。

不依从：经常或完全拒绝者（<30%）。

三、对本病中医护理方案的评价

实用性强□　　　实用性较强□　　　实用性一般□　　　不实用□

通过尼莫地平评分法：证候积分率=（治疗前得分－治疗后得分）/治疗前得分×100%

临床痊愈：临床症状、体征明显改善，证候积分减少≥95%（实用性强）。

显效：临床症状、体征明显改善，70%≤证候积分减少<95%（实用性较强）。

有效：临床症状、体征均有好转，30%≤证候积分减少<70%（实用性一般）。

无效：临床症状、体征无明显改善，甚至加重，证候积分减少<30%（不实用）。

改进意见：
_____
_____
_____

四、评价人（责任护士）

姓　　　名：_____

技术职称：_____

完成日期：_____

护士长签字：_____

学 术 思 想

川派中医药名家系列丛书

唐廷汉

一、怪病多痰夹瘀

（一）痰饮致病

痰饮多由于水液代谢紊乱、水液失运并停聚于体内形成。水液代谢依赖于肺、脾、肾、肝及三焦的正常运行，在某些外感内伤因素的直接诱导下，水液代谢异常形成痰饮，因此，凡与津液代谢有密切关系的脏腑功能失调，以及对津液代谢有不良影响的致病因素均可引发痰饮的形成。痰饮形成后可以随气的运行流窜到全身上下内外，《杂病源流犀烛·痰饮源流》言："其为物则流动不测，故其为害，上至巅顶，下至涌泉，随气升降，周身内外皆到，五脏六腑俱有。"[1]其致病范围广泛，发病部位差异较大，还易兼他邪共同致病，形成的病证繁多，病程较长，正所谓"百病多由痰作祟"。

（二）瘀血阻络

疑难杂症多病程较长，迁延不愈，病邪日久流注于经络，壅塞于经络，导致经络气机阻滞、气血运行不畅，进一步形成瘀血，凝滞于内，即叶天士所说的"久病入络"。《内经·素问》曰："病久入深，荣卫之行涩，经络时疏，故不通。"[2]《医学入门》言："人知百病生于气，而不知血为百病之胎也。"[3]叶天士《临证指南医案》载："大凡经主气，络主血，久病血瘀。""初病在经，久痛入络。以经主气，络主血，则可知其治气治血之当然也。凡气既久阻，血亦应病，循行之脉络自痹。"[4]说明病久可导致气血阴阳亏虚，血液运行无力，使血液凝滞于经络，或气滞不通导致血瘀。

（三）痰瘀互结

因饮食习惯、情绪波动、气血亏虚等因素相互作用，瘀血与痰浊互结，

---

[1] 沈金鳌撰. 李占永，李晓林校注. 杂病源流犀烛[M]. 北京：中国中医药出版社，1994：249.
[2] 柳长华解读. 黄帝内经[M]. 北京：科学出版社，2019：195.
[3] 李梴著. 金嫣莉等校注. 医学入门[M]. 北京：北京中医药出版社，1995：339.
[4] 叶天士著. 华岫云编订. 临证指南医案[M]. 北京：华夏出版社，1995：440.

进而引发络脉闭阻。《内经·灵枢》曰:"泌其津液,注之于脉,化以为血。"[1]阐明津血同源,痰是津液代谢障碍的产物,瘀是血液循环障碍而生。所谓痰瘀同源、痰瘀同病。

前文病案中提及肺纤维化、肺结节(积聚)、慢性阻塞性肺疾病(肺胀)、萎缩性胃炎、原发性醛固酮增多症、肺癌等,均出现了痰瘀互结的病机。还有比如在妇科的不孕症(多囊卵巢综合征)、顽固性头痛、失眠、精神类疾病(焦虑、抑郁、躁狂、双向情感功能障碍、精神分裂症等)、肩周炎、颈椎病、痛风、肾结石、胆囊结石、肺心病、冠心病、消化系统息肉等病症中,也经常出现痰瘀互结的病机。在患者多系统疾病交杂、症状繁多、辨证困难的情况下,更要着重考虑痰、瘀这两个因素,因为它们既是病理产物,也是病理因素,二者可以相互转化、相互结合。总之,很多慢性病的病机,一方面表现为气虚生痰,痰浊阻碍血气运行,因痰致瘀;另一方面,"血不利则为水",瘀血久停,驱使水液停积产生痰浊,因瘀生痰。在临床实践中,一些疑难病症,怪病在治疗时痰瘀并治可获得良好疗效。

(四)典型医案

病案 1:精神分裂症。

庞某,女,24 岁,现居四川省德阳市。

初诊:2017 年 6 月 17 日。家属代诉其"兴奋躁动 1 月余,打人毁物 1 次"就诊,患者大学住校,因家庭变故,忧愁思虑,于 1 个月前与家人生气后突然起病,表现兴奋话多,语速快,语无伦次,寐少不饥,顶撞师长,嘲讽同学,炫耀家庭背景。1 天前与同学外出逛街出现打砸商铺,做事不计后果,商铺报警后仍嬉皮笑脸,在当地医院给服镇静类药物(具体药物名称不详),效果不明显,故家属带其来诊。刻下症见:患者精神亢奋,喋喋不休,嬉笑怒骂,力逾常人,妄想离奇多端,夜不入寐,大便 2 日未解,面色暗滞,舌质暗,苔黄厚,脉弦滑。脑涨落图检查示:脑内兴奋功能增强。贝克-拉范森躁狂量表(BRMS)评分 32 分。

---

[1] 柳长华解读. 黄帝内经[M]. 北京:科学出版社,2019:520.

诊断：狂病。
辨证：痰火郁结，气血凝滞，脑神失调。
治法：消痰化滞，理气解郁。
方剂：癫狂梦醒汤合礞石滚痰丸加减。

处方：桃仁 15 g　　红花 15 g　　赤芍 15 g　　郁金 20 g
　　　柴胡 15 g　　香附 15 g　　青皮 10 g　　陈皮 10 g
　　　法半夏 10 g　紫苏子 15 g　桑白皮 20 g　大黄 6 g
　　　黄芩 15 g　　礞石 30 g　　降香 10 g　　甘草 15 g

4 剂，煎水温服，一日一剂，一天三次。

二诊：2017 年 6 月 21 日。服上方四剂后，患者躁狂症状稍有改善，纳食稍增，大便已解，但仍精神亢奋，动而多怒，甚至打骂家人，觉得自己很聪明，能干大事，夜寐时短，约 3~4 个小时，舌苔仍黄厚。此为痰凝气滞，郁而化热，脑神失于调畅，脑气不能与脏腑气相顺接而成。继以前法调治，唯需增化痰理气活血清热之力。前方加竹茹 20 g、三棱 10 g、莪术 10 g、黄连 10 g、当归 15 g。7 剂，煎水温服，一日一剂，一日两次。

三诊：2017 年 6 月 28 日。患者服上方七剂后，情绪较安稳，表情愉悦，夜寐尚可，二便如常，舌质红，苔白，能短时工作学习，但仍时而语无伦次，偶有谵狂躁动，此系"气、血、痰"邪气未尽，壅滞脑神所致，继以前法，去大黄、黄连、三棱、莪术，加生地黄 20 g、石菖蒲 15 g、琥珀 15 g、珍珠母 20 g，15 剂，煎水温服，一日一剂，一日两次。

四诊：2017 年 7 月 13 日。患者服上方 15 剂后，神情安定，面色荣润，言行举止恢复如常，基本恢复正常学习生活，BRMS 评分 22 分。嘱其调畅情志，避免情绪波动，保持二便通畅。随访半年未复发。

按语：中医对癫狂病的认识历史悠久，从《内经》开始就有了比较系统的研究。《内经·灵枢》中就对精神分裂症的常见症状有了一定的描述。通过漫长的发展，目前中医癫狂病在病因上，与西医的认识有相同之处，均认为是一种多因素综合致病，既有先天不足，也有后天环境、情志等的致病原因。一般认为痰浊是癫狂病（精神分裂症）发病的最常见的病邪，痰浊往往与热邪合成痰热，甚至是痰火。元代朱丹溪对"痰瘀"学说的论述与总结对后世影响颇大,《丹溪心法·卷四》曰:"癫属阴,狂属阳,癫多喜而狂多怒,脉虚者可治,实则死。大多因痰结于心胸间,治当镇心神、开痰结。"[1]对此《杂病广要》有较明确的论述:"先因伤血,血逆则气滞,气滞则生痰,痰与血相聚,名曰瘀血夹痰……治宜导消血,若素有痰瘀所积,后因伤血,故血随蓄滞,与痰相聚,名曰痰夹瘀血……治宜破血导痰。"[2]痰浊和瘀血是机体气血津液代谢失衡产生的病理产物,痰本于津,瘀本于血,津血同源,也就决定了痰浊与瘀血相互交结,痰瘀同病的格局。痰瘀交杂,影响于脑,内不得散,外不得泄,损害脑之阴阳气血的平衡,蕴蓄毒邪。痰浊,瘀血,即是疾病过程中的病理产物,一旦形成,又作为新的致病因素而阻滞于脑。痰为津凝,瘀为血滞,痰瘀常交结在一起阻滞脉道,导致血液运行气血功能障碍,日久必然影响脑神的升降、运转、行令,导致精神症状。清代王清任认为该病乃气血凝滞脑气所致,创立癫狂梦醒汤。唐老根据多年治癫狂经验,认为狂之为病多始于情志不遂,致使气机不畅,血行受阻,炼而为实热老痰,胶着不去,上蒙清窍,则发为癫狂;扰乱心神,则为不寐怪梦;痰火胶结,无下行之路,故大便秘结;苔黄厚腻、脉弦滑有力者,为实火顽痰佐证,治当降火逐痰,处方用药当权衡化痰行气与清热活血之轻重。本案患者平素性情急躁,加之思虑过度,复因与人争吵动怒,气机不畅,血行受阻,气血凝滞,痰火郁结,致使神明不安。本方用礞石,取其咸能软坚,质重沉坠,功专下气坠痰,兼可平肝镇惊,为治顽痰之要药;大黄为苦寒之品,用以荡涤实热,开痰火下行之路,用量不宜过大,以通泻为度;黄芩苦寒泻火,消除痰火之源;因沉香难寻改为降香,取其降逆下气,亦即治痰必先顺气之法;方中大黄、黄芩两药,一清上热之火,一开下行之路,有正本清源之意;桃仁、赤芍、红花活血化瘀,郁金有助活血醒神之效;柴胡、香附疏肝理气解郁;青皮、陈皮开胸行气;半夏、紫苏子、桑白皮燥湿化痰,降逆下气;甘草缓急建中。三棱、莪术借其破气破血之功为处方中的重要药物,常用于气血凝滞癫狂重症,但需要注意的是,在活血的同时,为防破血破气而伤正,应兼顾养血,寓行中兼补之意,尤其对于妇女经期神志异常者,更应注意行中兼补的用药

---

[1] 朱震亨. 丹溪心法[M]. 上海:上海科学技术出版社,1959:234.
[2] 丹波元坚编. 杂病广要[M]. 北京:人民卫生出版社,1958:557.

原则。待诸症缓解，去峻猛之品，以防伤伐；加生地黄以治痰火郁热所伤之阴；石菖蒲、琥珀、珍珠母以增安神定志之力，调理善后，防止复发。诸药配合，可使腑气通畅，顽痰浊垢至肠道而下，气行则血行，瘀血去而气滞行，湿去痰化，清阳上升，神志自清，有如大梦之初醒。

病案2：郁证（抑郁症）。

李某某，女，27岁，四川省成都市人（现居深圳）。

初诊：2022年4月2日。患者烦躁失眠3年有余，在深圳某三甲医院诊断为抑郁症，服西药后症状不减反增，苦不堪言，特回成都找唐老治疗。刻下症见：患者夜眠入睡困难，眠浅易醒，噩梦纷纭，多恐怖惊悚，纳差，饭后打嗝，便秘，干结难下，基本一周1次；白天精神差，困倦嗜睡；月经周期准，腹痛明显（必须吃止痛药），黑色血块。舌红苔白腻，舌下紫暗，脉沉弦涩。唐老追问患者病史，患者3年前因失恋导致情绪不佳，独自外出旅游，又有不明人士闯入其酒店房间，受到严重惊吓。

诊断：郁证。

辨证：痰瘀互结，阻络扰心。

治法：化痰活血，宁心安神。

方剂：抵挡汤合安神定志丸加味。

处方：桃仁15g　　红花15g　　酒大黄10　　水蛭10g
川芎15g　　合欢皮20g　　佛手15g　　土鳖虫10g
人参6g　　远志10g　　石菖蒲10g　　茯神15g
法半夏15g　　芒硝10g

6剂，免煎颗粒剂，开水冲服，一日一剂，一日三次。

二诊：2022年4月10日。服上方后，患者大便通，基本一日一次，入睡尚可，自诉感觉身体比较舒适，对后续治疗很有信心，舌红，舌苔薄白，脉弦而涩。上方基础上去芒硝、法半夏、石菖蒲，加益母草30g，免煎颗粒剂，6剂，开水冲服，一日一剂，一日三次。

三诊：2022年4月20日。患者自诉本次月经疼痛轻微，未服用止痛药仅休息半天，少量血块，服上方后睡眠可，白天精神渐佳，准备返回深圳继续工作；食纳可，饭后有腹胀打嗝，大便1~2天1次，但有长期口腔溃疡的毛病，前 2 次就诊均忘记告知；舌淡红，苔薄白，脉弦涩。调整处方为桃红四物汤加减。

处方：桃仁 15 g　　红花 15 g　　生地 15 g　　当归 15 g
　　　川芎 15 g　　紫苏梗 15 g　厚朴 15 g　　佛手 15 g
　　　合欢皮 20 g　 远志 10 g　　吴茱萸 3 g

免煎颗粒剂，10 剂，开水冲服，一日一剂，一日三次。

三个月后随访患者情况良好，未见复发。

按语：上述病案为抑郁症（郁证）患者，由于曾经遭受情绪刺激特别是惊吓，导致气血瘀滞、痰瘀互结、扰动心神，临床上此类病证女性多见，但男性亦可出现，治法主要以活血逐瘀、化痰安神为基本治法，经方抵挡汤、桃核承气汤、下瘀血汤等条文，均有"其人如狂""谵语烦躁""喜忘"的记载，临床使用中需要注意"小便自利"的鉴别要点，同时关注瘀血证"至夜发热""经闭痛经""少腹硬满拒按""皮肤甲错"等典型症候，瘀血易与痰浊胶结，出现"痞""眩""濡""阻"等症，二者既是病理产物，也是致病因素，二者形成恶性循环，影响饮食、情绪、睡眠等，此病理状态为大病的先兆，可引起心脑血管疾病、甲状腺疾病、乳腺疾病、内分泌疾病，很多人仅定义为"亚健康"，是忽略其严重性和临床意义的表现，应该引起从业者的重视。

病案 3：不孕症（多囊卵巢综合征）。

钟某某，女，26 岁，四川省成都市人。

初诊：2017 年 4 月 12 日。患者经乱 1 年余，结婚 2 年，未避未孕，成都某三甲医院诊断为"多囊卵巢综合征"，给予西药服后患者体重增加迅速，特来寻求中医治疗。患者身高 155 cm，体重 75kg，头发油腻，怕热汗多，纳佳眠多，末次月经为春节左右，舌胖大、尖红苔薄白，脉沉弦。

诊断：不孕症/月经不调。

辨证：痰瘀互结，阻滞胞宫。

治法：化痰活血，通经。

方剂：启宫丸加味。

处方：川芎 15 g　　香附 15 g　　法半夏 15 g　　橘红 15 g
　　　茯苓 15 g　　建曲 15 g　　牡丹皮 15 g　　远志 10 g

石菖蒲 10 g　　　苍术 15 g

　　6剂，煎水温服，一日一剂，一日三次。

　　此方加减治疗3月，患者月经基本正常，后于年底自然受孕；2018年3月因怀孕4月，腹痛前来就诊，以图保胎，以《傅青主女科》妊娠少腹疼之安奠二天汤原方，一剂痛缓，二剂痛止；2年后此患者经调理后生育第二胎，其妹也经唐老治疗顺利怀孕生产。

　　按语：上述病案为月经不调以及不孕，西医诊断为多囊卵巢综合征，此证临床上发病率显著升高，中医治疗（中药内服、针灸、艾灸等）效果明确，可以解决很大一批患者的问题，多数可以自然受孕，即使少数无法自然受孕，中医治疗也可以显著提高辅助生育的成功率，也不失为中西医结合的一种形式。此病病位在胞宫，乃是虚实兼见，虚则多在肝肾不足，实则多在痰瘀互结，补虚往往用滋补肝肾，去实多用化痰活血，后者常用《医方集解》启宫丸加减。本方主治妇人体肥痰盛，子宫脂满，不能孕育者，方中橘红、白术，燥湿以除其痰；香附、神曲，理气以消其滞；川芎散郁，以活其血，茯苓、甘草，亦以祛湿和中，助其生气也。全方共奏"壅者通，塞者启"之效，名为"启宫"；而对于启宫丸效果不良的患者，可以参考《傅青主女科》加味补中益气汤，"提脾气而升于上，作云作雨，则水湿反利于下行；助胃气而消于下，为津为液，则痰涎转易于上化"[1]，往往取得意想不到的效果。唐老基于"补虚去实，化痰活血"的理念，对多囊卵巢综合征临床诊治具有借鉴意义，值得进一步研究推广。

　　病案4：胆囊息肉。

　　刘某某，男，35岁，四川省成都市人。

　　初诊：2017年5月8日。患者体检时发现胆囊息肉0.6 cm，平素消化尚可，偶有打嗝，余无明显不适，听闻息肉有癌变风险，特寻求中医治疗，舌红，苔白腻，舌下紫暗，脉沉弦涩。

　　诊断：胆囊息肉。

　　辨证：痰瘀互结，久成恶肉。

---

[1] 傅山. 傅青主女科[M]. 北京：中国中医药出版社，2019：35.

治法：化痰活血，蚀恶化癥。

方剂：济生乌梅丸加减。

处方：乌梅 1500 g（用乌梅肥大肉多者为上，酒醋浸泡一宿，以浸透乌梅为度，去核，焙焦存性）、僵蚕 500 g（米拌炒微黄为度）、炮山甲 30 g、红花 100 g、莪术 100 g、浙贝母 100 g、牡蛎 300 g

共研细末，炼蜜为丸，每丸重 9 g，每日三次，每次一丸。

服药三月后复查，胆囊息肉 0.2CM，又服一料，复查彩超未见息肉。

按语：济生乌梅丸出于宋代严用和的《严氏济生方》，治大便下血不止，乌梅（三两，烧存性用）上为细末，好醋打米糊为丸，如梧桐子大，每服七十丸空心食前，用米饮送下。至清代陈修园氏《时方歌括》曰："下血淋漓治颇难，济生遗下乌梅丸，僵蚕炒研乌梅捣，醋下几回病即安。"[①] 该句概括了该方的组成、适应证及功效。已故全国著名老中医、原重庆市中医研究所所长龚志贤研究员对济生乌梅丸的研究，起初按原条文用于大便下血，后尝试用于治疗各类息肉如直肠息肉、声带息肉和宫颈息肉等，均取得良好疗效，唐老基于"痰瘀互结"理论，运用此方加减用于治疗各类息肉，包括胆囊息肉，效果依然非常好，值得学习、研究、推广。

二、胃病必"和"

唐老治疗胃病，善用"和"法，"和"法乃八法之一，和即调和、和解之意，在临床上应用非常广泛，和解少阳、疏肝理脾、调和肠胃、调和肝脾、调和阴阳、分清上下、开达膜原等均属"和"法的范畴，运用"和"法能使虚实夹杂的病症得以改善，脏腑的气血阴阳偏盛偏衰的各种证候得以改善，使脾胃疾病得到缓解，用之恰当效果明显，使之治愈。中医治疗慢性胃肠疾病总的法则是"和"法，即"以和为贵"，主要包括以下几个方面：

[①] 陈修园. 时方歌括[M]. 福州：福建科学技术出版社，1984：64.

（一）消食和胃

胃脘胀满、嗳腐吞酸，或呕吐，苔黄腻，脉滑。治以和胃导滞，方以保和丸（《丹溪心法》方）加味，处方为焦山楂、建曲、茯苓、陈皮、法半夏、连翘、炒莱菔子、炒麦芽、木香、隔山撬、甘草。若出现腹泻，去连翘、莱菔子，加黄连、葛根、紫苏叶；若出现食积化热、口苦而干、恶心反胃、口干发热者，加厚朴、藿香、干芦根、大黄等。

若老年体虚，或素体脾胃气虚者，稍有饮食不当而出现胃胀呕吐、纳差食少，可用枳实消痞饮（《兰室秘藏》方），枳实易枳壳，党参、白术、茯苓、炒麦芽、建曲、厚朴、黄连、甘草、生姜煎水，温服。若胃胀隐痛，加川木香、乌药；大便干燥，加槟榔、莱菔子。简易方：隔山撬15 g、金荞麦15 g，煎水服用。

（二）疏肝和胃

胃脘胀满、嗳气、反酸，痛引两胁，嗳气或矢气则痛缓，心情抑郁，舌红，苔白，脉弦。治宜疏肝理气、和胃止痛，以柴胡疏肝散（《景岳全书》方）加减，如气滞明显而痛，加炒青皮、川楝子；若气郁化热，口苦反酸加黄连、吴茱萸；若烧心、嗳气、反酸、口苦而干，舌红，苔薄白，脉弦数，以丹栀逍遥散合左金丸，痛甚加延胡索、炒川楝子，反酸重加煅瓦楞子，纳少加炒鸡内金、炒麦芽；煎水温服。临床上以上症状女性多于男性，若胃镜检查慢性非萎缩性胃炎伴胆汁反流，加茵陈30 g；胃窦和胃体糜烂，常加入白及20 g、炒鸡内金15 g、法落海15 g。

（三）化湿和胃

胃脘隐痛，身倦乏力，少食，头昏，大便不调，口干少饮。舌质淡红，苔白厚腻，脉濡。当化湿和胃，自拟化湿和胃饮（处方为藿香15 g、紫苏梗10 g、厚朴15 g、炒苍术15 g、炒白术15 g、豆蔻10 g、红豆蔻10 g、草豆蔻10 g、草果仁10 g、茯苓15 g、泽泻15 g、猪苓15 g、炒青皮15 g、法半夏 15 g）。本方有化湿和胃、化湿健脾、化湿疏肝的功效。

慢性胃病，包括各种慢性胃炎和消化性溃疡，反复不愈，湿邪（内湿、外湿）是其主要因素，湿为阴邪，易伤脾阳，困阻中焦，因此外湿入侵是本病的致病因素（条件），脾胃运化功能减退，水湿内停则是本病的重要内在因素，肝气不舒、情志不畅、木郁克土、脾失健运、内湿由生、饮食不节、肥甘厚味、生冷瓜果叠进，使胃病的发病率日益增高，已病之胃难以修复，湿困脾胃再度受损，故迁延难愈，反复发作，诸药乏效。慢性胃病中医辨证为湿邪困阻脾胃，其本多虚多寒，其标多虚中夹湿，治疗当先化湿和胃健脾，中医辨证治疗慢性胃病，不管是哪种类型，在疾病的发展过程中，都可能表现有"湿阻"的临床表现，故化湿和胃法是治疗慢性胃病的基本法则。脾胃为湿困的病人，经胃肠钡餐显示均有不同程度的胃肠排空障碍，运用化湿和胃法能缓解胃肠排空障碍，故前人有"健脾者，先化湿"之论，"湿不除，脾难健""湿未去，痞难消"，应高度重视湿邪在慢性胃病中的地位，在临床上常见湿邪困脾、肝郁湿阻、胃失和降，这并非慢性胃炎中普通的证型，但有时又是贯穿始终的病理机制。

属湿浊中阻者，法当化湿和中、芳香化湿，冉品珍教授擅用藿香正气散（《局方》方），若脘腹胀满大便稀溏，属三焦湿郁者，用加减正气散（《温病条辨》方）。

（四）健脾和胃

胃中冷痛、泛吐清水、神疲乏力、四肢不温、舌质淡，苔白，脉细缓无力，宜温脾健胃，方用丁萸理中汤（《局方》方）：党参、白术、甘草、公丁香、吴茱萸、炙甘草。临床上常加厚朴、荜茇，煎水温服。若胃痛日久，喜甜食热饮，饥则胃痛加重，食则痛减，用黄芪建中汤（《金匮要略》方）加减：黄芪、桂枝、炒白芍、大枣、生姜、甘草，反酸加吴茱萸、煅瓦楞子；呕吐酸水加干姜、法半夏；体虚加羌活鱼。

虚寒性胃痛常用方如下。

处方：党参 30 g　　　炒白术 15 g　　　茯苓 15 g　　　砂仁 10 g

鸡内金 15 g　　炒麦芽 30 g　　炮姜 15 g　　延胡索 15 g
羌活鱼 10 g　　荜茇 10 g　　　大枣 10 g　　炙甘草 10 g

煎水温服，一日一剂，一日三次。

（五）消痞和胃

心下痞满而不痛，按之濡，或痛，或干呕或呕吐，肠鸣下利，舌红，苔薄黄，脉弦数。治以和胃降逆、辛开苦降，方用半夏泻心汤（《伤寒论》方）：法半夏、人参（党参）、黄连、黄芩、干姜、炙甘草，煎水温服。本方原由小柴胡汤证误下，损伤中阳，外邪趁虚而入，寒热互结而成心下痞，所谓心下，就是胃脘，痞即气不升降、满而不痛，按之濡。《伤寒论》所谓："按之自濡，但气痞而。"①寒热相结，气不升降。所以上为干呕或呕吐，下见肠鸣而腹泻（下利），如此者，当除其寒热、复其升降，补其脾胃为法，方用黄连、黄芩之苦寒，降泄除其热，干姜、法半夏之辛温，散结除其寒，人参、大枣、甘草，甘温益气补其虚，七味药相配寒热并用、辛开苦降、补气和中、邪去正复、气机升降、诸症平息，但《金匮要略·百合狐惑阴阳毒病脉证治》用于"呕而肠鸣，心下痞者"②，可知本方能消除肠胃之痞满。临床上常见肠胃不和、寒热错杂、胃痛、脘胀、呕吐、少食，多用本方加减治之。

生姜泻心汤证有脾胃气虚、水湿内停与入里之邪互结而成，故不仅有心下痞硬、肠鸣下利，而且干噫气食嗅，腹中雷鸣。《内经·灵枢·口问》："寒气客于胃，厥逆从下上散，复出于胃，故为噫。"③《内经·灵枢·百病始生》又曰："是故虚邪之中人也……留而不去，传舍于肠胃，在肠胃之时，贲响腹胀，多寒则肠鸣飧泄，食不化，多热则溏出麋。"④所以半夏泻心汤减干姜量，加入生姜四两，温胃止呕，而散水气则水寒散、脾胃复、下利止，而干噫除。

甘草泻心汤证，痞、呕、下利，更是"水谷不化、心烦不得安"，是胃中

---

① 张仲景口述．王叔和，林亿编．杨金萍，罗良，何永校注．伤寒论[M]．2 版．北京：中国中医药出版社，2021：91．
② 张家礼主编．金匮要略[M]．北京：中国中医药出版社，2004：365．
③ 柳长华解读．黄帝内经[M]．北京：科学出版社，2019：404．
④ 柳长华解读．黄帝内经[M]．北京：科学出版社，2019：512．

虚、客气上逆的表现，所以加甘草补虚缓急，使邪去胃气得复，逆气得平，则痞满除，干呕利止，心烦亦除。《金匮要略·百合狐惑阴阳毒病脉证治》曰："狐惑之为病，状如伤寒，默默欲眠，目不得闭，卧起不安，蚀于喉为惑，蚀于阴为狐，不欲饮食，恶闻食臭，其面目乍赤、乍黑、乍白。蚀于上部则声喝，甘草泻心汤主之。"①

黄连汤，即小柴胡汤去柴胡、黄芩、生姜，加黄连、干姜、桂枝而成，与半夏泻心汤亦只是黄芩易桂枝，黄连加至三两而已，但主治有所不同，本方用黄连泻胸中之热，干姜、桂枝散胃中之寒，半夏和胃止呕，参、草、枣益气补虚以和中使寒热去、上下和、自然胸中烦热（闷）得解，呕平、痛除，而泄泻止。

综上，诸方或一味之差，或药量有异，虽辛开苦降、调治寒热之旨不变，而方治却各有所侧重，正如王旭高云："半夏泻心汤治寒热交结之痞，故辛开苦降；生姜泻心汤治水与热之痞，故重用生姜，以散其水气；甘草泻心汤，治胃虚痞，加重甘草以补中气而痞自除。"可见方随法变，法因证异，有的放矢，灵活而不离辨证施治的原则，才能应手而效。

唐老 2014 年在安岳县中医院工作时，将半夏泻心汤合半夏厚朴汤加减方，由医院制剂室制成胶囊剂，每粒 0.35 g，一日三次，每次 3~4 粒。经省药监局批准，取名为胃肠舒乐胶囊，治疗急、慢性胃炎，症见肠鸣、少食、恶心呕吐、心下痞满而痛等，属于寒热错杂证者，疗效佳、销量好，成为住院、门诊医生治疗肠胃道疾病的常用中成药。

关于甘草泻心汤治疗复发性口疮（口腔溃疡、扁平苔藓、白塞氏病等），长期临床观察，用该方治疗效果非常满意，具体处方为甘草 15 g、黄连 10 g、干姜 6 g、法半夏 15 g、党参 30 g、炒吴茱萸 6 g、麦冬 15 g、芦根 30 g、薏苡仁 30 g、大枣 15 g。煎水温服，一日一剂，一日三次，5 剂为一个疗程。

（六）养阴和胃

胃痛日久不愈，疼痛不剧，多表现为隐隐作痛，口燥咽干、大便干燥、

---
① 张家礼主编. 金匮要略[M]. 北京：中国中医药出版社，2004：73.

手足心热，舌红少津，苔少，脉虚细数。治宜养阴益胃，方以一贯煎（《柳州医话》方）加百合 20 g、乌药 20 g、炒白芍 15 g、炒麦芽 30 g，若伴气虚者加太子参 30 g、黄芪 30 g、淮山药 30 g。或选用人参乌梅汤（《温病条辨》方），若气滞而胀者加佛手 15 g、香橼 15 g、川木香 10 g。

（七）活血和胃

胃痛日久不愈，时作刺痛或隐痛，身倦乏力，逐渐消瘦。黑大便，舌暗红，舌边尖有瘀点，苔白，脉涩。治法：益气和中，活血化瘀。方以丹参饮（《医宗金鉴》方，处方为丹参、砂仁、檀香）合失笑散（《局方》方，处方为五灵脂、蒲黄）合百合汤（《时方歌括》百合、乌药），若烧心，加黄连 10 g、芦根 30 g；若痛甚加川楝子 10 g、延胡索 15 g；若食少纳差加鸡内金 15 g、炒麦芽 30 g、隔山撬 15 g；若心中懊恼，加栀子豉汤（《伤寒论》方）。

本型多属消化性溃疡，亦可用自拟方七无散（处方为无花果 100 g、三七 30 g、黄连 30 g、鸡内金 100 g、白及 100 g、甘松 30 g、黄芪 150 g），共研细末为散，每日 6 g，一日两次，后经药监局批准为医院制剂，取名黄连溃愈胶囊，每粒 0.35 g，广泛用于临床治疗胃及十二指肠溃疡、糜烂性胃炎、幽门螺杆菌（+）者，每次四粒，一日三次，餐后半小时，温开水送服。

（八）治萎和胃

慢性萎缩性胃炎，应通过胃镜检查及病理活检，见有黏膜肠化、活动、萎缩等表现，症状有些不明显，有些可见胃脘隐痛，饥饿疼痛欲食，少食则胀而痛，逐渐消瘦，大便不调，时干时稀，嗳气，一般不反酸，治以健脾和胃，舒肝养血，方以四君子合四逆散加味。

处方：党参 30 g　　炒白术 15 g　　茯苓 20 g　　柴胡 15 g
　　　炒白芍 20 g　　枳壳 15 g　　木瓜 15 g　　炒山楂 20 g
　　　丹参 20 g　　薏苡仁 30 g　　炒鸡内金 15 g　　炒麦芽 30 g
　　　莪术 10 g　　大枣 15 g　　百合 20 g　　乌药 20 g
　　　甘草 10 g

煎水温服，一日一剂，一日三次。

现代医学检查手段，不论查彩超、做幽门螺杆菌感染检测、胃肠镜等，只能用以明确诊断是否为急性胃炎、胆结石、胆囊炎、胆囊息肉、肝内外胆管扩张等，对于糜烂、溃疡、息肉以及慢性萎缩性胃炎患者则一定要进行病理活检。这些检查可供参考，对中医辨治可带来积极的作用，如果查出幽门螺杆菌感染（＋），一般先选择西药治疗两周，对西药过敏者、服后胃脘不适者、无法根除者，应用中医药治疗，未尝不可。

三、从脾胃辨治多系统肿瘤

唐老自诉年轻时治疗肿瘤偏爱攻伐，多用解毒散结、活血化瘀以及动物类药物，如半枝莲、白花蛇舌草、鱼腥草、野菊花、猫爪草、山慈姑、龙葵、莪术、三棱、石见穿、黄药子、穿山甲、守宫、斑蝥、鳖甲、龟板，然有效有不效，患者接受度差，依从性不好；后跟随陈绍宏教授学习，继承其扶正祛邪的理念，创立"培土生金"治疗肺癌的诊疗方案，提出脾胃亏虚为肺癌发病之本，在治疗肺癌的过程，辨证论治、处方用药，处处体现其顾护脾胃之治疗理念。此观念后被广泛运用于各系统肿瘤的治疗，以及肿瘤术后、放/化疗中、靶向治疗中，取得较好的临床疗效，获得患者的认可和好评。

《内经·素问》云："食气入胃，散精于肝，淫气于筋。食气入胃，浊气归心，淫精于脉。脉气流经，经气归于肺，肺朝百脉，输精于皮毛。毛脉合精，行气于腑。腑精神明，留于四脏，气归于权衡，权衡以平，气口成寸，以决死生。"[1]《内经·素问》云："脾不及，令人九窍不通，谓脾为死阴，受胃之阳气，能上升水谷之气于肺，上充皮毛，散入四脏。"[2]《内经·素问》云："谷气通于脾，六经为川，肠胃为海，九窍为水注之气。九窍者，五脏主之，五脏皆得胃气，乃能通利。"[3]可见水谷精微入胃后，散布各个脏腑，脏

---

[1] 柳长华解读.黄帝内经[M].北京：科学出版社，2019：128.
[2] 柳长华解读.黄帝内经[M].北京：科学出版社，2019：114.
[3] 柳长华解读.黄帝内经[M].北京：科学出版社，2019：51.

腑的功能皆受脾胃的影响，各个脏腑的疾病亦与脾胃有关，正如《脾胃论》曰："大抵脾胃虚弱，阳气不能生长，是春夏之令不行，五脏之气不生。"①通过多年临床经验，唐老总结出脾胃亏虚与各系统肿瘤发病有关，故益气健脾贯穿肿瘤治疗的全程。

在肺癌治疗初期，处方每予参苓白术散，伍以陈皮、青皮、八月札之类理气药以行气化滞，白花蛇舌草、半枝莲、山慈菇等清热解毒、消肿散结，鸡内金、谷芽、麦芽等消食开胃，使补而不腻，滋而不滞，以防碍脾伤胃。

在患者放/化疗期间，以醒脾开胃为原则，治以健脾益气、和胃降逆、益胃生津。常以柴芍六君子汤为主方，常用生姜、竹茹、半夏、旋覆花、代赭石、黄连、紫苏叶以降逆止呕；焦山楂、炒谷芽、炒麦芽、鸡内金、建曲、红曲等消食健胃，助脾运化；麦冬、沙参、石斛、玉竹、芦根等养阴生津之品，以减轻放/化疗的副作用。

在患者免疫治疗及靶向治疗期间，大部分患者会出现的不良反应是皮疹，治以补气升阳、发散郁火为法，常以升阳散火汤为主方，用升麻、葛根、柴胡升阳散火，羌活、防风、独活祛风化湿，生甘草、白芍敛阴泻火，炙甘草、人参益气补中，再加养血活血之品如当归、川芎、熟地黄，凉血之品如牡丹皮、地骨皮，瘙痒明显者加地肤子、白鲜皮、紫草等。

对于晚期肿瘤，元气大伤，脾胃气血阴阳俱虚者，治以益气健脾，养血补血，选方多以参苓白术散为基础；对于大便溏薄者，合用楂曲胃苓汤；腹泻明显、属于脾肾两虚者，合用四神丸加菟丝子、石榴皮、仙鹤草、葛根等；大便干结者，重用生白术，加枳实、厚朴、莱菔子等。肿瘤病本虚邪实，应用祛邪、攻邪法时更注重顾护脾胃，对于恶性胸水选用葶苈子，必配大枣，遵仲景逐水时以大枣扶正的原则，并将甘遂、大戟、芫花打散外用，以减少对脾胃的损害，外用消水方也取得较好的临床疗效。

《脾胃论》云："大肠主津，小肠主液，大肠、小肠受胃之荣气，乃能行津液于上焦，溉灌皮毛，充实腠理，若饮食不节，胃气不及，大肠、小肠无所禀受，故津液涸竭焉。"②消化系统肿瘤如食道癌、胃癌、胰腺癌、肠癌等，

---

① 李东垣. 脾胃论[M]. 北京：中国中医药出版社，2007：7.
② 李东垣. 脾胃论[M]. 北京：中国中医药出版社，2007：59.

脾胃为其根本。脾为后天之本，肾为先天之本，脾肾首先表现为先后天的相互促进、相互帮助，脾主运化，肾主水，脾肾之间还表现在水液代谢方面。脾胃与肝胆的关系主要体现在两个方面，一是肝疏泄与脾运化的相互作用：肝主疏泄，调畅气机，协调脾胃升降，并排泄胆汁来促进脾胃运化功能，脾的运化功能正常，保证气血生成正常，使肝得到气血的营养，促使肝气正常，有利于肝脏疏泄功能的发挥；二是肝藏血与脾统血的相互协调：脾为气血生化之源，脾健运生成气血，并且脾有统血的功能，可防止血液逸出脉外，肝脾的相互协作，可共同维持血液的正常运行。可见各个系统的肿瘤，其本虚标实为其核心病机，扶助正气、固护脾胃、治病留人，是治疗的基础，脾胃是重中之重，这既是战术，也是战略。正是在这种理念和思路的指导下，部分肿瘤患者的生存周期、生存质量均获得较好的受益，值得医界同仁共同思考、研究和进步。

四、"清浊相干"论治糖脂代谢病

糖脂代谢病是以糖脂代谢紊乱为特征的疾病。"清浊相干"是指清浊之气升降失调，清气不升，浊气不降，精微物质转输障碍，成为内生浊邪的病机概括。升清降浊法是中医防治糖脂代谢病的重要方法。

《中国居民营养与慢性病状况报告（2020）》显示我国成年居民超重肥胖超过50%，高血压、糖尿病与2015年相比有所上升。"清浊相干"是指清浊之气升降失调、清气不生、浊气不降，精微物质转输障碍，成为内生浊邪的病机概括。

《内经·灵枢》云"受谷者浊，受气者清……清浊相干，命曰乱气"[1]，这里的"清浊"是指人体精微物质，"干"即是冒犯之意，故"清浊相干"即是清阳、浊阴相互冒犯。"清浊相干"是指清浊之气升降失调，清气不升，浊气不降，精微物质转输障碍，成为内生浊邪的病机概括。"清浊相干"的生理

---

[1] 柳长华解读. 黄帝内经[M]. 北京：科学出版社，2019：437.

基础是清浊精微物质以脾胃为枢纽升降有序，其病机特点是脾虚为本、浊邪为标。

《内经·素问》曰："清阳出上窍，浊阴走下窍；清阳发腠理，浊阴走五脏，清阳实四支，浊阴归六府。"①"清浊"精微物质升降有序，才能发挥其濡养营养四肢百骸、五脏六腑的作用。清浊精微物质在体内升降是一个包括精微物质的生成、输布和排泄等一系列生理活动的复杂过程。这一过程虽然涉及多个脏腑的生理功能，但是以脾胃为枢纽，正如李东垣言"在人则清浊之气皆从脾胃出"。《四圣心源》言："脾为己土，以太阴而主升；胃为戊土，以阳明而主降。升降之权，则在阴阳之交，是谓中气……脾升则肾肝亦升，故水木不郁；胃降则心肺亦降，故金火不滞。"②脾胃居中，脾气主升而胃气主降，相反相成，脾气升则肾气、肝气皆升，胃气降则心气、肺气皆降，故为脏腑气机上下升降的枢纽。若清浊升降失常则疾病生，正如《内经·灵枢》言，"清气在阴，浊气在阳，营气顺脉，卫气逆行，清浊相干，乱于胸中，是谓大悗"③。

"清浊相干"多与饮食不节和素体脾胃虚弱有关，脾胃同居中焦，脾主升清，胃主降浊，脾胃升降协调，共同完成饮食水谷的消化和水谷精微的吸收、转输。清阳不升则见症见头晕目眩、胸闷、少气、肢体困重等症状，浊阴不降则见呕吐、嗳气、腹胀、腹泻等症状，正如《内经·素问》所言"清气在下，则生飧泄，浊气在上，则生䐜胀。"④内生浊邪是人体内精微物质过度的病理产物，具有阻滞全身气机的致病特点。《内经·灵枢》言"清浊相干……故气乱于心，则烦心、密嘿、俛首、静伏；乱于肺，则俛仰喘喝，按手以呼；乱于肠胃，则为霍乱；乱于臂、胫，则为四厥；乱于头，则为厥逆、头重、眩仆"⑤。"清浊相干"的病机转化，一方面是虚实转化，如脾虚清阳不升，浊阴不降，内生浊邪，浊邪阻滞于经络，从而由虚证转化为虚实夹杂之证；另一方面是病理产物的转化，主要表现在内生浊邪日久，阻滞气血津液运行，

---

① 柳长华解读.黄帝内经[M].北京：科学出版社，2019：51.
② 黄元御著.孙洽熙校注.四圣心源[M].北京：中国中医药出版社，2009：51-52.
③ 柳长华解读.黄帝内经[M].北京：科学出版社，2019：419.
④ 柳长华解读.黄帝内经[M].北京：科学出版社，2019：51.
⑤ 柳长华解读.黄帝内经[M].北京：科学出版社，2019：419.

引起痰湿、血瘀。正如《医宗必读·痰饮》所言:"脾土虚湿,清者难升,浊者难降,留中滞膈,瘀而成痰。"①

唐老将此类疾病分为肝郁脾虚证、痰湿阻滞证、湿热内蕴证、气滞血瘀证、肝肾阴虚证、脾肾阳虚证6个证型,代表方剂主要有痛泻要方、升降散、枳术汤、丁香柿蒂汤、旋覆代赭汤、补中益气汤、半夏泻心汤、参苓白术散、五磨饮子等。半夏泻心汤是升清降浊的代表方,该方妙在辛热之半夏、干姜与苦寒之黄芩、黄连配伍,四药合用,寒热平调,辛开苦降,又不忘配伍益气之人参、大枣、炙甘草,使得苦辛并进以调其升降。升清降浊法以健脾升清为要,临床可选用黄芪、人参、升麻、柴胡等以升清阳,又脾以运为健,故要重视醒脾运脾法的运用,临床可选用陈皮、木香、砂仁等芳香辛散药物;重视降浊,临床常选用黄芩、黄连等苦寒降泄之品。升清降浊法用药注重温升与苦降并用,升脾兼顾降胃,降胃佐以升脾。用药上用辛甘入脾之药以"温升治脾",辛苦入胃之药"苦降治胃"。"温升治脾"可选用吴茱萸、红曲、人参等,"苦降治胃"可选用黄连、黄芩、半夏等。

五、特色遣方用药思路

唐老在50余年的行医过程中,在遣方用药上形成了专病专方、古方新用、名方合用、善用药对四大特色,并对相关内容阐述如下:

(一) 专病专方

唐老认为,《伤寒论》《金匮要略》书中指出"某病脉证并治""某方主之",即为基于"病证结合"的"专病专方"雏形,随着现代医学的发展,"病"多以现代医学诊断形式出现,中医医生可以参考,但仍要兼顾疾病的"阴阳、寒热、表里、虚实",争取在临床上通过某类疾病的共性临床症状,分析出相对明确的核心病机,通过"专方专病"进行精准治疗,这也是中药新药、院

---

① 李中梓著.王卫等点校.医宗必读[M].天津:天津科学技术出版社,1999:349.

内制剂开发的重要来源，代表性处方有七无散、化湿和胃汤、膈下逐瘀汤、消水方等。

1. 胃溃疡专方——七无散

处方： 三七 9 g　　黄连 9 g　　鸡内金 15 g　　白及 15 g
　　　玄胡 15 g　　炒白芍 20 g　无花果 12 g　　甘松 12 g
　　　甘草 9 g

煎水温服，一日一剂，一日三次。

胃溃疡是位于贲门至幽门之间的慢性溃疡，是消化性溃疡的一种，但是病因复杂，迄今未完全清楚，可能和遗传因素、化学因素（长期饮用酒精或长期服用阿司匹林，皮质类固醇等药物易致此病发生，此外长期吸烟和饮用浓茶似亦有一定关系）、生活因素（有些职业如司机和医生等人当中似乎更为多见，可能与饮食欠规律有关）、精神因素、感染因素、地理环境及气候因素有关。临床治疗中以抗感染、抑制胃酸分泌、修复胃黏膜、增强胃肠动力等治疗，中医药治疗也有较好疗效。

方中三七、延胡索活血化瘀、止血止痛；三七、黄连、鸡内金、白及、无花果、延胡索联合应用，能扩张血管，活血化瘀，促进血液循环，消除溃疡及周围组织炎症，并能促进胃、十二指肠黏膜再生，加快修复早期溃疡面促进其愈合，炒白芍、甘草应用能疏肝缓急止痛，现代研究证明芍药、甘草能抑制副交感神经的兴奋而有解痉作用，并对多种革兰氏阴性和革兰氏阳性细菌、病毒等有抑制作用。全方合用，可起到保护胃黏膜，加强黏膜屏障作用，杀灭 HP 以及协调胃、十二指肠运动，促进溃疡愈合及周围炎症吸收，从而使胃溃疡得以康复。本方采用散剂直达病所，相对西医治疗，病程更短、预后更好。

通过临床观察，我们体会到：① 该方有止血、止痛、抗炎、抑制胃酸分泌的作用；能调节胃肠蠕动功能，抑制乙酰胆碱所致的胃痉挛现象，还能扩张胃内血管，改善局部微循环，增强胃黏膜的抗病能力，促进溃疡修复，抑制胃溃疡病人的基础胃酸分泌，使临床近期愈合率提高，复发率降低；② 该方对中医辨证各型胃脘痛及胃十二指肠溃疡均有很好的疗效，但对脾胃虚寒型效果尚差;③ 服药期间必须忌烟酒、辛辣之品,保持心情愉快,以防该病复发;④ 溃疡愈合后必须持续服药1个疗程以防复发。本方疗效显著,无毒副反应,值得广泛推广应用于临床。

2. 湿阻病专方——化湿和胃汤

处方:炒苍术 15 g　　炒白术 15 g　　厚朴 15 g　　炒青皮 15 g
　　　茯苓 15 g　　　法半夏 15 g　　泽泻 15 g　　猪苓 15 g
　　　白豆蔻 10 g　　草豆蔻 10 g　　红豆蔻 10 g　　草果 10 g
　　　藿香 10 g　　　紫苏梗 10 g

煎水温服,一日一剂,一日三次。

该方由平胃散、二陈汤、四苓散、厚朴草果汤加味而成,治疗本属脾胃气虚,标属湿浊阻滞的胃痛、腹泻、消化不良等"湿阻"之病,对于肿瘤患者术后、放/化疗出现的胃口差,证属"湿阻"者,也有非常好的疗效。六腑以通为用,胃尤甚之,气郁、食积、湿阻均会影响消化功能,导致诸多复杂的疾病和症状。湿困脾土的病人,经胃肠钡餐显示均有不同程度的胃肠排空障碍,运用化湿和胃法能缓解胃肠排空障碍,故前人有"健脾者先化湿"之论,"湿不除,脾难健,湿未去,疼难消",应高度重视"湿阻"这一病机在慢性胃病诊疗中的影响。

叶天士"其用药总以苦辛寒治其燥湿热,以辛温治寒湿,概以淡渗佐之"。尤其治疗湿邪,多使用具有辛香、苦温、淡渗三种气味的药物。本方用藿香、紫苏梗、白豆蔻以开肺胃之气;苦温之苍术、厚朴、法半夏佐黄连以温化之,和胃消痞,燥湿健脾;枳壳、紫苏梗疏肝和胃,宣畅气机;方中白豆蔻、红豆蔻、草豆蔻、草果联合应用,以芳香化湿、温利脾胃、理气宽中,相辅相成,相得益彰;茯苓、泽泻、猪苓以淡渗湿邪。全方配伍新颖独特,能起到化湿和胃、化湿健脾、化湿疏肝的综合作用。此方既是"专病专方",也是"名方合用"的代表,但需要注意的是,此处所谓之"病"非西医之"病",乃是中医之病,避免将"专病专方"理解成"西病中治"。

3. 肺纤维化专方——膈下逐瘀汤

肺纤维化的治疗,唐老常用陈绍宏教授经验,使用膈下逐瘀汤加减。

处方：桃仁 15 g　　红花 15 g　　牡丹皮 15 g　　乌药 15 g
　　　当归 12 g　　川芎 15 g　　赤芍 20 g　　　延胡索 15 g
　　　枳壳 15 g　　香附 15 g　　人参 30 g　　　黄芪 50 g
　　　甘草 10 g

煎水温服，一日一剂，一日三次。疗程 1 个月，对纤维化的改善较为明显，进行影像学观察，胸部 DR 或者 CT 都有所改善，部分病例经过治疗，可显示无纤维化的指征。

有论文指出本方可能作用于自由基代谢过程的不同环节，或阻断自由基生成，或抑制其链式反应等，从而发挥其抗氧化效应，阻止肺纤维化的进一步发展。在临床中遇到肝纤维化患者，亦多用本方联合鳖甲煎丸，也收到较好的反馈，可见活血化瘀法对于治疗、阻断、逆转纤维化疾病皆具有临床研究意义和推广应用价值。

4. 癌性胸水专方——消水方

此方是唐老在多年临床经验的基础上，基于中医"内病外治"理论，总结出治疗肺癌胸水安全有效的外用处方，由十枣汤、甘遂半夏汤合葶苈大枣泻肺汤加减而成，具有攻逐水饮、泻肺涤痰的功效。消水方可在胸水积聚处或穴位贴敷，通过皮肤及穴位将药物渗透到经络、胸腔；肺主皮毛，中药外敷法可使药物之作用透过肌表直入脏腑，体现中医学整体观念和内病外治、内外合治的辨证论治理念，且明显减少药物毒副反应。

处方：醋甘遂 3 g　　醋大戟 3 g　　醋芫花 3 g　　葶苈子 10 g
　　　大枣 10 g　　法半夏 10 g，

打粉调水外敷，每次贴 4~6 小时，一日一次，四周为一疗程。

唐老认为，方中甘遂性寒，善行经隧水湿，《神农本草经》云："主大腹疝瘕，腹满，面目浮肿，留饮宿食，破症积聚，利水谷道。"[1]《珍珠囊》云："直达水热所结之处，乃泄水之圣药。水结胸中，非此不能除……但有毒，不可轻用。"[2]现代药理研究指出甘遂具有镇痛解毒抑癌作用。芫花性味辛温，

---

[1] 王子寿，薛红主编. 神农本草经[M]. 成都：四川科学技术出版社，2008：424.
[2] 李东垣，李士材编. 珍珠囊补遗药性赋[M]. 上海：上海科学技术出版社，1958：27.

善消胸胁伏饮痰癖、消胸中痰水，《名医别录》云："消胸中痰水，喜唾，水肿，五水在五藏皮肤及腰痛。"①大戟性寒，善泄脏腑水湿，《神农本草经》云："主十二水，腹满急痛，积聚，中风皮肤疼痛，吐逆。"②方中甘遂、芫花、大戟均攻逐水饮峻猛。葶苈子性大寒，归肺、膀胱经，泻肺平喘，行水消肿。《开宝本草》曰："疗肺壅上气咳嗽，定喘促，除胸中痰饮。"③药理研究表明，葶苈子有消肿利尿、强心平喘的作用，并且有一定的抗癌作用。法半夏性味辛温，归脾、胃、肺经，燥湿化痰，降逆止呕，与甘遂相须以醒脾燥湿攻饮，为治伏水之专方。唐老认为正气虚损贯穿肺癌的始终，尤其是出现胸水后多属肺癌晚期，正气不足，悬饮停聚，内服以补虚建运为主，外用以攻逐水饮为要。

（二）古方新用

1. 参苓白术散

本方以四君子汤平补脾胃之气配伍山药、莲子、薏苡仁、白扁豆，可以健脾又能淡渗利湿、止泻，方中砂仁芳香醒脾，佐四君子更能促进中焦之逆乱，使气机贯通，桔梗为手太阴引经药，配入本方如舟楫上行，连上焦以益气，又能治肺气虚损引起的咳嗽、胸痹、久咳不止，此即培土生金法。

凡人体阴阳气血不足导致脏腑出现的各种虚损状态，治疗要考虑以"脾胃为后天之本"为基础，具体操作可以按五行相生理论"虚则补其母"的原则来治疗，一般有两种应用，第一是补肾中命火以生脾土，第二是肺虚补脾，即补脾土以生肺金。

唐老认为本方看似中庸平淡，实则有很好的疗效，而且有很好的远期疗效，可以治疗慢性胃炎、功能性消化不良、慢性直结肠炎、肠道易激综合征、睡眠障碍、口腔溃疡经久不愈、扁平苔藓、口腔白斑等，慢性胃炎伴反酸加煅牡蛎 30 g、煅瓦楞子 30 g；嗳气加佛手 15 g、乌药 15 g；手足不温加干姜

---

① 陶弘景撰. 尚志钧辑校. 名医别录[M]. 北京：人民卫生出版社，1986：223.
② 王子寿，薛红主编. 神农本草经[M]. 成都：四川科学技术出版社，2008：418.
③ 卢多逊等撰. 尚志钧辑校. 开宝本草（辑复本）[M]. 合肥：安徽科学技术出版社，1998：221.

15 g；不能进食生冷加荜茇 10 g；腹泻少食加鸡内金 15 g、炒麦芽 30 g、炒山楂 30 g；睡眠障碍合甘麦大枣加酸枣仁 20 g；长期大便干燥重用白术 30～60 g，加炒鸡内金 15 g；大便次数增多，便有黏液加白头翁 30 g、仙鹤草 30 g、木香 15 g；腹痛即泻合痛泻要方（防风 15 g、炒白术 15 g、炒白芍 15 g、炒陈皮 15 g）；大便长期不成形加白及 20 g、焦山楂 30 g、肉豆蔻 15 g；五更泻合四神丸（补骨脂 15 g、吴茱萸 6 g、肉豆蔻 15 g、五味子 10 g）；长期口腔溃疡佐吴茱萸 5 g。

同时参苓白术散也可以作为治疗肺、胃、肠癌的基本方，对肺癌加树舌、浙贝母、化橘红、半枝莲、莪术、肿节风；胃癌加九香虫、广木香、硫黄菌、羌活鱼；肠癌加硫磺菌、白头翁、仙鹤草；手术后出现腹泻合楂曲四苓散加仙鹤草、炒石榴皮；出现便秘，加生白术 50～150 g、枳壳 30 g。

2. 二冬二母散

二冬二母汤出自《症因脉治》（麦冬、天门冬、知母、川贝母），功效为养阴润肺、化痰止咳。主治内伤燥痰，咳嗽喘逆，时咳时止，痰不能出，连嗽不已，脉两尺沉数；或肺热身肿，燥咳烦闷，脉右寸洪数者。《重订通俗伤寒论》加南沙参、北沙参，改汤为散，兑入梨汁 2 瓢，竹沥 2 瓢，姜汁 3 滴，和匀服。主治温燥热退而津气两伤，液郁化痰者，功能益气补肺、养阴化痰。唐老认为此方非常适合慢阻肺患者后期，出现气阴两虚、兼有痰浊的证候，其制方思路与麦门冬汤有异曲同工之妙，均为益气、养阴、化痰并用，两方合用，效果更佳。若痰浊已去，也可以使用炙甘草汤作为慢阻肺（肺胀）的善后方。

3. 六味地黄丸

六味地黄丸出自《小儿药证直诀》，本为儿科用药，主治小儿肾气不足，失音、囟门不闭、神疲、目中白睛多、面色白等；后治疗范围逐步扩大，广泛用于成人肾阴亏损导致的头晕耳鸣、腰膝酸软、骨蒸潮热、盗汗遗精等症。唐老在临床上，根据"肾主骨""金水相生"的理论，使用六味地黄丸加鸡血藤 30 g、鸡矢藤 60 g，治疗肺癌骨转移，具有良好的止痛效果，不少患者可停用吗啡、羟考酮等止痛药。

4. 二仙汤

二仙汤来源于《中医方剂临床手册》《妇产科学》，其组成为仙茅、淫羊藿、当归、巴戟天、黄柏、知母。功能温肾阳、补肾精、泻肾火、调冲任，主治下元虚衰、虚火上炎之妇女更年期综合征、高血压、闭经，以及其他慢性疾病见有肾阴、肾阳不足而虚火上炎者。本方的配伍特点是壮阳药与滋阴药同用，以针对阴阳俱虚于下，而又有虚火上炎的证候。方中以仙茅、淫羊藿、巴戟天温肾阳，补肾精；黄柏、知母泻相火而滋肾阴；当归温润养血而调冲任。唐老基于本方的功能，扩展运用于男性及女性在更年期出现的各种病证，如失眠、尿路感染、前列腺肥大、荨麻疹、神经性皮炎等，效果良好。

5. 川芎茶调散

川芎茶调散出自《太平惠民和剂局方》，其功效主要为疏风止痛，方中川芎 15~30 g、荆芥 15 g、白芷 15 g、羌活 15 g、细辛 6 g、防风 15 g、薄荷 10 g（后下）、甘草 10 g、绿茶 5 g，绿茶可与诸药同煎，但切记不可久煎；也可作为药引，泡绿茶一杯而吞服丸药或者散剂。

头痛的原因很多，本方所治为外感风寒所致头痛，风邪外袭，循经上扰头部，阻遏诸阳之气，故头痛。该方如加减得当，可治疗各种头痛，用之效宏，但川芎的用量不宜过小，以 15~30 g 为宜；风热头痛用川芎茶调散加菊花 15 g、炒僵蚕 15 g，热盛可加栀子 15 g、黄芩 20 g；鼻渊头痛用本方合苍耳子散（辛夷 15 g、苍耳子 15 g、白芷 15 g、薄荷叶 10 g），功效为祛风通窍，主治鼻塞不通，流浊涕不止，前额头痛；口眼歪斜可用本方合牵正散（白附子、僵蚕、全蝎），功效为祛风化痰止痉，为风痰阻于头面经络而致；本方加味还可治疗神经性头痛、顽固性头痛，加葛根 30 g、丹参 20 g、赤芍 15 g、蔓荆子 20 g、僵蚕 15 g、全蝎 10 g；针对脑肿瘤头痛，可用本方加蜈蚣 2 条、全蝎 10 g、地龙 10 g、菊花 15 g、代赭石 30 g、麝香 0.1 g；恶心欲呕者加紫苏叶 10 g；本方随证加减后还可以治疗带状疱疹以及后遗神经痛等。

(三) 名方合用

"名方合用"是唐老用药组方的又一特点,"合方运用"古已有之,如麻黄桂枝各半汤(《伤寒论》)、柴平汤(《重订通俗伤寒论》)等,不胜枚举,唐老结合专方专病和辨证论治,将名方合用在一些疑难病证的治疗上,取得良好的效果,下面举例论述:

1. 瓜蒌薤白半夏汤合苓桂术甘汤

唐老长期运用本方治疗肺心病伴心衰,该病的西医诊断要点为:① 患肺心病伴心衰6年以上,包括慢性阻塞性肺病病史或慢支炎、肺气肿、支气管哮喘、肺结核、胸廓畸形等;② 肺动脉压增高、右心室增大或右心功能不全;③ 存在活动后呼吸困难、乏力和劳动耐力下降;④ 心电图、X线胸片提示肺心病征象;⑤ 超声心动图有肺动脉增宽和右心增大、肥厚的征象。符合1~4条中任一条加上第5条,并除外其他疾病所致右心改变(如风湿性心脏病、心肌病、先天性心脏病),即可诊断为慢性肺源性心脏病。

本病必须中西医结合治疗,一般采用氧疗、抗生素、补钾、强心、利尿、镇静等,中医药治疗基本方:

处方:人参 20 g   白术 20 g   茯苓 20 g   炒陈皮 15 g
    法半夏 15 g   麻黄 10 g   桂枝 12 g   杏仁 12 g
    薤白 15 g   瓜蒌壳 15 g   甘草 10 g

煎水温服,一日一剂,一日三次。

本方由瓜蒌薤白半夏汤合苓桂术甘汤等组成,属于古方名方联合应用。经临床观察,全方有益气健脾、祛痰利气、开胸宣肺、扶正宁心的功效。

2. 治胃四合汤

唐老在临床上,也很推崇焦树德教授的四合汤,该方是由百合乌药散、良附丸、丹参饮、失笑散四方相合而成,既有气药,又有血药,既能祛邪,又兼补益,所以对久治不愈的胃脘痛能发挥特有的效果。

（四）善用药对

唐老在临床用药中，多使用经方、时方，对于症状纷繁、病机复杂的患者，多以"名方合用"的形式给予治疗，临证加减则多使用药对，一般有相须、相反、相使等：

1. 相须的常用药对

【法半夏 夏枯草】常用克数分别为 15 g、30 g，化痰散结、引阳入阴。适用于瘿瘤瘰疬之证，对恶性肿瘤相关性睡眠障碍也有非常良好的效果。

【地龙 葛根】常用克数分别为 15 g、30 g，通络祛风、解痉止痛，适用于颈椎病之颈项强痛证。

【臭梧桐 豨莶草】常用克数皆为 10~15 g，祛风湿，适用于风湿痹病。炼蜜为丸，名为"豨桐丸"，主治感受风湿、两足酸软、步履艰难、状似风瘫。

【旋覆花 代赭石】旋覆花常用克数为 10 g（包煎）；代赭石常用克数为 20~30 g（先煎），降逆涤饮，适用于痰饮呕吐、咳嗽气喘病证，对食道肿瘤亦有效。

【地龙 僵蚕】常用克数皆为 10 g，抗癫痫、止痛，适用于肝阳挟痰之癫痫、头痛。小儿按年龄适当减少。

【川芎 露蜂房】常用克数分别为 10~15 g、10 g，散风止痛，适用于剧烈的偏头痛、血管神经性头痛、牙痛等。仅可治标，中病即止，不宜久服。

【代赭石 牛膝】常用克数分别为 30 g（先煎）、10~15 g，滋补肝肾、降逆下行，适用于肝阳上亢之眩晕、耳鸣。

【陈皮 青皮】常用克数分别为 10 g、5~10 g，理气健脾，适用于肝胃气郁之脘痞病证。

【香附 川楝子】常用克数皆为 10 g，理气止痛，适用于肝郁气滞之脘胁痛、痛经病，治气分郁滞。

【川楝子 路路通】常用克数皆为 10 g，疏肝通络，适用于肝郁之疝气。

【槟榔 沉香】槟榔用量 10 g；沉香用量 1~3 g（煎服后下），也可用量 0.5~1 g（研磨冲服）。理气降逆，适用于气滞气逆证，药力峻猛。

【鸡内金 三棱】常用克数分别为 15 g、10 g，消癥瘕、通月经，适用于血瘀型闭经、癥瘕。

【桃仁 红花】常用克数分别为 15 g、10 g，濡润行散、活血化瘀，适用于血瘀证。

【泽兰 益母草】常用克数分别为 10～15 g、20～30 g，活血调经、利尿退肿，适用于血瘀挟湿的鼓胀、闭经病，此药对药性平和，有久服不伤正之特点。

【制首乌 淫羊藿】常用克数皆为 10～15 g，补肾中阴阳、生精强身，可用于精子异常之不育症。

【仙鹤草 淫羊藿】常用克数分别为 30 g、10～15 g，平补肾气、强身益精，可用于脾肾两虚导致的疲劳综合征。

【益智仁 补骨脂】常用克数皆为 10 g，收涩、温脾肾，适用于脾肾阳虚之泄泻、劳淋。

【蛤蚧 紫河车】常用克数分别为 1～1.5 g、1.5～3 g，补益肺肾，适用于久哮、久喘劳嗽之病证。哮喘久嗽之病证，以正虚标实为多，故使用时应加些祛邪药。

【蛇床子 石楠叶】常用克数皆为 15 g，温补肾阳、兴阳道，适用于肾阳不足之男子阳痿、女子宫寒不孕症。

【肉苁蓉 巴戟天】常用克数皆为 15 g，补肾助阳，有温而不燥，补而不峻之优，适用于肾虚证。和淫羊藿、仙茅药对相比，均有补肾助阳之用，此药对温补柔润，彼药对温补燥烈。

【葛花 枳椇子】常用克数皆为 10～15 g，醒脾解酒毒，适用于酒毒引起的病证。病情重者，尚需在辨证前提下加入适宜方药。

【鱼腥草 金荞麦】常用克数分别为 30～50 g、50～100 g，清肺热、祛痰浊，适用于痰热咳嗽、肺痈病。

【石菖蒲 远志】常用克数皆为 10 g，宁心、化痰，适用于心虚挟痰之心悸、少寐、健忘病证。

【乌梅 僵蚕】乌梅 3 份、僵蚕 1 份，散结消肿，适用于痰瘀阻滞引起的各种消化道息肉。

2. 相反的常用药对

【白术 枳实】常用克数分别为 15 g、10 g，消痞除胀利湿，有祛邪不伤正，健脾不碍邪之优。

【白术 槟榔】常用克数分别为 30~60 g、10 g，若不足此比例，服后有腹痛之副作用，通利大便，有补脾胃不碍气运，助气机不伤脾胃的双相调节作用。须空腹服药，每日二次，一次 250 mL 以上，服后多饮开水，效果更佳。

【益智仁 萆薢】常用克数分别为 5~10 g、10~15 g，泄浊摄精，有分利不伤肾，固摄不恋邪之优，适用于虚实夹杂之白浊、遗尿、遗精等病证。

【大黄 附子】生大黄用量 5~10 g（后下），附子用量 10 g，温通大便，利尿泌浊，有温阳不助邪，通便不伤正之妙，适用于寒实便秘或肾阳不足，湿浊上泛之关格病。关格病大便通者以制大黄易生大黄 10 g。

【黄连 吴茱萸】常用克数分别为 6~12 g、1~2 g，清泄肝火，黄连配吴茱萸，能直达肝经，以防格拒；吴茱萸伍黄连，能发挥止痛、引热下行之特长，又避药物之热性，适用于肝火郁结之胁痛。

【黄连 肉桂】常用克数分别为 10 g、1~3 g，辛开苦降，交通心肾，引火归元，有"阴得阳升而泉源不竭"之妙，适用于心肾失交之不寐。此类病人应改变性情和生活习惯，才能根除。

【麦冬 法半夏】常用克数分别为 10~15 g、5 g，养胃阴、降呕逆，适用于胃阴亏损之呕吐病，针对肿瘤放化疗后呕吐患者，确有疗效。

3. 相使的常用药对

【桂枝 炙甘草】常用克数分别为 5~10 g、3~5 g，温通心阳，适用于心气虚寒，心慌不适者（心动过缓、感冒后心率过快均可使用）。

【白芍 炙甘草】常用克数分别为 30 g、3~5 g，酸甘化阴，适用于拘急性疼痛，针对腿抽筋（补钙不效者）、不安腿综合征等具有特别良好的疗效。

【石菖蒲 郁金】石菖蒲鲜者用量 10~15 g；郁金用量 5~10 g，菖蒲得郁金之使，开窍之力益宏，适用于湿温病痰浊蒙蔽心包、杂病惊痫、失眠等神态失常病证。

（五）特殊用药

1. 法落海

法落海，也称法罗海，始载于《滇南本草》，为伞形科植物阿坝当归的根。为多年生草本，高 1~2 m，生于高山、草地及山坡灌丛中。分布于云南北部、四川和西藏等地。其味辛、苦，性温，归脾、肝、肺经；具有理气止痛、止咳平喘作用。主胸胁脘腹疼痛、头痛、咳喘。内服：煎汤，6~15 g；或入丸、散。唐老常将其运用于胃炎、咳喘、胃癌、肺癌的治疗当中。

现代药理研究证实其具有镇痛、镇咳平喘等作用；法落海根浸膏对家兔离体或原位小肠及子宫均有解痉作用；对金黄色葡萄球菌、乙型链球菌、伤寒杆菌及痢疾杆菌等有抑菌作用。

2. 矮地茶

矮地茶，又名矮茶风、平地木、老勿大、不出林、叶底珠等，为紫金牛科植物紫金牛的全株，生于林下、谷地、溪旁阴湿处，产于长江流域以南各省区。

其性平，味辛、微苦。具有化痰止咳、利湿、活血等功效，可以用于咳嗽喘息、痰中带血、湿热黄疸、跌扑损伤等，常在急慢性支气管炎、支气管扩张、慢阻肺急性发作期中使用，效果显著。

复方矮地茶片，由矮地茶、岗梅、野菊花、枇杷叶、甘草组成。具有清热解毒、化痰止咳的功效，可用于肺热咳嗽及慢性气管炎等症。

3. 岩白菜

岩白菜又名崖白菜、矮白菜、岩壁菜等，为虎耳草科植物岩白菜的全草，多生于海拔较高的杂木林内阴湿处或有岩石的草坡上或石缝中，分布于四川、云南、西藏等地。

其味甘、涩，性凉；归肝、肺、脾经。具有滋补强壮、止咳止血的作用，唐老主要运用于虚弱头晕、支扩咯血、肺结核病、淋浊白带等。

各家论述:《植物名实图考》曰其"治吐血"[1];《分类草药性》曰"化痰止咳,治一切内伤吐血,气喘,淋症"[2];《四川中药志》曰"滋补强壮,止血,止咳,治肝脾虚弱,劳伤吐血,内伤咯血,肺病咳喘,妇女白带及男子淋浊;外敷无名肿毒;外感发热者慎用"[3]。

复方岩白菜素片,为复方制剂,其成分有岩白菜素和马来酸氯苯那敏。本药物具有镇咳祛痰的作用,在临床上主要用于慢性支气管炎的治疗。患者可以直接用温开水送服,一次一片,一日三次。服用药物之后,会有轻度的嗜睡、口干、疲倦等不良反应,服药期间禁止驾车和操纵机器。

4. 白 英

白英为茄科茄属植物,亦称白毛藤,其干燥全草及根入药,味甘、苦,性寒。

具有清热利湿、解毒消肿、抗癌等功能,主治感冒发热、黄疸型肝炎、胆囊炎、胆石症、子宫糜烂、肾炎水肿等症。白英是唐老临床常用治疗癌症的中药材,可用于肝癌、肺癌、胃癌、结肠癌、卵巢癌等,具有调节免疫、抗氧化、抑菌、抗炎等药理作用。除1977年版《中华人民共和国药典》一部有收载外,此后历版均未收载白英,对其质量标准控制仍处于初步阶段,需加强相关研究,以保证临床用药的安全有效。

5. 泽 漆

泽漆是大戟科大戟属一年生或二年生草本植物,茎头凡五叶,中抽小茎五枝,每枝开青绿色细花,复有小叶承之,齐整如一,故又名五凤草、绿叶绿花草、五朵云。

《本草纲目》载:"生时摘叶有白汁,故名泽漆。"[4]如此姣好的外表,却

---

[1] 吴其濬. 植物名实图考[M]. 北京:商务印书馆,1957:110.
[2] 郐家林,谢宗万新编. 分类草药性新编(附:草药三字经)[M]. 北京:中医古籍出版社,2007:133.
[3] 中国科学院四川分院中医中药研究所主编. 四川中药志(第3册)[M]. 成都:四川人民出版社,1962:927.
[4] 李时珍著. 张守康等主校. 本草纲目[M]. 北京:中国中医药出版社,1998:491.

隐藏着危险。泽漆全株都有胶状的白色汁液，掐断后便会流出，这种白色汁液具有较强的刺激性，误触后会引起皮肤发红、破溃，需及时清洗，严重者需及时就医。

唐老认为，其分支方式与肺及支气管类似，取象比类，可以治疗肺病疾患。泽漆应用历史悠久，始载于《神农本草经》，位于下品，"主皮肤热，大腹水气，四肢面目浮肿，丈夫阴气不足"[1]。《名医别录》中载泽漆功效为"利大小肠，明目轻身"[2]。《本草纲目》载其"苦、微寒、无毒"[3]，主咳嗽上气、脉沉，心下伏瘕，牙痛，瘰疬，癣疮等。

泽漆汤出自《金匮要略·肺痿肺痈咳嗽上气病脉证并治》："咳而脉沉者，泽漆汤主之。"[4]具有止咳平喘，逐水通阳之效。有研究显示，泽漆汤主要成分通过抗氧化、抗自由基、抑制血管新生等机制实现抗肿瘤效果，并具有抗炎、抗变态反应的效果。临床上常用于治疗虚实相间、痰饮为患之喘咳病证，现代应用于肺肿瘤、哮喘、急慢性支气管炎、胸腔积液等疾病，或用于肾系疾病。另有临床报道称泽漆汤加减治疗肺结节也有较好的疗效，本品及本方值得肺病科和呼吸科同仁认真研究。

6. 肿节风

肿节风，为金栗兰科植物草珊瑚的全株，主要分布于我国的广西、云南、贵州、江西等地，生于山沟、溪谷林阴湿地。性微温，味苦、辛。

肿节风化学成分多样，含有倍半萜类、黄酮类、香豆素类、有机酸类化合物。肿节风具有极高的药用价值，主要有清热解毒、抗菌消炎、祛风除湿、活血止痛等功效，常用于肺炎、急性阑尾炎、急性肠胃炎、菌痢、风湿疼痛、跌打损伤、骨折、肿瘤等。在少数民族的药方中，肿节风也是一种药食同源的中药。肿节风对多种肿瘤具有抑制作用，是极具开发潜力的抗肿瘤中药之一，其中含有的黄酮类化合物，是很好的抗肿瘤、抗癌化合物。

---

[1] 王子寿，薛红主编. 神农本草经[M]. 成都：四川科学技术出版社，2008：426.
[2] 陶弘景撰. 尚志钧辑校. 名医别录[M]. 北京：人民卫生出版社，1986：225.
[3] 李时珍著. 张守康等主校. 本草纲目[M]. 北京：中国中医药出版社，1998：491.
[4] 张家礼主编. 金匮要略[M]. 北京：中国中医药出版社，2004：141.

7. 硫磺菌

硫磺菌又称硫色多孔菌，经常食用硫磺菌可增进身体健康，其子实体含齿孔酸，可合成甾体药物肾上腺皮质激素，是预防和治疗多种疾病的保健食物。

硫磺菌具有益气、养胃、健脾的功能，具有防癌、抗癌、提高机体免疫力功能等多种作用，是唐老治疗胃癌、直结肠癌的一种常用药物。

《中国大型真菌》一书中记载："硫磺菌幼时可食用，味道好。药用，性温、味甘，能调节机体、增进健康、抵抗疾病，对人体可起重要调节作用。"[①]硫磺多孔菌的各种制剂可以迅速缓解病情，产生即时药效应，对结肠炎等疾病治愈率可达 88% 以上。由此可见，硫磺多孔菌在日常食用及健康产业中的药用价值都极高，具有一定开发前景。根据我国医疗保健产业的发展趋势，探索与开发具有独特药用价值的野生菌的培育技术具有十分重要的意义。

8. 百药煎

百药煎是一种由五倍子同茶叶等经发酵制成的块状物。为灰褐色之小方块，表面间有黄白色斑点，微具香气。味酸涩，性微甘平。

《本草蒙筌》载其"治肺胀喘咳不休"[②]，《医学入门》曰"润肺治嗽，化痰，止渴，疗肠风下血；为末糁诸疮，干水敛口"[③]，《本草纲目》曰"百药煎，功与五倍子不异，但经酿造，其体轻虚，其性浮收，且味带余甘，治上焦心肺咳嗽，痰饮热渴诸病，含噙尤为相宜"[④]。

百药煎具有润肺化痰、止血止泻、解热生津的功效。主久咳劳嗽、咽痛、口疮、牙疳、便血、血痢、泄泻、脱肛、暑热口渴等。可煎汤内服 3~9 g，或作丸作散，外用可适量研末调敷，亦可煎汤含漱。

---

① 卯晓岚. 中国大型真菌[M]. 郑州：河南科学技术出版社，2000：437.
② 陈嘉谟撰. 张印生，韩学杰，赵慧玲校. 本草蒙筌[M]. 北京：中医古籍出版社，2009：240.
③ 李梴著. 金嫣莉等校注. 医学入门[M]. 北京：北京中医药出版社，1995：185.
④ 李时珍著. 张守康等主校. 本草纲目[M]. 北京：中国中医药出版社，1998：240.

学术传承

川派中医药名家系列丛书

唐廷汉

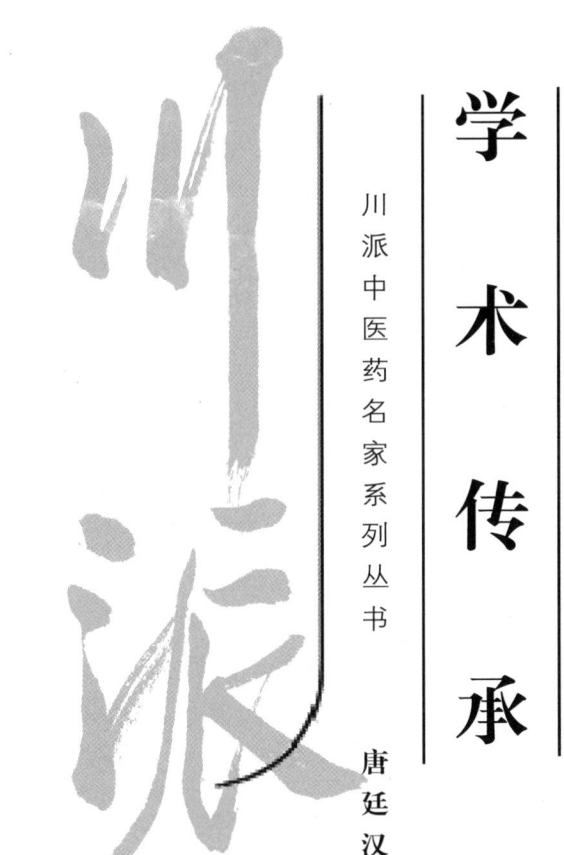

"唐氏中医"一脉，活跃于四川省遂宁、资阳及成都等地区，中医特色鲜明，疗效显著，具有良好的群众基础与口碑，代表性传承人唐廷汉，将家学中医与学院派中医融会贯通，形成了独特的川派中医特色。第一代传承人唐世泰师承遂宁唐氏中医世家，传其子第二代传承人唐海涛、唐海波，再传第三代传承人唐朝福，唐朝福有两子唐廷汉和唐廷伟，唐朝福将其医术传至代表性传承人唐廷汉。唐廷汉继承唐氏中医家学，又进入内江中医校、成都中医学院跟随冉品珍、陈绍宏、李天健、王瑞生、杨用九、彭茂朴、张济良等名家学习中医知识，将家学中医与学院派中医融会贯通，形成了独特的川派中医特色。后将医术教于其胞弟唐廷伟以及第五代传承人余德海、党思捷、刘若阳、林娟、唐芸芸（其女）、唐胜莉（侄女、唐廷伟之女）、彭和民、李文、刘伟、杨晓兵、曾玲、李英等。唐廷汉主任中医师，2008年获评"四川省名中医"，学术思想开明，启发后来学者，以期唐氏中医思想发扬光大，退休后返聘于四川省中医药科学院中医研究所（四川省第二中医医院），建立唐廷汉工作室，很多外地医师亦自愿跟随唐老学习，不少成为地方医院业务骨干，唐氏中医流派在四川成都、德阳、遂宁、资阳、西昌以及重庆等地区不断发展壮大、开枝散叶。

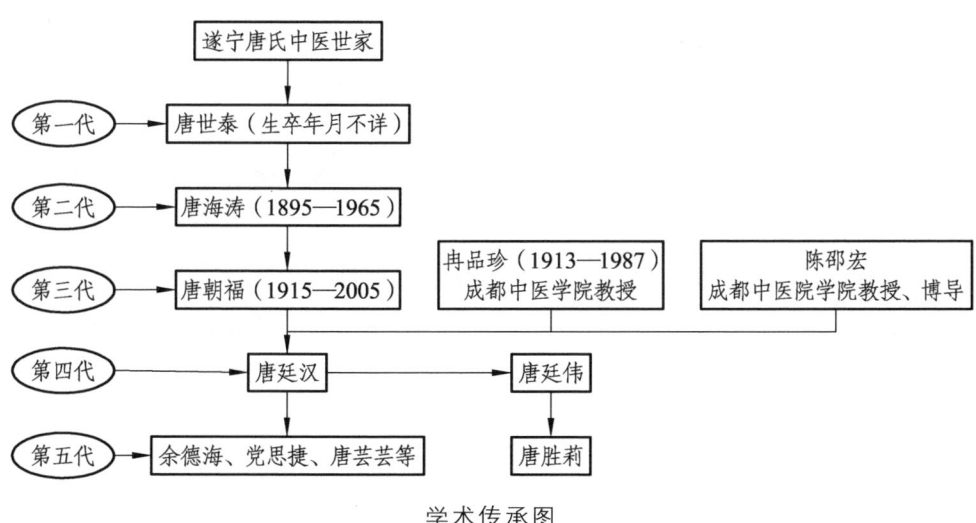

学术传承图

余德海

男，主要传承人，主任医师，四川省第二中医医院肺病科主任，四川省名中医唐廷汉工作室负责人，第六批全国老中医药专家学术继承人，第十三批四川省学术和技术带头人后备人选，四川省中医肺病质控中心副主任，四川省新型冠状病毒肺炎医疗救治专家组成员，中国医师协会中西医结合呼吸病专委会委员，中华中医药学会肺系病专委会委员，中国教育协会呼吸运动康复分会常委，中国研究型医院学会中医呼吸专委会常委，四川省中医药发展促进会常务理事、四川省中医药发展促进会呼吸睡眠分会会长，四川省中医药学会理事、肺系病专委会副主任委员、重症专委会常委、肿瘤专委会委员，四川省抗癌协会免疫治疗专委会常委，四川省中医药信息学会三氧医学专委会主任委员，四川省医学会医疗事故鉴定委员会专家。2020年援鄂抗疫并荣获农工民主党中央抗疫先进个人。主持科技部重大专项"金利止咳颗粒"Ⅲ期临床研究已通过国家验收。师承于全国名老中医沈其霖，先后于全国名中医张发荣、省名中医张晓云等处游学，于2017年拜师省名中医唐廷汉主任中医师，全面继承唐老学术思想，带领团队创立"燥痰"理论，主张肺病治疗需要"益肺补肾、通利三焦、祛瘀燥痰"，以此为基础开发院内制剂及药食同源产品，申报多项科研项目，并完成科研成果转化。擅长呼吸、睡眠等系统疾病的诊治，如慢阻肺、肺癌、肺结核、支气管炎、支气管哮喘、肺炎、肺间质纤维化、肺心病、肺动脉高压、各种良恶性胸腔积液、严重睡眠障碍等，特别是对于肺结节、顽固性咳嗽、失眠的诊治，有丰富的临床经验。曾荣获2016年度医院"最受群众喜爱的医生"、2020年度封面新闻"首届中国（成渝）我心目中的名医"等称号。

党思捷

男，主要传承人，副主任中医师，中医学博士，四川省名中医唐廷汉工作室成员。中华中医药学会青年委员，四川省中医药学会、四川省中医药发展促进会委员，《成都中医药大学学报》评审专家，成都中医药大学、成都医学院兼职讲师。师从全国名中医、温病大家张之文、严石林、张新渝、冯全生、刘渊教授等多位名师，2017年拜师唐廷汉主任中医师，负责唐廷汉名医工作室的具体工作。全面继承唐廷汉老师的学术思想，总结关于顽固性咳嗽、哮喘、慢阻肺、支扩、胸腔积液、肺纤维化等呼吸系统疾病，多系统肿瘤疾病，各类胃炎、溃疡性结肠炎、痔疮、胆囊息肉、胆结石等消化系统疾病，慢性鼻炎、过敏性鼻炎、鼻窦炎、慢性咽喉炎、中耳炎、耳鸣耳聋、声带息肉及小结等五官科疾病，以及痤疮、湿疹、荨麻疹、神经性皮炎、银屑病、失眠、不孕不育、更年期综合征等疾病的治疗经验。近五年发表学术论文30余篇，参编著作5部，支持参与国家、省级课题研究10余项。

张 永

男，中医学博士，主治中医师/助理研究员，中西结合临床在站博后，四川省名中医唐廷汉工作室成员。长期侍诊唐老，继承唐老学术思想，临床上融经方、时方于一体，衷中参西，主要从事老年病的中西医防治研究，近五年来以第一作者及通信作者身份发表中文期刊及SCI论文共计20篇。

刘若阳

女，硕士，副主任中医师，四川省第二中医医院肺病科副主任、呼吸介入微创组组长，四川省名中医唐廷汉工作室成员，四川省中医药发展促进会呼吸睡眠分会理事，四川省中医药学会肺系病专委会委员，四川省九三学社省直青年工作委员会副主任委员，四川省第23届四川青年五四奖章获得者，四川省抗击新冠肺炎疫情先进个人，九三学社抗击新冠肺炎疫情湖北抗疫一线优秀社员。

毕业于北京中医药大学，长期跟诊唐老，2020年作为四川省第一批援鄂医疗队队员参与武汉新冠肺炎救治工作，在唐老指导下救治新冠患者数百人。作为四川省"西部之光访问学者"于卫生部北京医院访问学习，曾到首都医科大学附属北京天坛医院进修气管镜治疗，参与并完成国家级课题2项，省部级课题3项，发表学术论文10余篇。擅长中西医结合治疗急、慢性支气管炎、肺气肿、肺心病、支气管哮喘、支气管扩张、肺癌、顽固性睡眠障碍、高血压、冠心病等疾病。熟练应用支气管镜对呼吸道疾病进行检查、诊断。

林 娟

女，中西医结合副主任医师，硕士，四川省第二中医医院肺病科肺癌组组长，四川省名老中医唐廷汉工作室成员，四川省中医药发展促进会呼吸睡眠分会秘书长，四川省抗癌协会免疫分会青年委员，四川省国际医学交流促进会肿瘤免疫治疗专委会委员，世界中医学会联合会慢病管理专业委员会理事，成都市抗癌协会呼吸肺癌精准治疗专委会委员，参编著作2部，共同拥有专利2项，主持及参与省部级课题10余项，发表学术论文10余篇。长期跟随唐老门诊，总结学术经验并发表学术论文，擅长中西医结合诊断及治疗肺癌、肺结节、胸腔积液、慢支炎、肺气肿、肺炎、顽固性失眠、慢性咳嗽、肺脓肿、肺纤维化、支气管扩张、支气管哮喘以及呼吸衰竭、肺栓塞、气胸等急危重症的抢救。

胡敬晖

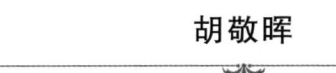

女，中西医结合副主任医师，硕士研究生，四川中医药信息学会三氧医学专委会秘书、四川中医药发展促进会呼吸睡眠分会理事，四川省名中医唐廷汉工作室成员，主持、参与多项省部级课题研究。通过长期跟师学习，潜移默化地学习唐老的诊疗思维、理法方药的特点、学术经验等，为自己铺垫了一条开悟的中医之路，学习运用唐老学术经验的心得体会，多次参加唐老的中医学术交流研讨会。

董慧君

女，硕士研究生，中西医结合副主任医师，毕业于成都中医药大学呼吸、老年病方向，四川省第二中医医院肺病科肺病康复中心组组长，四川省中医药促进会呼吸睡眠分会理事，四川省肺系病委员会常委、四川省中医药促进会三氧专委会理事、四川省老年病学会委员，四川省名中医唐廷汉工作室成员。主持省部级课题研究2项，参与并完成课题9项，发表学术论文10余篇。

谭君花

女，毕业于四川大学华西临床医学院护理系，本科，副主任护师，四川省第二中医医院肺病科护士长，四川省名中医唐廷汉工作室成员，四川省中医药发展促进会呼吸睡眠分会、中医护理分会理事，四川省抗癌协会免疫治疗专委会护理学组副组长，获得实用新型专利4项，主持省级课题3项，其中主持四川省中医药管理局传承项目"川派中医名家唐廷汉治疗喘病中医外治学术思想整理研究及推广示范"1项，发表学术论文10余篇，参编著作2部。

唐芸芸

女，毕业于现四川大学华西医院临床医学系，本科，全科主治医师，毕业后便跟从唐老师学习中医传承，以大量实践为基础，坚持以西医辨病、中医辨证的原则，将中医脾胃论的基础理论和唐老"治胃先治脾""以和为贵"等指导思想通过与相关疾病的生理、病理、病机、诊法、辨证、治疗、治未病的养生调摄理论结合，与现代临床医学理论完成病证结合，对脾胃疾病、消化类疾病也有自己独到的理解，通过多年不断的实践总结，形成一套较为完整的治疗保健方案，总结唐老学术经验，在国内医学期刊公开发表了慢性浅表性胃炎、慢性肾病等的临证应用经验等学术交流推广，现主攻目标为肺部疾病等常见证疑难证，希望将唐老的学术经验发扬光大、为民服务。

曾玲

女，安岳县中医院原医务科长，院长，卫生局副局长；四川省名中医，主任中医师，省高评委（中医）成员，全国劳模，1974年毕业于内江中医校，毕业实习跟师唐老；首届成都中医学院函授大学学员。学习成绩优异，各科考试均排第一，是理论与临床实践的典范，对妇科、肺科、脾胃科多种疾病，处理恰当、辨证灵活，且疗效明显。在国家级、省级医学期刊发表论文二十余篇。

彭和民

男，安岳县中医院脾胃病科主任，主任中医师；四川省名中医，资阳市名中医，安岳县十大名医，安岳县消化协会副主任，资阳市中医脾胃病质量控制分中心主任，资阳市消化协会副主任，四川省消化协会常委，曾在重医附二院消化内科及感染科进修学习，善于用现代医学手段在科室内开展中西医结合，疗效显著，发表专业论文十余篇，从事内科及脾胃病专业四十余年，擅长各类肝炎、肝硬化及胃炎、消化性溃疡、消化道出血、胰腺炎、溃疡性结肠炎、功能性消化不良等消化道疾病中西医结合的诊治。

杨晓兵

男，安岳县中医院针灸推拿科副主任，本科，资阳市名中医，四川省针灸学会临床专委会委员，曾在川医进修康复专业，一直从事针灸推拿及康复专业临床工作，在专业学术期刊发表论文多篇，擅长于面瘫、肩周炎、偏头疼、颈椎病、腰椎间盘突出、关节炎等疾病的针灸治疗，特别是对中风后遗症及小儿脑瘫，提高了康复速度；运用子午流注、灵龟八法等时间医学按时开穴法治疗顽固性失眠、胃肠功能失调等疑难病症及穴位埋线减肥取得了较好效果。

论著提要

川派中医药名家系列丛书

唐廷汉

一、肺病篇

（一）新型冠状病毒感染肺炎

《从"肺与大肠相表里"论治新型冠状病毒肺炎》（2020年发表于《成都中医药大学学报》，第43卷第1期）

该文论述了新冠肺炎伴有泄泻症状的患者，多考虑为痰热、燥热等外邪犯肺，肺的功能失调影响大肠的传导功能所致泄泻，不宜使用健脾止泻法，应予清肺化痰、清燥润肺的治法，可明显改善咳嗽与泄泻的症状。

《从肝论治新型冠状病毒肺炎举偶》（2020年发表于《四川中医》杂志，第38卷第6期）

该文探讨了新冠肺炎的中医治疗中仅着眼于"肺"的问题，基于临床实际，从"肝"论治新冠病毒肺炎，并以五行生克、气机循环、经络循行、气候影响、情绪因素等加以论述，取得较好的临床疗效。

《浅谈新型冠状病毒肺炎的中医辨证分析》（2021年发表于《天津中医药》杂志，第38卷第3期）

该文提出新冠肺炎初期主要为邪犯肺卫证，随病情进一步发展可出现湿邪阻肺证、邪犯少阳证、湿邪中阻证，因而采取相应的中医治疗方式可使新冠肺炎得到更快的改善。

《武汉绵阳两地新型冠状病毒肺炎患者中医症候差异讨论》（2020年发表于《四川中医》杂志，第38卷第9期）

该文根据临床，发现新冠肺炎武汉患者痰湿证较多，绵阳患者肺气郁闭证较多，故表明虽然相同病因，但疾病可因地域差异而存在发病症状的差异。治疗上不能一概而论，可根据地域特性辨证施治，对疾病症状的缓解和病情的控制有更好的帮助。

（二）胸　水

《川派中医名家唐廷汉运用消水方治疗肺癌胸水临床经验》（2022 年发表于《四川中医》杂志，第 40 卷第 10 期）

该文由林娟撰写，她指出，肺癌胸水是肺癌晚期最常见的并发症，严重影响患者的生活质量及生存时间。肺癌晚期患者病情重，不能耐受放化疗及手术，唐老根据其多年临床经验，研制出"消水方"外用治疗肺癌胸水，临床疗效明确，副作用小，患者易于接受，为临床提供了一种简便有效的治疗方法。

二、脾胃病篇

（一）半夏泻心汤的临床应用

《半夏泻心汤加减治疗慢性胃炎并溃疡性结肠炎的临床体会》（2004 年发表于《四川中医》杂志，第 22 卷第 1 期）

该文提出慢性胃炎与溃疡性结肠炎在病理上存在密切关系，在使用半夏泻心汤加减治疗二者的临床观察中均取得 89% 以上的有效率，进一步说明了治疗上胃肠兼顾的重要性与必要性。

《半夏泻心汤治疗糖尿病胃轻瘫 50 例》（2001 年发表于《四川中医》杂志，第 19 卷第 9 期）

该文指出糖尿病胃轻瘫多因饮食不节、饥饱失常，或忧愁思虑、安逸少动，导致脾胃损伤、脾虚胃弱、运化失常、不能升清降浊而致。应用半夏泻心汤加味治疗，取得 96% 的有效率。

《半夏泻心汤对糖尿病性腹泻治疗观察》（2002 年发表于第六次全国中西医结合糖尿病学术会议汇编）

该文揭示胃肠植物神经病变可能与糖尿病有关，且本病病机以脾胃气虚为其本，胃肠湿热为其标。选用半夏泻心汤加减可使脾胃健、胃气复、浊阴下行，恰合糖尿病性腹泻的病机，取得了90%的有效率。

（二）自拟方的临床应用

唐老经多年临床探索和经验，自拟出诸多验方，如七无散、愈溃胶囊、黄连愈疡胶囊、和中制木汤、化湿和胃饮等，皆取得不错的临床疗效。

《七无散治疗消化性溃疡临床观察》（1995年发表于《四川中医》杂志，第11期）

该文观察到"七无散"在治疗消化性溃疡中，治疗组病例的治愈率明显高于对照组，并且用药后的复发率也远低于对照组。较之西药也有副作用小的特点。

《愈溃胶囊治疗消化性溃疡100例的临床观察》（2009年发表于《四川中医》杂志，第27卷第11期）

该文观察到"愈溃胶囊"治疗消化性溃疡有较好的疗效，试验组的有效率（98%）远高于使用法莫替丁的西医组（75%），但对脾胃虚寒型效果较差。愈溃胶囊的副作用明显低于西医组，值得广泛推广应用于临床。

《黄连愈疡胶囊治疗消化性溃疡临床观察》（2009年发表于《中国中医药信息杂志》，第16卷第10期）

该文论证"黄连愈疡胶囊"可保护胃黏膜，加强黏膜屏障，进而促进溃疡愈合及周围炎症吸收。

《中西医结合治疗胆汁反流性胃炎120例疗效观察》（2009年发表于《四川中医》杂志，第27卷第11期）

该文观察到在胆汁反流性胃炎西医常规治疗的基础上，加用自拟方剂"和中制木汤"加减方的治疗有效率（95%）明显优于对照组（63.83%）。故在临床疾病的诊治中采取中西医结合的治疗模式值得推广应用。

《化湿和胃饮治疗慢性胃病300例》（2001年发表于《中医药研究》杂志，第17卷第5期）

该文提出"湿不除，脾难健""湿未去，疼难消"的观点，认为中医辨证治疗慢性胃病，不管是哪种类型，在病程发展的过程中都可能表现有湿阻的症状，故唐老自拟"化湿和胃饮"治疗慢性胃病。经临床治疗观察后发现，本方不仅取得不错的疗效，还发现具有抗幽门螺杆菌的作用。

《葡萄糖酸锌佐治小儿迁延性、慢性腹泻疗效观察》（2009年发表于《当代医学》杂志，第15卷第25期）

临床观察到小儿腹泻期间及腹泻后常有锌的缺乏，致血锌、尿锌的浓度明显低于正常儿童。故唐老在针对迁延性、慢性腹泻的病儿在常规治疗上加以锌剂治疗，取得了93%的有效率。

三、肾病篇

《中医治疗糖尿病肾病的体会》（2002年第六次中国中西医结合糖尿病学术会议论文汇编）

该文提出在糖尿病肾病（DN）的中医治疗中早治是关键，活血化瘀、利湿治法应贯穿始终，从肝论治辨证用药可获得较好的疗效。

《慢性肾炎辨治探讨》（2004年发表于《四川中医》杂志，第22卷第2期）

该文提出慢性肾炎的病机可概括为脾肾两虚、痰湿水瘀阻滞，其治法当以"温、清、补、消"四者有机结合，缓解病情后再服用自拟方"益肾健脾散"，可获得不错的疗效。

四、妇科病篇

《妇女腰痛治验》（1987年发表于《四川中医》杂志，第3期）

该文论述多种妇科疾病导致的腰痛病例的表现多为湿热蕴结、肝气失疏的证候，从而采取清利湿热、行气止痛的治法给予相应的汤药，取得较好的疗效。

五、护理篇

《基于"提气补虚"原则的中医肺康复对新型冠状病毒肺炎患者实践初探》（2020年发表于《四川中医》杂志，第38卷第4期）

谭君花护士长在唐老指导下完成该文，指出部分新冠病毒感染患者，出现呼吸困难和低氧血症，肺功能严重下降，早期肺康复介入尤为重要。在唐老的学术思想指导下，四川省第二中医医院支援湖北的医护人员，为新冠肺炎患者开展了基于"提气补虚"原则的中医肺康复治疗。根据患者反馈和临床观察，中医肺康复治疗能够改善患者临床症状，提高患者生活质量。

学术年谱

川派中医药名家系列丛书

唐廷汉

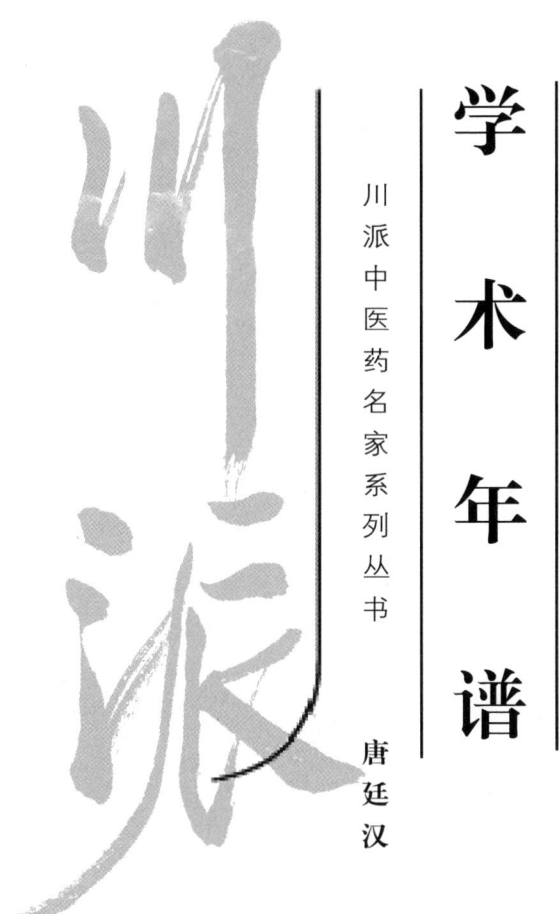

- 1945 年 2 月出生于安岳县永清镇，幼年学习认药、切药，熟读《医学三字经》等。
- 1962 年 9 月高中毕业，进入内江中医校（民办公助）学习。
- 1967 年 7 月分配到安岳县兴隆镇卫生院从事中医临床实践和培训"赤脚医生"工作。
- 1974 年 3 月调入县中医医院住院部从事中医临床工作及内江中医学校毕业学员的实习带教工作。
- 1977 年恢复高考，进入成都中医学院（现成都中医药大学）临床医学专科学习，毕业实习跟师冉品珍教授。
- 1980 年 8 月回医院从事门诊中医临床及带教工作，并担任门诊部主任。
- 1983 年到 1986 年，成都中医学院安岳县函大站，先后任讲师、副教授、教授，定期参加中医学院组织的教师培训。
- 1984 年县卫生局举办中医中级函授班，担任教务主任，主讲"中医内科学""中医妇科学""中医儿科学"等课程，并受聘为《四川中医》杂志编委。
- 1984 年任安岳县中医院内科病区主任。
- 1984 年被评为"四川省卫生厅先进个人"。
- 1984 年任安岳县政协委员、常委。
- 1985 年被评为"县政协先进个人"。
- 1986 年任中国科协委员，中华中医药学会会员，省、市中医药学会会员。
- 1986 年拜师陈绍宏教授。
- 1987 年获得内江市政府中医技术革新三等奖。
- 1995 年晋升为副主任中医师。
- 1995 年获聘《实用中医学》杂志编委。
- 2000 年任资阳市政协委员。
- 2002 年被评为资阳市、安岳县首届名中医，并评为评委。
- 2004 年晋升为主任中医师。

- 2007年被评为"四川省名中医"。
- 2008年受聘为四川省高级职称评委会（内科组）专家成员。
- 2012年推荐为县中医药学会副会长。
- 2014年正式退休，仍坚持门诊，每周工作6天。
- 2016年受聘于四川省中医药科学院中医研究所·四川省第二中医医院，每周在医院工作4个半天，在医联体单位工作3个半天，经常受邀前往呼吸、肿瘤、消化科等参加疑难病例的会诊及临床带教。
- 2018年成立唐廷汉工作室，收徒余德海、党思捷、张永、董慧君、林娟、刘若阳等。
- 2018年四川省卫计委宣教中心、华西都市报举办的"榜样中国·我心目中的名医"大型公益评选活动中，荣获十大名医（中医科）称号。
- 2020年在广汉市中医院建立唐廷汉工作室。
- 2021年荣获四川医学会颁发的"四川省卫生健康从业五十年荣誉奖章"。

参考文献

[1] 董洪珍，黄慧婷，周游，等. 益气、活血、化痰法不同组合对 COPD 大鼠炎症反应及气道黏液高分泌的干预作用[J]. 中医药导报，2023，29（12）：7-11.

[2] 彭鑫，刘健，栾哲宇，等. 慢性阻塞性肺疾病气道黏液高分泌的发病机制及中医药干预的研究进展[J]. 中国实验方剂学杂志，2024，30(4)：228-239.

[3] 诸晶，陈文鑫，陈婉真，等. 新型冠状病毒肺炎中西医诊疗概述[J]. 中国中医药现代远程教育，2024，22（12）：155-158.

[4] 周满英. 基于文献计量学的新型冠状病毒肺炎中医药研究现状分析[J]. 中医文献杂志，2020，38（6）：37-40.

[5] 周禄荣，鞠宝兆. 基于《黄帝内经》探寻"结"病机在积聚类疾病中的演化规律[J]. 中华中医药杂志，2022，37（6）：3053-3055.

[6] 赵志幸，郭启涛，史晓花，等. 中医"和法"治疗胃癌术后反流性食管炎的疗效[J]. 长春中医药大学学报，2024，40（5）：536-541.

[7] 朱长红，叶红，贺翔，等. 慢性萎缩性胃炎的中西医结合治疗研究进展[J]. 中国医药指南，2024，22（11）：38-41.

[8] 王安文. 口糜方治疗复发性阿弗他溃疡脾虚积热证的临床观察[D]. 南京：南京中医药大学，2017.

[9] 门奕年，黄珍，于明直，等. "怪病多痰"病机观下抑郁症与慢性疲劳综合征的相关性[J]. 世界中医药，2023，18（19）：2777-2780.

[10] 顾瞻，赵晓刚，王丽新. 基于肺肾两虚、痰瘀互结辨治慢性阻塞性肺疾病合并肺癌[J]. 江苏中医药，2024，56（5）：21-24.

[11] 桑天庆，郑玉玲. 基于培土固本思想以和法辨治胃癌经验[J]. 中华中医药杂志，2023，38（11）：5315-5318.

[12] 唐武军,王笑民.郁仁存治疗肿瘤"内虚学说"初探[J].北京中医药,2011,30(3):186-188.

[13] 尤建良.晚期肺癌靶向治疗时中医药的切入[J].辽宁中医杂志,2006(10):1227-1229.

[14] 《中国居民营养与慢性病状况报告(2020年)》发布成年居民超重肥胖超50%[J].初中生世界,2021(14):61.

[15] 张永,张小波,沈涛.从清浊相干论治糖脂代谢病[J].南京中医药大学学报,2023,39(8):707-714.

[16] 李翌萌,马超,白长川.升清降浊法与脂浊[J].中国实用医药,2013,8(9):224.

[17] 孙月蒙,徐书,徐樱.经方与时方结合,专病专药临床辨治方略[J].中华中医药杂志,2022,37(12):6895-6898.

[18] 唐廷汉,张济良,廖洪韬,等.七无散治疗消化性溃疡临床观察[J].四川中医,1995(11):22.

[19] 王素青,王晓阁.胃溃疡的药物治疗进展[J].天津药学,2021,33(1):75-78.

[20] 唐廷汉.化湿和胃饮治疗慢性胃病300例[J].中医药研究,2001(5):23-24.

[21] 唐于平,姜玮,宋树霖,等.活血化瘀方清除DPPH自由基活性量效关系[J].中国实验方剂学杂志,2011,17(19):142-145.

[22] 马谦,侯兴华,胡晶.中医内外合治法治疗顽固性胸腔积液辨治体会[J].中国民族民间医药,2019,28(6):47-48+54.

[23] 杨朝晖,徐力,张秀伟.徐力辨治肺癌胸水经验[J].中医药临床杂志,2022,34(10):1837-1840.

[24] 韩志星,吴秋玲."治未病"以"脾胃为后天之本"为基[J].中医临床研究,2022,14(7):56-58.

[25] 尧梅香,王诚远,黄东,等.参苓白术散在消化和呼吸系统疾病运用中的研究进展[J].中国民间疗法,2022,30(17):113-117.

[26] 梁志奇. 六味地黄丸对非小细胞肺癌引起骨质破坏的骨保护效应及其机制[D]. 福州：福建中医药大学，2013.

[27] 杨红伟. 二仙汤加减治疗更年期综合征的临床疗效及对内分泌功能的影响[J]. 中国民间疗法，2022，30（19）：80-83.

[28] 林辉，巫雁丹，李翠欣，等. 中西医结合治疗肺源性心脏病40例临床观察[J]. 云南中医中药杂志，2017，38（5）：47-49.

[29] 段金廒，宿树兰，唐于平，等. 中药药对配伍组合的现代认识[J]. 南京中医药大学学报，2009，25（5）：330-333.

[30] 马艳苗，张育敏，梁琦，等. 基于象思维的半夏、夏枯草治疗失眠的研究[J]. 辽宁中医杂志，2018，45（3）：503-504.

[31] 吴威，宋芷琪，田琨宇，等. 豨桐丸的本草考证及组方药物化学成分和药理作用研究进展[J]. 中草药，2020，51（17）：4586-4597.

[32] 钱祥夕. 旋覆代赭汤治疗肿瘤化疗消化道反应63例[J]. 中国中医药现代远程教育，2011，9（2）：96.

[33] 张明. 曹志群教授用僵蚕乌梅治疗胃息肉经验[J]. 亚太传统医药，2017，13（13）：73-74.

[34] 单燕然，张天惟，王利. 白术和枳实药对在《伤寒杂病论》中的配伍应用探析[J]. 湖北民族大学学报（医学版），2022，39（4）：60-63.

[35] 孟衡玲，文国松，杨生超. 药用植物法落海的研究进展[J]. 现代中药研究与实践，2008（1）：62-65.

[36] 涂永勤，涂祖玲，杜洪飞. 中药法落海挥发油化学成分研究[J]. 中国野生植物资源，2023，42（S1）：44-48.

[37] 李百华，王俊平. 岩白菜素研究概况[J]. 西北药学杂志，1990（3）：45-47.

[38] 杨琳，卢杰. 岩白菜的化学成分及利用价值研究概况[J]. 四川林业科技，2023，44（2）：8-12.

[39] 赵行，武洪杨，范向荣，等. 白英生物碱抗肿瘤作用的机制研究概述[J]. 环球中医药，2023，16（2）：360-364.

[40] 杨莉,陈海霞,高文远.泽漆化学成分及药理作用研究进展[J].中草药,2007(10):1585-1589.

[41] 周冰霞,华桦,刘梅.肿节风抗肿瘤临床疗效及其作用机制研究进展[J].上海中医药杂志,2023,57(11):85-89.